WENHUA CHANYE
XIANDAIHUA DE TANSUO SIKAO

文化产业

现代化的探索思考

吴建铭◎主　编

刘建萍　景秀艳◎副主编

经济管理出版社
ECONOMY & MANAGEMENT PUBLISHING HOUSE

图书在版编目（CIP）数据

文化产业现代化的探索思考/吴建铭，刘建萍，景秀艳主编 . —北京：经济管理出版社，2021. 12

ISBN 978 - 7 - 5096 - 8288 - 3

Ⅰ. ①文…　Ⅱ. ①吴…　②刘…　③景…　Ⅲ. ①文化产业—产业发展—研究—福建　Ⅳ. ①G127. 57

中国版本图书馆 CIP 数据核字（2021）第 277304 号

组稿编辑：何　蒂
责任编辑：何　蒂　王虹茜
责任印制：黄章平
责任校对：蔡晓臻

出版发行：经济管理出版社
　　　　　（北京市海淀区北蜂窝 8 号中雅大厦 A 座 11 层　100038）
网　　　址：www. E - mp. com. cn
电　　　话：（010）51915602
印　　　刷：北京虎彩文化传播有限公司
经　　　销：新华书店
开　　　本：720mm × 1000mm/16
印　　　张：15
字　　　数：286 千字
版　　　次：2021 年 12 月第 1 版　　2021 年 12 月第 1 次印刷
书　　　号：ISBN 978 - 7 - 5096 - 8288 - 3
定　　　价：88. 00 元

《文化产业现代化的探索思考》编委会

前　言

习近平总书记提出："怎样对待本国历史？怎样对待本国传统文化？这是任何国家在实现现代化过程中都必须解决好的问题。"党的十九大报告提出，要"推动中华优秀传统文化创造性转化、创新性发展"。当前我国文化产业发展正处在两个百年交汇的历史转折期和新一轮科技革命的深刻变革期，推动文化产业的现代化建设十分关键。

在文化消费模式和需求快速变化的新时期，地方文化产业现代化面临着如何在新时代创新性发展、如何借助科技力量升级转型、如何建构治理体系等问题，需要文化领域研究者开展深入研究。

建构现代文化产业体系必须依托一定的物理空间和文化资源。作为"华夏福都"的有福之州，其地方文化产业是中国文化产业发展的缩影。本书依托人杰地灵的福州，从国家和地方、传统和现代、全行业和典型集聚空间等不同维度，围绕福州优秀传统文化的创造性转化、创新性发展，对文化产业现代化做了如下视角的探讨：空间视角，城市现代文创园区和乡村历史古镇文化产业的创新性发展；治理视角，地方文化产业的自然生长与政策推动、国有文化企业"双效益统一"的治理、地方文化产业绩效的评价；业态视角，文化和科技融合背景下文化创意、电子竞技、文化旅游、广播电视、工艺美术等业态和模式创新等。

本书除了来自理论上的探索，更多来自编写组成员大量的实地调研。历时三年，编写组走访了福州周边区县地方主管部门和代表性文化产业园，与寿山石行业协会会长、软木画技艺传承人等开展多次座谈，深入福建省广电集团、字节跳动、宝宝巴士、网龙网络、闽兴编制工艺品公司、携程福建分公司、众信旅游福建分公司、风渔动漫、大昌网络、巨芯网络、朱雀网络、致道漆器等文化企业调研，在对地方传统和现代文化产业的业态、经营模式和治理体系进行整体理解的过程中，我们惊叹于现代科技和创意赋能给文化企业带来的蓬勃生机，感动于部分优秀非遗文化传承者在困境中的顽强坚守，倾服于地方文化主管部门对文化企业的拳拳之心，更意识到作为文化领域学者的历史重任。

2035 年，中国要实现文化强国的战略目标，地方文化产业现代化发展刻不容缓，我们欣喜与责任并存。让我们共同努力，迎接时代赋予我们的神圣使命。

目　录

统筹三坊七巷历史文化街区的
保护与开发研究

摘要： 福州三坊七巷历史文化街区经历了以房地产开发为主要方式的破坏性改造、整体街巷建筑文物修缮保护、注重文化和文化生态保护三个不同阶段。经过保护，基本恢复了三坊七巷的坊巷格局，保护了重要建筑，整理和保护了非物质文化遗产，经过开发，三坊七巷历史文化街区已成为 AAAAA 级文化旅游地、闽台文化创意园核心区、文博业集聚高地。但三坊七巷保护与开发统筹工作中存在保护与开发的统筹工作协调机制不够顺畅、统筹工作直接受财务压力影响、保护和开发的物理空间受限、原生态文化的保护性活态开发缺乏载体等瓶颈和制约因素。经调研分析，提出统筹三坊七巷历史文化街区的保护和开发工作须采取以下对策：建立健全法规制度和教育沟通机制；把握贵雅文化和市井文化两条文化主线；营造"明清里坊"场所精神；推动文博、旅游和文创等文化产业融合式发展。

关键词： 统筹；三坊七巷；历史文化街区；保护；开发

一、三坊七巷历史文化街区概况

三坊七巷中的三坊为"衣锦坊、文儒坊、光禄坊"，七巷即"杨桥巷、郎官巷、塔巷、黄巷、安民巷、宫巷、吉庇巷"。历史上"三坊七巷"总占地面积约为 44.7 公顷。

西晋末永嘉年间是"三坊七巷"的沿起。在东晋、隋、唐、五代时期，三坊七巷得以拓展。唐天复年间，出于"守地养民"的目的，闽王王审知修筑罗城。罗城的分区布局以大航桥河为分界：政治中心与贵族居城北，平民居住区及商业经济区居城南。同时强调中轴对称，城北中轴大道两侧辟为衙署；城南中轴两边，分段围筑高墙，这些居民区成为坊、巷之始，形成了今日的"三坊七巷"。

宋朝时三坊七巷格局已经定型并沿袭至今。从相关的记载中也能看到众多名人也陆续居住在"三坊七巷"内，到了明清时期特别是晚清时期进入人文意义和建筑意义的鼎盛期。现存的大量优秀建筑都是这个时期形成的。如侯官衙、圣庙、学府、抚院使署等官方建筑和场所。区位的优势加之贵族和士大夫聚居地的历史传统，吸引了更多的贵族和士大夫来此居住。众多名人成为"三坊七巷"的代表性居民，如林则徐、严复、沈葆桢、林旭、林觉民等。

1993 年，福州市政府与香港长江实业公司签订了保护开发"三坊七巷"的协议，一期工程拆除了衣锦坊大部分，特别是雅道巷和大、小水流湾等重要传统街巷空间被毁，市级挂牌保护单位翁良疏故居也被拆除。改革开放后，沿杨桥路地块逐步被蚕食改造，林旭故居、林尔康故居等先后被拆建为三友大厦等多层、高层建筑，后虽在各方力量的干预下，针对"三坊七巷"的破坏性开发方案最终未能全面实施，但对"三坊七巷"的风貌格局已产生很大影响。

二、三坊七巷保护与开发统筹工作取得的成绩

截至 2017 年 11 月，三坊七巷项目累计投入 45.58 亿元，其中，财政拨款省财政 6 亿元，市财政 6 亿元，土地出让金返还 9 亿元，各级文保修复资金 3800 万元，银行贷款 21.2 亿元，房产出售（南后街商铺等）等收入 3 亿元。福州市财政的 6 亿元拨款中，建设拨款 48000 万元、贴息款 6150 万元、注册资本金 5000 万元、旅游基础设施建设等拨款 850 万元。经过多年持续投入巨额建设，三坊七巷的保护与开发取得显著成效，主要表现如下：

（一）恢复坊巷格局，重现历史风貌

采用整体街区保护性原则，恢复了三坊七巷历史文化街区"鱼骨状"总体格局，整治了公共街巷、公共建筑、传统商业建筑、传统民居建筑，凸显其明清民居建筑博物馆风貌。

采用分级保护原则，三坊七巷范围内目前共拥有各级文物保护单位 28 处，其中，国家级文物保护单位有水榭戏台、欧阳氏民居、陈承裘故居、林觉民及冰心故居、严复故居、二梅书屋、黄巷小黄楼、林氏民居、沈葆桢故居、叶氏民居、刘家大院、郭柏荫故居、鄢家花厅、刘冠雄故居、林聪彝故居 15 处，省、

市、区级文物保护单位 13 处，文物点 144 处。截至目前，三坊七巷大范围的古建筑修缮工作已陆续完工，28 处文保单位中已修复 26 处，共完成 171 处历史建筑（文物点）以及部分更新建筑的修缮和建设，建设工程总面积 24.45 万平方米，约占总工程量的 85%。

在利用方面，根据社区博物馆和休闲游憩消费的要求，对重要建筑进行开发利用，依托名人故居、典型园林建筑和传统商业建筑，展示名人文化、民俗文化和传统商业文化，保护与开发统筹，如刘家大院拆除新建筑，部分落架修复，展示福州近代工商业和福州传统民居建筑艺术；黄璞故居拆除新建筑，全面修缮精美雕刻，修缮园林，展示闽学（理学）文化。

（二）保护非物质文化遗产，留住城市文脉

从重视"物质要素"的文化遗产保护向同时重视由"物质要素"与"非物质要素"结合而形成的文化遗产保护的方向发展①。2011 年 8 月，中国首批社区博物馆——福州三坊七巷生态博物馆在福州揭牌，福州三坊七巷作为历史文化街区，基本形成了"地域 + 传统 + 记忆 + 居民"的组织模式和"一个中心展馆、各种类型展示馆、活动空间"并存的社区博物馆架构雏形。位于光禄坊的刘家大院成为中心展馆遗产教育基地，其他的专题博物馆、展示点将重点展示福州非物质文化遗产和特色民俗文化。入选名单的有：老药铺（瑞来春堂）、禅怡会所（木刻艺术）、同利肉燕、木金肉丸、永和鱼丸、米家船裱褙店、青莲阁、老佛殿、树神庙（东林里）、安泰河、肉松店（鼎鼎、日日有）、聚成堂（古旧书屋）、闽剧票友（鄢家花厅）等②。

鉴于三坊七巷在保护文化遗产方面取得的突出成绩，2015 年 9 月，三坊七巷荣膺 2015 年度亚太地区文化遗产保护奖之荣誉奖，该奖项是福建省唯一获奖项目。

（三）打造文化品牌，文化产业建设初显成效

围绕福州市委市政府文化强市战略目标，为落实福州市将三坊七巷打造成历史文化街区及福州名片的要求，积极引进文化企业入驻，目前街区文化业态占街区业态比重达 64%。近年来，三坊七巷街区重点布局文化旅游、文化会展、博物馆、动漫游戏、创意设计、工艺美术等文化产业，逐步成为带动福州市文化产业发展的重要引擎。

---

① 綦芬. 福州三坊七巷社区博物馆 8 月挂牌，由中心馆等组成 [N]. 福州晚报，2011 - 07 - 21.
② 单霁翔. 发展生态（社区）博物馆，保护民族文化遗产 [N]. 中国文物报，2011 - 08 - 24.

1. 文化旅游已成全省旅游品牌

多年来，三坊七巷逐步改善三坊七巷景区软硬件设施，对景区持续改造升级，包括设立南北口两个游客服务中心、新建并改造景区停车场、改造景区旅游公厕、规范景区周边交通秩序、增设游客休息设施；针对缆线管线下地、墙面整治、路面修补，电表、电箱、空调外挂机等功能性设施隐蔽化，坊巷景观绿化以及场馆夜景灯光等进行集中整改，完善导览系统和解说系统，同时，在管理规范化、服务标准化、营销智能化、讲解员队伍优质化等方面持续改进。旅游业与文博会展业、文化创意产业互动融合，使三坊七巷文化旅游内涵不断丰富。2015年7月13日，国家旅游局正式批复三坊七巷景区为国家 AAAAA 级旅游景区。2012 年至 2016 年，三坊七巷旅游人次从 826 万增至约 1091 万，三坊七巷景区已成为福建省文化旅游的一张烫金名片。

2. 文博会展业初具集聚规模

三坊七巷开发利用公司积极探索文化遗产保护的新模式。目前，三坊七巷社区博物馆建设初具规模，开放的展馆有三坊七巷美术馆、福建民俗博物馆、福州漆艺博物馆、福建非物质文化遗产博览苑、闽都民俗文化大观园、田黄馆、勤廉馆、消防馆等 24 家。

经过开发和保护，三坊七巷活态遗产的真实性与完整性在一定程度上得以延续，休闲、旅游、文化、商业等功能日臻完善，先后被授予"中国十大历史文化名街""首批国家生态（社区）博物馆建设示范点"、闽台（福州）文化创意产业园、海峡两岸交流基地、"国家 AAAAA 级旅游风景区"等称号，并成功入选世界文化遗产中国预备名录。

3. 文化创意产业成为三坊七巷的增值点

历史街区因其蕴含着丰富的历史底蕴，成为发展文化创意产业的"天然温床"。三坊七巷挖掘闽都文化元素，把握时代文化时尚和消费潮流，引进服装设计、艺术策展、园艺设计、动漫创作等方面的高端品牌，融入休闲旅游业需求。以三坊七巷文创中心店和严校长的故事精品店等为代表的旅游商品店将闽都文化、坊巷元素、名人文化等与各类纪念品完美融合，体现出了很好的文化创意。文创店内的文创产品种类非常丰富，其中有牛角梳、软木画、油纸伞等具有福州特色的传统工艺品，也有杯垫、钥匙扣、冰箱贴、明信片等体现坊巷元素的小物件，还有茉莉花系列、茶叶、糕点、酒等食品，产品有福州时尚特色，并且价格适中，旅游旺季时期销售量较好。

三坊七巷主办（旅游）文创节、福州海峡创意设计周等节事，通过两岸文创精品联展竞技、两岸大咖文创融合探索、福建手作之美大展、街区文创、"艺术家带你去看展"、艺术家沙龙、纸艺等手工体验等活动使三坊七巷成为省内乃至国内文化创意的新地标。

三、三坊七巷保护与开发统筹工作中存在的瓶颈

当前，历史文化街区的保护和开发工作若缺乏科学统筹，很容易出现两种极端模式：一是"原真文化僵化保护"，即为保护历史街区的文化原真性，采用静态消极的文化保护，单一地保护历史地段的原有价值，这种模式往往容易导致历史街区的衰败。二是"过度商业化开发"，这种开发导向下的历史街区容易成为单一的城市消费空间，忽视了历史街区自身的文化原真性保护需求。

历史街区发展如何实现既能保护当地原真文化，又能满足后现代游客的消费需求，实行保护和开发的统一？这已成为当今历史街区开发普遍面临的难题。

（一）保护与开发的统筹协调机制有待建立

当前三坊七巷的保护与开发工作分别隶属于福州市历史文化名城管理委员会、福州市三坊七巷保护开发有限公司，但缺乏市一级主要领导直接挂帅主政。诸多部门领导不同政见令三坊七巷开发与保护管理团队无所适从。

（二）保护和开发的统筹工作直接受财务压力影响

截至目前，三坊七巷项目累计投入 45.58 亿元，目前银行贷款 21.2 亿元。文保文物及公益性资产投入约 25 亿元，至今财政尚未结算，扣除财政拨款，均须靠贷款解决，公司利息负担重，一年利息支出约 1.1 亿元。三坊七巷项目的房屋建筑物总建筑面积为 28.8 万平方米，扣除已出让地块、出售资产及留住户面积，实际公司可运营使用面积仅为 14.8 万平方米。如何把资源优势转化为经济优势、尽快减轻沉重的债务负担也成为摆在福州市委市政府领导班子、三坊七巷保护开发管理团队面前的现实问题。

（三）三坊七巷空间的局限性导致保护和开发的两难

三坊七巷社区空间有限，历史街区的保护空间、商业经营空间和周边居民生活的重叠，文化产业链拓展的物理空间不足，迫使部分非文保类但仍有一定保护价值的古建筑转为经营空间。此外，开发尤其是高峰期访客活动对社区市民日常生活造成困扰，澳门路段人流、车流交错混杂，林则徐纪念馆对面即为杂货店铺等，旅游安全感和旅游体验质量受影响；另外，现有历史街区体验空间不足，在

室外视线仰角 30 度环顾四周均为现代高楼，无法打造自身独特气质和场所精神。空间的不足和视觉景观的杂乱，开放的坊巷空间商业气息过浓，文化气质不突出，"场所精神"欠缺，造成保护与开发的两难局面。

（四）原住民的外迁造成原生态文化的保护性开发存在"硬伤"

在三坊七巷开发与保护前期，大部分原住民已外迁，且因产权变更等因素回迁已不可能，认识误区导致社区生态文化被彻底改造，历史街区的生活场景缺乏参与主体，社区口授和行为传承文化正逐步变成名副其实的遗产。

由于绝大部分原住民已经外迁，重现当年三坊七巷人群生活、文化特质和生活习惯只能通过专题表演、主题博物馆等非"自然"形式，现有的社区博物馆成为唯一的补救方法。

（五）公益性开发导致文化产业的经济效益总体较为低下

无论是文化旅游业还是文博产业，出于公益性和保护性的要求，部分核心吸引物的市场化程度较低，目前三坊七巷收取门票的景点包括严复故居、二梅书屋、水榭戏台、小黄楼、林聪彝故居、郭柏荫故居、谢家祠、王麒故居、刘家大院、周哲文艺术馆 10 处景点。经济效益总体较低，从三坊七巷访客来源看，大部分为本地市民甚至是周边居民，从事的休闲活动内容多于旅游观光，故而门票收入总量较少。这意味着公益类文化博览经济收入低，部分最有吸引力的文保类庭院建筑的经济效益总体较为低下，三坊七巷保护和开发公司从文博业中直接获取的经济利益较低，未来深度开发与保护缺乏充足的资金支撑。

四、福州市三坊七巷历史文化街区保护与开发的统筹发展对策

三坊七巷历史文化街区的保护与开发工作首先须从体制和机制上开展建设，其次要对文化资源做好挖掘、整理和保护工作。此外，要在制度和资源保护基础上，把握核心文化要素和历史文脉，提炼开发主线和开发内容，并通过推动文化创意产业、文化博览业和休闲旅游业融合，发展文化产业，实现三坊七巷的保护与开发的统一。

（一）建立健全法规制度，为三坊七巷保护与开发的统筹工作做管理保障

以联动高效为目标，从组织架构、流程、责任着手厘清管理关系；以体制和

制度为三坊七巷开发保护统筹工作护航。成立三坊七巷保护与开发统筹工作小组，组长由福州市主要领导担任，小组成员由各个部门的领导担任。对三坊七巷相关规划和开发工作以人大立法形式，为三坊七巷保护与开发工作保驾护航，确保工作思路的稳定性和连续性。

商业业态及承租商铺是当前统筹三坊七巷保护与开发统筹中的最关键问题[①]。很大程度上，三坊七巷的开发利用指的就是三坊七巷古建筑的商业开发利用。建议在现有的招商专家论证会基础上，进一步严格招商引资管理流程，在对古建筑进行开发利用时，严格实行业态管控，保护古建筑硬质空间未被破坏和改造。对承租商家、原住民业主装修和经营行为实行严格的监管制度，邀请相关专家定期巡视，并全程进行教导、劝诫、巡视。发现破坏行为严肃处理，严厉追究法律责任。

三坊七巷是福州市的历史见证和福州名片，不可避免地会成为社会舆论的中心。三坊七巷历史文化街区的相关利益人群包括福州市委市政府领导及相关职能管理部门、三坊七巷保护开发有限公司、少数三坊七巷原住民业主、三坊七巷店铺租赁者（商家）、周边居民、福州市民、游客、相关文物保护专家、各领域专家。不同群体均认识到保护是可持续开发利用的根本前提，分歧点在于保护与开发统筹的实施方式。可由政府主管部门牵头建立常态化的沟通机制，三坊七巷保护开发公司负责组织政界、学界以及民间人士举办沟通会，统一认识，聚集智慧，合理推进三坊七巷的保护和开发工作。

（二）树立整体保护开发意识，把握三坊七巷历史文化街区保护与开发主线

三坊七巷历史文化街区的保护要素既包含具象的物质文化遗产：单体建筑及相关设施、街巷空间肌理、建筑构件等，也包括非物质文化遗产：传统口头文学及载体语言，传统制作技艺，传统礼仪、节庆等民俗，还包含意境、场所精神等抽象元素。

三坊七巷历史文化街区的文化遗产和文化基因，其内容丰富，保护与开发价值高，可梳理提炼出两条文化主线：贵雅文化和市井文化。因此，应挖掘整理贵雅文化和市井文化核心元素，结合文化产业发展导向和消费市场需求，以"创意"为统领，精心设计两类文化开发利用的表达空间、内容、形式和载体，实行文化创意产业、文化博览业、休闲旅游业产业融合式开发，在对三坊七巷保护的前提下，为三坊七巷历史文化街区提质增值。

---

① 萧清碧，林岚，谢婉莹等. 历史文化街区旅游商业业态分类及开发实证研究［J］. 福建师范大学（自然科学版），2017（4）：81－91.

（三）营造"明清里坊"场所精神，确保三坊七巷开发与利用工作的可持续

"场所精神"指特定地理位置的历史街区由于长期承担特定的功能活动而凝聚的历史文化精神价值，"方向感"和"认同感"是"场所精神"的两大要素[①]。未来三坊七巷一定要在增强整体场域气质体验、个性化体验基础上，通过深度体验、大众消费空间的适度分离来丰富大众多层面的场所体验。

（四）推动文化产业融合式发展，优化三坊七巷保护与开发的统筹方式

凯夫提出，早期低廉的租金是历史文化街区核心地段低端商业业态集群的主要原因，但通过文化创意产业，可将一般的低端商业区转变为艺术高消费地区[②]。创意产业的发展对实体资源、物理空间的需求甚小，同时也不对其造成破坏，而且文化资源通过创意式开发促进保护。文化创意产业作为一种典型的生产性保护方式，把三坊七巷的文化元素创意性融入商业开发。通过设计、生产和服务等环节，与文化博览业、休闲旅游业实现全面融合，实现文化保护、传承和经济效益的统一，提升文化遗产的保护和开发水平。通过推动文博业和休闲旅游业提质增值，创造更大的经济效益，改善保护资金严重匮乏的现状，更好地实现三坊七巷保护与开发的统筹式发展。

基于历史因素，三坊七巷的文化遗产的主要保护形式是专题博物馆。通过发展文化博览业，挖掘文化元素，丰富文化创意产业灵感元素和旅游开发素材，创意产业可优化专题博物馆的展示形式，提升专题博物馆的吸引力。针对目前三坊七巷的博物馆的门票经济效益较为低下的不足，可借鉴故宫等文创设计手法，深入挖掘文物资源的价值内涵和文化元素，针对三坊七巷历史名人、闽都民间工艺品等开发衍生产品，延伸文博产品链条，并与旅游商品开发融合，通过休闲旅游业带动博物馆人气和消费，使文化遗产得到保护的同时，创造更好的社会和经济效益。

三坊七巷休闲旅游产业链主要涵盖食、购、游、娱等五个关键环节，其中食、购是三坊七巷到访客人的主要消费点，以此消费行为而存在的美食商家和各类旅游商品商店在三坊七巷南后街商家中居于主导地位，商家承租的租金也成为三坊七巷开发利用保护公司的主要经营收入。因此，应以文创意为统领，以旅游为龙头，以文博为核心载体，将文化创意融入食、住、行、游（博物馆）、购、

---

① 诺伯格·舒尔茨. 场所精神—迈向建筑现象学 [M]. 施植明译. 武汉：华中科技大学出版社，2012：85－87.

② Richard E. Caves. Creative Industries：Contracts between Art and Commerce [M]. London：Harvard University Press，2000：134－137.

娱等各个环节，实现创意产业、文博产业和旅游业相互渗透，相互推动。

未来可多引入创意设计手法，在商铺外观和内容设计上突出闽都特色文化，涌现更多类似春伦茉莉花茶之类的将单一的销售店升级为集文化博览、休闲体验、产品销售于一体的创意文化体验店，提升三坊七巷的商业文化。

在开发中必须保持福州（福建）老字号的商业业态比例。针对南后街地段租金过高，老字号、手工技艺经济能力无法承受这一现象，未来随着三坊七巷其他坊巷的改造完成，可避开南后街等主要游览空间，在较偏僻的坊巷，通过商业业态招租规划，打造"三坊七巷老字号一条街""手工技艺一条街"等，并要求商家联合相关技艺传承人进行活态表演，通过创意化的解说系统、导览指示牌等有意识地加强宣传推介，引导游客前往。

五、结语

三坊七巷保护与开发的统筹工作关乎三坊七巷历史文化街区的可持续发展。二十多年了，经过不断探索和纠正，三坊七巷保护与开发的统筹工作取得了较好成效，但目前仍存在不少制约瓶颈。未来开展三坊七巷历史文化街区的保护与开发工作必须先构建有效的管理体制。发展文化产业是统筹三坊七巷历史文化街区保护与开发工作的有效路径。未来须把握三坊七巷的文化主线，走文化创意、休闲旅游、文化博览的融合式发展道路，提高三坊七巷的保护水平和开发效益，推动三坊七巷历史文化街区不断提质升级。

向创意要未来

——福州文化产业发展方向的意见和建议

陈思达 陈 东 李 皞 冯蔚宁 刘敏多

一、福州文化资源 SWOT 分析

（一）优势（Strengths）

1. 地理位置独特，自然条件优越，物产丰富

福州地处亚太经济圈中国东南的黄金海岸，位于长三角、珠三角这两个中国最活跃的经济板块中间地带，是中国大陆距台湾最近的省会城市，邻近港澳，连接内陆经济腹地，与东南亚联系紧密，山海资源兼备。具有独特的区位优势、交通优势、侨台优势和生态环境优势，是古代海上丝绸之路的重要贸易港口，全国首批 14 个对外开放的沿海港口城市之一，海上丝绸之路门户以及中国（福建）自由贸易试验区三片区之一。在"2016 年中国百强城市排行榜"中，排名第 23，超越了排名第 40 的厦门。拥有森林、地热、海洋等丰富的自然资源，是全国三大温泉区之一。

2. 历史文化底蕴深厚，非物质文化遗产保护得力，"闽都文化"品牌逐步打响

福州是有 2200 多年建城史的国家历史文化名城，文脉昌盛，享有"海滨邹鲁"的美誉。仅宋、明、清 3 个朝代，福州籍进士就达 3632 人，其中状元 7 人，位居全国各州府的前列。福州籍两院院士人数位列全国各地区前茅。是林则徐、严复等近代对外开放的先驱以及大批民国时期风流人物的诞生地和集散地，是近代中国最早开放的五个通商口岸之一，福州马尾是中国近代海军的摇篮，中国船政文化的发祥地。

在保护开发福州市各类历史文化资源的过程中，积极整合各类历史文化资源，以开发保护历史实物为出发点，大力开展非物质文化遗产保护工作，深入挖掘非物质文化遗产的文化影响力，已经申报成功包括10个国家级非物质文化遗产项目在内的超过50项非遗项目。

3. 人文旅游资源丰富，民间传统手工艺和艺术资源丰厚

拥有4个国家重点风景名胜区（鼓山、平潭海坛风景区、十八重溪、青云山）；6个AAAA级国家旅游景区（青云山、石竹山、福州国家森林公园、鼓山、于山、"三坊七巷"）；四大文化品牌（昙石山文化、船政文化、三坊七巷文化、寿山石文化）；十大城市名片（"三坊七巷""马尾船政""林则徐""三山两塔一条江""鼓山""闽剧""温泉""寿山石""昙石山""青云山"）。其中三坊七巷荣获联合国教科文组织亚太区文化遗产保护奖，入选《中国世界文化遗产预备名单》，福州三坊七巷社区博物馆成为全国首家生态（社区）博物馆。

优秀的传统手工艺和民间艺术流传久远，是发展文化产业取之不竭的资源宝库。如"福州特艺三宝"（脱胎漆器、纸伞、牛角梳），"榕城三绝"（寿山石雕、脱胎漆器、软木画）。其中，脱胎漆器与北京景泰蓝、景德镇瓷器并称为"中国传统工艺三宝"。福建海峡寿山石文化研究院成为福建首家入选第一批国家级非物质文化遗产性保护示范基地。闽剧、评话、伬艺、十番等是福州民间传统艺术的代表，其中评话有"人文活化石"之美誉，伬艺被列入第一批国家级非物质文化遗产名录。"福州茉莉花与茶文化系统"入选全球重要农业文化遗产。

4. 城市形象逐步上升，拥有众多荣誉头衔，传播意识觉醒

拥有"综合实力五十强城市""中国优秀旅游城市""国家卫生城市""国家园林城市""全国环保模范城市""全国双拥模范城市""国家历史文化名城""全国文明城市""全国宜居城市""福布斯中国大陆最佳商业城市百强城市""2015全国十大质量城市""中国最具幸福感城市"第六名、"国家森林城市""2017中国特色魅力城市200强""2017世界特色魅力城市200强""温泉之都""2017美丽山水城市""中国海带之都""中国喜娘文化之乡"等诸多称号。这对文化产业的发展提供了良好的背书。

5. 城市传播能力提升，加大了自我宣传推介，提升了福州知名度

通过电视媒体、网站、论坛、微博、制作宣传片等形式加大宣传推介力度，吸引外地游客。在中央一套、四套投放了福州历史文化名城旅游的宣传广告，并在《走遍中国》《远方的家》等央视知名旅游栏目进行福州形象专题宣传。同时实施"走出去，请进来"的宣传策略，组织专人赴各大主要旅游客源地开展福州历史文化名城的宣传推介会，并邀请各地组团社的踩线团来福州市踩线，为提升福州市历史文化知名度做足了功课。

6. 文化产业发展迅猛，已成为福州市的重要产业和国民经济的新增长点

"十三五"期间，福州市文化产业增加值继续保持年均两位数的增长。其中 2019 年福州市规模以上文化及相关产业实现营业收入 1174.89 亿元，比上年增长 20.8%，增幅位于全省第 3；占全省比重为 23.1%，继续保持较快增长，结构持续优化。九大文化行业全部实现正增长，核心领域增速快于相关领域。在文化及相关产业 9 个行业中，创意设计服务、新闻信息服务、文化投资运营、文化消费终端生产分别增长 88.7%、41.1%、20.5%、20.1%，增速均超过 20%。其中，文化核心领域营业收入 842.94 亿元，同比增长 22.6%；文化相关领域营业收入 331.95 亿元，增长 16.4%。文化新业态发展势头强劲。从文化及相关产业细分行业看，福州市文化新业态特征较为明显的 9 个行业小类实现营业收入 215.44 亿元，比上年增长 60.2%。文化产业已经成为福州经济发展中最具活力、最具发展潜力的支柱产业之一，其产值位列福建省各市（区）的前列。

（二）劣势（Weakness）

1. 城市知名度偏低

作为福建省会，在经济主导的大潮中，其经济地位受到厦门、泉州两大城市的挑战，在国内外的存在感不足，尤其和厦门相比，有较大差距，在国内的影响力长期处于边缘化状态，坊间就有"福州是福建人的福州，厦门是全国人的厦门"的说法。

2. 文化产业知名品牌偏少，影响力偏弱

较低的城市知名度也在一定程度上导致对文化产品的加持力不足；各类文化产品较为分散，文化产业总量仍然偏小；发展中的结构性问题突出；文化产业集聚度不高；文化产业知名品牌偏少。

3. 文化产业创新能力不足，观念意识与体制机制创新的缺失

创新能力的不足，也影响到对历史文化资源的有效挖掘转化，使得潜在文化资源得不到充分的利用，不利于实现经济效益，发挥出最大价值，也不利于文化资源的推广和保护。以文化旅游为例，福州还是停留在传统的观光层面，在解说内容和解说方式上与创意的结合不够，离文化强市和创意城市的目标还有一定差距。

只有创新的观念意识与体制机制，才能更好地为人才创造展示才华的平台，也才能留得住人才。只有创新的观念意识与体制机制，才能更好地打造文化消费氛围和拓展省内外的文化需求市场。

4. 缺乏具有国际性影响力的认知标签

虽有众多荣誉头衔，但得到广泛认同和传播，具有国际性知名度和影响力的品牌名号不多。

（三）机会（Opportunity）

1. 文创新机遇，十九大开启文化产业发展新征程

习近平总书记提出了两个"最"的重要论断：优秀传统文化中包含着中华民族"最深沉的精神追求""最深厚的文化软实力"，它可以凝聚和打造强大的中国精神和中国力量。文化自信是更基本、更深沉、更持久的力量，文化自信给文化产业的发展奠定了强大的基础，底气足了，中华优秀传统文化就能得到全面弘扬。习近平总书记就文化建设发表了系列重要讲话，特别是关于传承弘扬中华优秀传统文化的重要论述，为新时期文化改革发展指明了方向。

2. 政策环境不断优化，"五区叠加"带来了发展红利

中央支持福建加快发展，福州成为国家级新区、福建自由贸易试验区、21世纪海上丝绸之路核心区、生态文明先行示范区、福厦泉国家自主创新示范区，"五区叠加"和平潭综合试验区的独特优势将为城市的发展带来众多"机会窗口"，催生政策、项目、资金要素的汇集。作为省会城市，福州在全国和全省发展大局中的战略地位将更加凸显。同时，其连接长三角和珠三角、辐射中部地区，带动海峡西岸经济区建设发展的枢纽作用更加突出，正在成为区域经济发展增长极。这一切都为文化产业的发展带来了新机遇。

3. 经济发展进入新常态，为文化产业的改革发展开辟了新通道

在适应经济新常态背景下，供给侧结构性改革的不断推进，为发展文化产业、扩大文化消费、推动产业结构转型注入了新活力。"互联网＋文化"发展态势和新媒体蓬勃发展，也为福建省发展文化产业提供了新契机。

2020年，福州GDP突破万亿，福州经济实力迈上新台阶，跻身万亿城市俱乐部。作为福建的省会城市，在"十四五"期间，福州已将发展目标瞄准"建设国家中心城市"。随着"强省会、强门户"发展战略的出台，福建的城市格局将出现重要变化，更多的省内资源将会向福州倾斜，为福州的发展提供了强大的战略支撑。其对内影响力，对外竞争力将进一步增强。福州作为龙头带动福建发展，必将会进一步强化自身形象宣传，凸显存在感。

4. 创新驱动新战略给文化产业发展提供新动力

创新驱动新战略为培育扩大文化消费市场和形成文化产业发展的新业态、打响福州文化品牌、提高文创产品的竞争力、拉动文化消费、推动文化产品和文化服务"走出去"等方面创造了良好条件。

（四）威胁（Threats）

1. 沿海发达地区的冲击和挑战

近年来，沿海发达地区文化产业快速发展，同是位于东南沿海的福州面临着文化产业区域竞争不断加大的压力。从企业规模和品牌影响力看，沿海多数城市的文化龙头企业实力较强、文化知名品牌影响力较大，福州与其他城市相比有一定差距；从文化消费需求看，与沿海城市比较，福州文化氛围还不够浓厚，文化活动也比较匮乏，高端文化消费需求不足，大众文化消费市场不旺；从文化创意人才数量和质量来看，沿海城市高等教育相对发达，高端文化人才集聚力强，有较强的文化创新活力，这方面福州也存在差距；这些因素使福州文化产业的可持续发展面临着严峻挑战。

2. 难以实现有效融资

文化创意产业融资难成行业瓶颈。与其他生活用品相比，文化消费品毕竟不是必需品、具有较大的主观随意性，能否吸引消费者是其实现盈利的关键，这就使得投资文化产业存在较大风险。

二、相关政策辑要

1.《中华人民共和国国民经济和社会发展第十三个五年规划纲要》

第十六篇加强社会主义精神文明建设的第六十七章第三节传承发展优秀传统文化中提到："构建中华优秀传统文化传承体系，实现传统文化创造性转化和创新性发展。广泛开展优秀传统文化普及活动并纳入国民教育。""加强非物质文化遗产保护与传承，振兴传统工艺，传承发展传统戏曲。发展民族民间文化，扶持民间文化社团组织发展。"

第六十八章丰富文化产品和服务的第三节加快发展现代文化产业中提到："推动出版发行、影视制作、工艺美术等传统产业转型升级。推进文化业态创新，大力发展创意文化产业，促进文化与科技、信息、旅游、体育、金融等产业融合发展。"

第六十九章提高文化开放水平中提到："加大中外人文交流力度，创新对外传播、文化交流、文化贸易方式，在交流互鉴中展示中华文化独特魅力，推动中华文化走向世界。""鼓励文化企业对外投资合作，推进文化产品和服务出口，努力开拓国际文化市场。"

在文化重大工程专栏（五）传统戏曲传承和传统工艺振兴中，提出"制订实施中国传统工艺振兴计划，扶持传统工艺项目，推动形成一批具有民族特色的知名品牌"。

2.《中共中央关于制定国民经济和社会发展第十四个五年规划和二〇三五年远景目标的建议》

在第九部分繁荣发展文化事业和文化产业，提高国家文化软实力中，专列健全现代文化产业体系一节内容，指出要"坚持把社会效益放在首位、社会效益和经济效益相统一，深化文化体制改革，完善文化产业规划和政策，加强文化市场体系建设，扩大优质文化产品供给"。"以讲好中国故事为着力点，创新推进国际传播，加强对外文化交流和多层次文明对话"。

3.《福建省国民经济和社会发展第十三个五年规划纲要》

第十三章努力建设文化强省的第三节促进文化产业繁荣发展提及："提升文化产业发展水平。优化升级文化产业结构。""加快发展文化服务业，推动文化制造业转型升级。""重点打造新闻出版、创意设计、广播影视、工艺美术、文化旅游、休闲娱乐等若干产业集群。推进文化和相关产业融合发展，大力拓展'互联网＋文创产业'。"第四节提升福建文化软实力提及："挖掘、保护、发展民间传统工艺技艺，发挥名师名家作用，着力打造地域特色文化品牌。""保护和弘扬方言、手工技艺、节庆等优秀传统文化。建设非物质文化遗产的数字化保护工程，促进福建非遗文化品牌与相关产业融合发展。""深化与海外华文媒体的交流合作，提升福建文化海外传播力和影响力。"

4.《中共福建省委关于制定福建省国民经济和社会发展第十四个五年规划和二〇三五年远景目标的建议》

在第九部分推动文化繁荣兴盛、加快建设文化强省中，专列健全现代文化产业体系一节内容，指出"坚持把社会效益放在首位、社会效益和经济效益相统一，深化文化体制改革，完善文化产业规划和政策，加强文化市场体系建设，优化文化产业结构和区域布局""坚持以文塑旅、以旅彰文，推动文化和旅游融合发展……加快建设全域生态旅游省……实施'海丝'文化交流工程，推动福建文化'走出去'"。

5.《福州市国民经济和社会发展第十三个五年规划纲要》

在第五节加快建设文化强市中要求，加强文化资源传承保护，深入挖掘昙石山、三坊七巷、船政、寿山石等文化资源内涵，推动各门类艺术繁荣发展。提升文化产业发展水平。推动文化产业优化升级，加快发展创意设计、现代传媒、工艺美术、动漫游戏、文化演艺、文化旅游和文化会展等产业。加快培育产权、版权、技术等要素市场和文化中介服务机构。

6.《中共福州市委关于制定福州市国民经济和社会发展第十四个五年规划和二〇三五年远景目标的建议》

该建议提出，"十四五"时期，福州将以全方位推动高质量发展超越为主题，以深化供给侧结构性改革为主线，以满足人民日益增长的美好生活需要为根本目的，全力打造新时代有福之州、幸福之城，进一步提升福州国际知名度和影响力。在第十部分推动闽都文化繁荣兴盛，全面建设文化强市中，专列打造闽都文化品牌、健全现代文化产业体系两节内容，提出要"讲好福州故事。构建闽都文化传承体系，健全非遗项目保护传承机制，注重闽剧、闽菜等传统技艺传习，保护福州方言，推动闽都文化创造性转化、创新性发展，持续扩大品牌效应"。"大力推进文化强市战略……积极创建国家全域旅游示范区，坚持以文塑旅、以旅彰文，推动文旅产业融合发展，打造闽都文化……健全文化产业投融资体系，培养多层次的文化产品要素市场和消费市场，壮大骨干文化企业。扩大文化领域开放……"。

　　7. 福州市与文化产业相关的政策

　　省市对文化产业发展高度重视，不仅颁布了《福建省"十三五"文化改革发展专项规划》和《福州市文化产业"十三五"发展专项规划》，对文化产业进行了全面系统规划，还陆续出台了多项和文化产业相关的扶持政策。例如《福州市人民政府关于印发福州市保护发展传统工艺美术的实施意见的通知》《福州市人民政府关于印发〈福州市推动动漫游戏产业发展的若干政策(试行)〉的通知》《福州市人民政府关于印发福州市加快文化创意产业发展的意见的通知》《福州市人民政府关于进一步加快旅游业发展的意见》《福州市人民政府关于印发加快创意产业发展扶持政策实施意见的通知》《中共福州市委关于贯彻落实党的十七届六中全会精神加快文化强市建设的实施意见》《福州市文化创意产业示范企业和示范基地（园区）评选认定和考核管理办法（试行）》《福州市人民政府关于印发福州市文化创意产业发展"十二五"专项规划的通知》《中共福州市委办公厅市人民政府办公厅关于利用工业厂房建设文化创意产业园区的管理办法》《福州市人民政府关于加快发展茉莉花茶产业的意见》《福州市历史文化名城保护条例》等，不断细化落实对文化产业各层面的支持。

　　综观上述各项政策，可以发现不少共性，很多内容一脉相承。无不强调对优秀传统文化资源的传承保护，打造具有地域特色的文化品牌，推动文化产业的转型和升级，推动文化与其他行业的融合，提升文化产业的发展水平，提高文化产业发展竞争力，大力发展创意文化产业，实现传统文化资源的创造性转化和创新性发展。完善人才机制，建设人才队伍。重视对文化的传播，尤其是与海外的交流合作，提升文化软实力，增强我国文化国际性的传播力和影响力。创意在文化产业的地位得到了凸显，对发展文化产业的作用和价值受到了高度重视。

三、迈向创意产业

加大对创意的扶持，加大创意在文化产业发展中的权重，充分发挥创意的功能和作用，使文化产业向创意产业转化和提升，应是下一步福州文化产业发展的主要方向。建议将以传统手工艺和民间艺术为代表的工业美术，以及文化美食旅游等作为福州市文化产业重点发展领域。具体方向上可以通过打造创意城市，申报创意之都，推动福州加入联合国教科文组织的创意城市网络。

四、创意产业和文化产业的区别和联系

首先，文化是文化产业发展的前提和基础，创意则是产业发展的关键与主导，具有颠覆性的力量。英国学者 Landry 在其代表性著作《创意城市：都市创新的工具书》中指出，文化是创意的平台与资源，是创意源源不断的温床，可以提供创意所需的素材；创意是实践观念与思维的力量，它是文化价值的放大器，能让文化增值。我国台湾学者杨渡在谈及两岸创意产业的未来时说"文化创意是台湾产业的核心力量，文化创意也是大陆未来产业的重要力量，因为大陆的各种制造业和电子产业都已经有了，关键是我们要拥有什么样的文化"。任何行业，如果注入创意的因子，往往就能产生革命性的变化。例如，功夫熊猫、花木兰等动画片，这些传统文化的元素，被好莱坞融入创意巧妙借用，将潜在文化资源转化为现实资源，创造了巨大的经济效益。

英国最大私有企业维珍集团创始人理查德·布兰森认为，一切行业都是创意业。掌握创意方法，就能颠覆任何行业。虽然文化要素是创意产业发展的重要因素，文化产业也成为创意产业的重要组成部分，但创意产业更强调创造力和创新性，更重视文化创意对其他产业的融合渗透，比文化产业有更广泛的内容。

其次，文化产业本质上属于知识生产，创意产业属于知识服务，借助创意的力量，可以很容易对其他产业进行融合渗透，因此比文化产业表现得更具有广泛性。创意产业本质上是以人的创造力为核心增长要素的产业，是无边界产业，可以涉及具有高科技含量、高文化附加值和丰富创新度的任何产业。

高渗透性是创意产业最显著的特征，居于价值链高端，并享有在生产各环节中分配利润的特权。产业是个动态发展的概念，随着科技的进步，传统的第一产业、第二产业、第三产业的界限变得模糊，产业融合成为产业发展的新趋势。创意产业本身就是个巨大的产业群，新型的产业形态和传统的产业形态总是互相渗透，互相交织互为补充，向消费者提供大量各具形态的文创产品和服务。这种渗透至少体现在三个方面：与传统文化产业在互动中渗透，创意产业各部门间互相渗透，创意产业对传统产业的渗透。通过将创意产品融合到其他产业产品，可以有效延长产品乃至相关产业的生命周期，促进其复苏和转型，带动发展。

最后，创意产业超越文化产业，是文化产业的高级阶段，处于产业价值链高端，具有高增值性。高增值性主要表现为创意可以赋予商品观念价值。经济的实践已经表明，商品的市场价值很大程度上是由其观念价值决定的。观念价值取决于消费者的主观感受，同样的商品在不同文化背景下其市场价值也有所不同。当用创意把观念、情感和品味等巧妙注入产品和服务之后，能为消费者带来与众不同的新体验，赋予产品和服务某种独特的"象征意义"，使得同样的商品因为具有了观念价值而大大提升了附加值，这正表明了创意含金量，是产业增值的真正来源。因此，创意产业可以视为对传统文化产业的超越，是文化产业升级的方向，创意与文化产业的融合是文化产业升级的必由之路。

五、文化产业升级为创意产业的路径

文化产业主要有三种形态：一是传统意义上的常态文化产业，包括广播电视、新闻出版、文化艺术等；二是依托或借助旅游业为龙头发展的特色文化产业，如文化旅游业、文艺演出业、工艺品产业，民族节庆等；三是利用高科技兴起的新兴创意产业，如网络信息与多媒体产业，动漫与网游，创意设计产业，现代会展业，休闲娱乐产业等。

向创意产业升级主要有两个途径：一是将文化变为商品，即把文化创意变为产业；二是把商品变为文化，即将传统的产品和服务通过注入文化创意内涵来增值。其他行业通过创意的加入，产业的品味和等级就能得到提升。例如，对动漫、影视、图书等产业而言，其核心竞争力就在于文化创意，如何将平常的内容变得生动有趣，这就需要创意的力量。旅游行业也是如此，山水名胜往往是"三分景物，七分想象"，只有创意才能让景物文化内涵得到更好地传达。

因此，发展创意产业，一方面要加强创意向传统产业的渗透，即增加传统产业的文化内涵，另一方面要加强文化创意的商品化和产业化。

六、福州文化产业具备向创意产业升级的基础和条件，有升级的可能性和必要性

首先，政策上的引导使创意产业的发展有了保障。无论是国家层面还是省市层面，都强调创意对发展文化产业的意义和价值，强调创意与其他行业的融合，发展创意产业有明确的政策指引。

2010年5月，福州市出台《加快文化创意产业发展的意见》，提出重点发展现代传媒业、动漫游戏业、设计创意业、工艺美术业、文化休闲旅游业、文化会展业以及广告创意业七大文化创意产业。

《福建省"十三五"文化改革发展专项规划》，强调要"加快文化创意和设计服务与制造业、数字内容产业、建筑业、农业、演艺娱乐、出版发行、体育产业、旅游业等相关产业融合发展"。

其次，创新发展，是福州文化产业发展的内在需求。在十九大上，中共就提出，要健全现代文化产业和市场体系，创新生产经营机制，完善文化经济政策，培育新型文化业态。福州文化产业面临从要素驱动、投资驱动转向创新驱动的要求，以及优化结构提质增效、健全现代文化市场体系、加快文化"走出去"等方面的问题。持续不断的创新是保持文化产业可持续快速发展的一剂良方。

再次，福州有丰厚的传统文化积淀，基础良好，条件合适。文化产业向创意产业转化具有可能性。

最后，福州的文化资源虽然很丰厚，但创意方面是短板，文化产品长期停留在传统思路上难以超越突破，少有让人眼前一亮的感觉，在商品化和产业化方面明显偏弱，急需创意的催化和改造。要通过创意提升产业创新能力，增强文化产业的造血功能。因而，文化产业向创意产业发展具有必要性。

七、打造创意城市，申报创意之都，加入创意城市网络

（一）创意城市

创意城市并非一个严格的学术概念，而是一种推动城市复兴和再生的模式，

强调消费引导经济、文化生产以及城市规划的重要性。广义的创意城市是指在全球性竞争激烈的环境下，地方城市如何重塑形象，重获生机，重新定位。

在当今世界经济文化格局中，创意城市如同一个个战略高地，处于国际文化争锋与经济竞争的最前沿。发达的创意产业是现代城市创新发展的新引擎，能为城市经济发展带来强大的推动力，也是城市的核心竞争力所在，创意产业与城市发展的互动、互融和互促成为当今城市发展的一个重要特征。从经济角度看，城市的发展主要经历了商业和工业两大类型。在后工业时代，创意城市应运而生，成为今后城市发展的一个方向。

如何界定创意城市，在理论层面仍然见仁见智、莫衷一是。但在实际操作层面，联合国教科文组织（UNESCO）已经在世界范围确立了一批榜样，它们构成了创意城市网络。

（二）什么是"创意城市网络"

全球创意城市网络（UNESCO Creative Cities Network，UCCN）是联合国教科文组织设立的三大名录之一，由联合国教科文组织第 170 次执行委员会提议并发起，前身是联合国教科文组织于 2002 年建立的全球文化多样性联盟。自 2004 年10 月成立以来，已经成为世界创意产业领域最负盛名的非政府组织。是继开展世界文化与遗产保护、非物质文化遗产保护后，联合国教科文组织在推进全球文化多样性发展方面推出的又一项重要举措。

全球创意城市网络旨在把世界范围内以创意和文化作为经济发展主要元素的各个城市联结起来，挖掘由地方维持的文化产业的创意、社会和经济潜力，借此推动并提升城市社会、经济和文化发展的国际城市网络联盟，从而促进教科文组织文化多样性的目标；致力于发挥全球创意产业对经济和社会的推动作用，促进世界各城市之间在创意产业发展、专业知识培训、知识共享和建立创意产品国际销售渠道等方面的交流合作。

（三）创意之都的类型

目前申报加入"创意城市网络"仅限以下 7 个领域：手工艺与民间艺术、设计、美食、文学、音乐、电影、媒体艺术。经批准加入该网络的城市被称为"创意城市"。据不完全统计，已有德国柏林、英国爱丁堡、法国里昂、日本名古屋、神户和中国北京、上海、深圳、成都、杭州等 69 个城市加入了该网络。

（四）"创意之都"在中国的发展概况

截至 2017 年底，中国已有 13 个城市加入全球创意城市网络。

深圳，2008年，被授予"设计之都"称号，是第一个加入"创意城市联盟"的中国城市。

上海，2010年2月，被授予"设计之都"称号。

成都，2010年2月28日，被授予"美食之都"称号，也是第一个获"美食之都"美誉的亚洲城市。美食已成为成都一张闪亮的名片，使得"食在中国，味在四川"的理念进一步深入人心。申报成功后，成都市将加快建设餐饮总部、营销推广、文化交流、餐饮连锁、教育培训、食品研发6大基地，实现餐饮业年均营业额增长19%以上、年营业额总量突破550亿元。

哈尔滨，2010年6月22日，被联合国教科文组织授予"音乐之都"称号，成为中国首个获此殊荣的城市。

杭州，2012年4月10日，被授予"工艺与民间艺术之都"称号。

北京，2012年5月7日，被联合国教科文组织批准作为"设计之都"加入创意城市联盟。

苏州，2014年12月，入选全球"手工艺与民间艺术之都"。从2012年9月启动申报工作开始到2014年11月28日，历经两年多的努力终获成功。

顺德，2014年12月，成功入围联合国教科文组织创意城市网络，并被授予世界"美食之都"称号。

景德镇，2014年12月，联合国教科文组织总干事伊琳娜·博科娃签署文件并致函景德镇市市长，宣布景德镇市成为"全球创意城市网络"成员，并被授予世界"手工艺与民间艺术之都"称号。

澳门，2017年10月31日，澳门正式成为创意城市"美食之都"新成员。澳门成为继成都、顺德之后第三个获此殊荣的中国城市。

武汉，2017年11月1日，经联合国教科文组织总干事伊琳娜·博科娃签批，武汉正式入选全球创意城市网络"设计之都"。

长沙，2017年11月，经联合国教科文组织评选批准，长沙正式入选联合国教科文组织"创意城市网络"，成为我国首个获评世界"媒体艺术之都"称号的城市。

青岛，2018年2月5日，被授予世界"电影之都"称号，成为教科文组织创意城市网络13个电影之都之一，也是中国首个"电影之都"。

在各申报项目中，"设计之都"的竞争相对最为激烈。在已经加入和正在申请加入该网络的城市中，有1/3是指向这一称号。目前已有9个城市被命名为"设计之都"，分别是柏林、布宜诺斯艾利斯、蒙特利尔、名古屋、神户、深圳、上海、武汉、首尔。

（五）为什么要加入该联盟

一旦申报成功，入选城市便可利用这一国际平台与全球其他创意城市分享经验、共创未来，正如 UNESCO 的宣传口号所述："如果你想在国际舞台上独树一帜，彰显所在城市的文化谱系，交流知识经验并发展当地创意产业，请加入创意城市网络！"

首先，加入全球创意城市网络，为福州打造全国文化创意中心和建设文化名城、文化强市增添了一张世界级的"金名片"，将为福州文创产业发展提供极大助力。创意城市网络不仅为展示城市的地方化资源提供了一个全球平台，而且作为全球创意城市还将得到联合国教科文组织及教科文组织全国委员会的宣传推广，促进会员城市在世界范围内的认可，这对于提升福州文创产业的国际知名度将起到直接的推动作用，继而有助于打响福州城市品牌，有力地提升福州城市形象和城市影响力，让国际社会有机会更多地了解中国福州。

其次，加入网络后，福州市文创产业发展将得到教科文组织的有力指导，将得到来自国际社会的技术、政策、市场等方面的有力援助，进而增强当地的建设能力和培训当地文化参与者的业务技能，对于整体带动福州文创产业发展具有十分重要的推动作用。

最后，加入该网络有助于城市经济转型，在全球范围内突出城市的文化资产。可与来自全球的其他成员城市加强交流合作，开展趋势性研究、对策性研讨以及产业项目的资源整合，在全球范围跨文化集群分享知识、信息和经验；可通过交流技术诀窍、经验和技术专长培育创新能力；可在国内外市场上促进文化产品的多样性。同时，在向国际市场推广福州市文创产业品牌、企业、优秀产品及推动文化产品"走出去"等方面都将具有实际作用。

被批准加入全球创意城市网络的城市可以根据教科文组织章程规定使用教科文组织的名称和标志。成员城市在网络的平台上，相互交流经验、互相支持，帮助网络内各城市的政府和企业扩大国内和国际市场上多元文化产品的推广。加入全球创意城市网络的城市每年须向教科文组织报告该城市在实施各项政策和活动中取得的进展。加入网络的城市不受期限限制，也可在通知教科文组织后随时退出网络。

在运行机制上，创意之都应以重点城市为骨干节点，特色城市为拓展延伸。福州如能申报成功，可以带动福建省其他地市分批申报，如泉州申报设计之都、厦门申报音乐之都等，这对提升福建省文化产业整体实力也有极大帮助。

（六）福州可以申报什么项目

1. 优先申报领域：手工艺和民间艺术之都

在《福建省"十三五"文化改革发展专项规划》所列的推动六大重点文化产业发展的名单中，就有工艺美术业，提出要加强工艺非物质文化遗产保护性开发，推动传统现代艺术设计产业转型升级。提升工艺技术自主研发能力和科技创新水平，提升德化陶瓷、福州漆艺、仙游古典工艺等一批行业技术机构的研发水平和创新服务能力。加快传统工艺美术与创意产业、电子商务的融合发展。推动福州寿山石和漆器等专业产品市场发展。

"手工艺与民间艺术之都"的主要标准包括六个方面：一是该城市在具有的手工艺和民间艺术的某种特定形式必须有着悠久的历史；二是拥有大量的手工艺和民间艺术的当代生产；三是拥有大量的手工艺制作者和本土艺术家；四是拥有与手工艺和民间艺术相关的职业培训中心；五是该城市要有推广手工艺和民间艺术的平台；六是拥有与手工艺和民间艺术有关的基础设施。

目前福州和莆田、泉州已成为福建省核心的工艺美术产业集聚区。寿山石、脱胎漆器、软木画等老字号是福州商业品牌发展史上一颗颗灿烂辉煌的明珠，是具有浓郁民族特色和民族气派的优秀传统工艺美术的代表。历史上名匠辈出，例如寿山石发展过程中涌现了郑仁蛟、林清卿、林友清、林文宝、林亨云、冯久和等大师，在脱胎漆器的发展中有沈绍兰、沈正镐、沈福文、李芝卿、郑益坤等大师。一代代艺人将祖上创业的精神，即"祖训"，演变成产业经营的信条与理念，引领产业爬坡迈槛，传承有序，走到今天。对照上述申报标准，福州已基本具备申办手工艺和民间艺术之都的基础。

2. 备选申报领域：美食之都

主要理由如下：

（1）福州菜是中国八大菜系闽菜的代表，但在川粤等其他菜系的进逼下，有些日渐式微，需要政府扶持重振雄风。闽菜有"福州菜香飘四海，食文化千古流传"之称。选料精致，刀工严密谨慎；讲究火候，注重调汤；喜用佐料，口味多变，显示了两大光鲜特征：一为刀工灵巧高明，寓趣于味，素有切丝如发，片薄如纸的美誉，较为有名的菜品如炒螺片；二为汤菜众多，变化多种多样，素有"一汤十变"之说。

（2）民以食为天，主打美食对游客有吸引力。福州街头有各色风味小吃，如鱼丸、荔枝肉、芋泥、拌面、肉燕、虾酥、蛎饼、光饼、鼎边糊、春卷、炒粉、福州线面等数十种，风味独特，深受福州百姓喜爱。福州的素菜也很有名，许多寺庙、菜馆都经营素菜。以面筋、豆腐皮、豆腐筋、冬笋、香菇、木耳等植物食物为原料，加工巧妙，烹制有方，味道很不错。对想体验当地风味美食的游客而言也有一定吸引力。

（3）在福州已经形成了"海味"十足的美食文化，申报美食之都有一定基础。福州获得了全国唯一的"中国海洋美食之都"荣誉称号。福州海洋物产在全国占有重要地位，被评为中国海带之都。无论是在资源分布，还是在生产总量、水产企业、加工技术、产品品种、销售市场等多方面，福州均处于全国领先水平。

（4）福州另一种餐饮力量也不可小视。近年我国大力发展大众餐饮，福州一大批餐饮草根力量由此崛起，令狐冲、周麻婆、小叫天、高八斗等餐饮企业迅速发展，在全国快速扩张。据统计，目前福州已有近百个小餐饮连锁品牌在各地开出上万家的门店，在全国小餐饮界处于领先地位。在 2015 年度中国餐饮五百强门店中，令狐冲就有三家门店入榜。由此业界也呼吁福州打造"中国小餐饮之都"。

（5）有闽菜、海鲜和草根餐饮三大特色，如能搭上美食之都的快车，福州餐饮塑造新辉煌并非难事。在业内人士看来，现在要做的就是如何将福州的闽菜、海洋美食、草根餐饮集中起来推广，把三大品牌的特色都打造出来，让美食文化"走出去"，让外地客人"走进来"。

（七）如何申请创意之都

1. 申请前准备工作

申请城市建立申请团队，由联络人、管理团队和督导委员会组成。

2. 申请资料准备

申请资料要简洁，联合国教科文组织推荐的申请资料要求：

管理团队信息——包括城市申请的专题网络、联络人信息、管理团队成员、督导委员会成员情况。

表格内容：

内容提要——在相关文化背景及创意城市网络关系框架下描述城市的使命和目标。

城市概况——地理、城市布局、人口、文化基础设施、创意经济、社会、财政及政府信息。

选择的文化资产——提供与选择的创意领域相关的专题条款内容。

3. 申报手工艺和民间艺术之都资料要求

某种特定形式的工艺品或民间艺术历史传统；

现代生产工艺和民间艺术；

制造工艺和当地艺术家的强大阵容；

有关手工艺和与民间艺术的培训中心和职业；

促进手工艺和民间艺术的努力（艺术节、展览会、交易会、市场等）；

相关的手工艺和民间艺术基础设施，如博物馆、工艺品商店、当地艺术展等。

4. 申报美食之都资料要求

市区中心或区域享有特色的发达的烹饪美食；

有众多传统饮食及厨师的充满活力的美食社区；

传统烹饪的源成分；

在工业化和技术发展过程中保留下来的烹饪诀窍、传统的烹饪烹调手法；

传统食品市场及传统食品工业；

举办美食节活动，拥有奖励、竞赛等多方面有针对性的传统和方法；

尊重环境和促进可持续的本地产品；培养市民欣赏情趣，推广营养教育机构和列入生物多样性保育计划的烹饪学校课程。

2013 年 12 月，联合国教科文组织对该项申报规则做了调整：在原有申请城市市长提供的候选城市资格正式陈述信函、该城市所在国家的联合国教科文组织全国委员会出具的候选城市资格正式认定信函基础上，申报城市还必须得到所在国家相关领域的专业机构出具的正式支持信函，及国际上 5 个已加入同类主题全球创意城市出具的正式支持信函。

八、依托"互联网＋"强大的融合创新能力，促进福州文化产业转型升级

在 2015 年"两会"上，李克强总理首次在政府工作报告中写入"互联网＋"行动计划，提出"推动移动互联网、云计算、大数据、物联网等与现代制造业结合，促进电子商务、工业互联网和互联网金融健康发展"。所谓"互联网＋"，通俗地理解，就是各行各业与互联网发生的一场"化学反应"。它不是传统行业和互联网的简单结合，而是利用互联网对所有行业的再造，产生新的商业模式。可以说"互联网＋"的精神内涵与创意产业高度一致，都具有天然的与其他行业进行融合、渗透的特点以及对传统行业的颠覆、再造和创新能力。互联网化的大融合时代的到来，将会带来各个产业经济的革命性变化。福州市拥有较好的文化资源基础，又有大数据产业发展优势，加之互联网强大的互动性、平台性、便

捷性、多元性等特点，为福州市文化产业与互联网的融合发展提供了良好的条件。以下两个领域的融合可以优先考虑。

（一）"互联网＋"非遗传承

非物质文化遗产是民族个性、民族审美习惯的"活"的显现。它依托于人本身而存在，以声音、形象和技艺为表现手段，并以身口相传作为文化链而得以延续，是"活"的文化及其传统中最脆弱的部分。随着现代社会的快速发展，很多具有较高文化价值、传统价值、艺术价值的非物质文化遗产濒临着消失的危险。随着互联网和数字技术的不断完善和成熟，可通过录音、多媒体记录等手段，对非物质文化遗产进行数字化储存、保护、传承和传播。福州市作为省会城市，拥有多项国家级非物质文化遗产，主要包括软木画、寿山石雕、脱胎漆器髹饰技艺、闽剧、评话等，涵盖了戏剧、曲艺、美术、手工技艺、民俗等八大门类。另外还有多项省级非物质文化遗产。这些不同种类、不同风格的非物质文化遗产，都是福建特色文化的重要组成部分，是福建、中国乃至世界的重要文化瑰宝。因此，应进一步加强非物质文化遗产的梳理，并借助互联网、大数据等技术和手段，建立多彩福州非物质文化遗产数据库和数字传承基地，以数字化、信息化的方式将这些宝贵的文化资源保存下来，并进行不断的传播和传承，实现非物质文化遗产在新时期的数字化传承和发展。

（二）"互联网＋"文化旅游

推动文化与旅游的融合发展，以文化充实和丰富旅游的内涵，以旅游传承和传播特定文化精神，是新时期旅游产业发展的主要特色之一。而福州市丰富多彩的三坊七巷文化、船政文化、昙石山文化、寿山石文化、闽清礼乐文化、福清黄檗文化等闽都文化资源，为文化旅游产业的发展提供了良好的内容基础。随着近几年来福州市旅游产业的不断发展，产业发展基础不断完善、客源市场也不断增加，这都为文化旅游产业提供了有利的条件。互联网作为一个巨大的信息平台，为消费者查询、了解和对比不同地区的旅游景区、旅游资源、旅游特色、旅游服务提供了高效的平台，更为消费者在线预订旅游路线、酒店、旅行社等提供了便捷的渠道。因此，通过将线下的文化旅游体验与线上的文化旅游服务相结合，将有助于实现福州市文化旅游资源的线上推介、线上服务、线上预订和线下体验、线下享受。比如遨游网，通过融合互联网、移动互联网、连锁店、呼叫中心等多个服务场景，为用户创造更便捷、更专业的服务体验，在产业链上，用户、资源方、服务方、内容方、平台方等不同利益相关者都能实现自己的利益诉求，逐渐形成了用户收益、企业发展的旅游发展生态新格局。

从"互联网＋"的视角来分析和探索文化产业发展路径与模式，关键是文化与科技的融合问题。互联网以网络技术、数字技术为根本，随着现代技术的不断完善和成熟，互联网也获得了快速的发展，并逐步向物联网发展。互联网的发展，催生了互联网思维、互联网平台、互联网渠道、互联网商业模式等新的发展理念和形式，且以其强大的包容性和平台性，逐步加强了与不同行业的融合。文化产业是以文化资源为基础，以创意为灵魂，以内容为核心的一种经济形态，是以市场需求为导向，在一定的文化资源基础上，通过创意研发，形成一定的文化产品和文化服务，从而满足广大消费者精神文化需求的一种产业形态，具有文化性、兼容性、风险性、可复制性等特点。可以说，文化与科技的融合发展，尤其是与互联网的融合发展，是现代文化产业发展的一个重要趋势和特点之一。基于互联网视角下的文化产业发展，需要充分利用互联网强大的平台、便捷的渠道、实时的互动、多元的形态等优势，结合大数据、云计算等消费信息收集、分析和处理能力，灵活采取 O2O 运作模式，充分运用和衔接好线上与线下两个阵地，实现文化产业在内容研发、宣传推介、销售通道和体验场景等不同环节的多元发展和有序衔接。

九、完善公共服务平台建设

公共服务平台是政府为发展创意产业提供的主要公关服务产品，包括技术与信息服务平台、交流展示平台、创业孵化平台和融资信贷平台。

技术服务平台是为创意企业开展检索、查询、实验、测试等活动提供仪器设备、场地、咨询、认证等专业性服务的各类平台，一般有两类：一是提供全方位服务的技术平台，二是专业化的技术服务平台。后者更有针对性。信息服务平台为文创企业提供完整、权威、适时更新的各类信息检索。

交流展示平台为文创企业的产品走向市场提供机会。可定期和常设。

创业孵化平台是政府为中小文创企业建立的公共服务平台，文创企业不同于传统产业，其产品从创意构思到产出往往出自少数人甚至个人，存在大量创新的中小企业，规模小，需要政府的培育。创立孵化平台的主要功能包括提供研发、生产、经营场所，通信网络与办公等方面的共享设施，系统的培训和咨询，政策、融资、法律、市场推广等方面的支持，帮助创业企业降低创业风险和创业成本，提高成活率和成功率，使初创阶段相对弱小的企业能够逐渐独立运作、健康成长，最终成功走向市场，将理想变为现实。

融资信贷平台是市政府为创意企业提供资金服务的公共平台，政府通过设立优惠贷款项目、专项基金和拓展各类投融资渠道，为创意企业"输血"。创意企业的特点是从业者以中小企业和个人为主，特别需要风险资金的注入，为创意企业搭建创新风险投资平台是各国政府扶持创意产业发展的主要融资经验。

十、营造更为宽松的人才环境

适宜的社会文化环境是吸引人才、促进文化产业发展的重要前提。人才是创意经济的核心资本，福州文化产业要"走出去"，离不开优秀海外人才的加盟。目前海外优秀人才占比不高，要为福州市紧缺的文创专项人才提供针对性的引进政策。目前虽然对人才培养和引进已制定了一些相应政策，但力度还不够大，建议建立跨国引进制度，在住房、就业、税收、教育、养老等方面给予扶持和优惠，大力引进一些优秀的海外文创人才，为本土的文创行业注入国际化元素。例如可以简化出入境环节。创意人员流动性强，追求自由的天性，一些不人性、不便捷的举措都有可能导致创意人才的流失。

十一、结语

在各级政府的大力倡导和扶持之下，福州文化产业厚积薄发，改革创新氛围浓厚，已取得了丰硕的成果，发展势头良好，前景光明。福州具有独特的历史文化资源优势，但在国内外的影响力还很有限。若能进一步充分发掘、整合利用现有的以优秀传统手工艺和民间艺术为代表的各项文化资源，借助申办联合国教科文组织创意城市网络的契机，向创意要未来，给经济的发展添加新引擎，将有助于说好福州故事，传播福州声音；在提升福州文化产业在国际上的知名度、美誉度，实现"走出去"的战略的同时，打响福州创意之都的城市品牌，有助于增强福州的软实力和区域竞争优势，进一步提高城市的国际影响力。

参考文献

[1] 陈美霞. 福建文化创意产业的 SWOT 分析 [J]. 福建论坛·人文社会科学版, 2010（2）: 29-34.

［2］陈思达．福建文化创意产业战略思考［J］．闽江学院学报，2014（4）：42－48＋62．

［3］福州市统计局．2019年福州市规模以上文化及相关产业企业营业收入稳步增长［EB/OL］．（2020－03－06）．http：//tjj. fuzhou. gov. cn/zz/zwgk/tjzl/tjxx/202003/t20200306_3214266. htm.

［4］金元浦．"互联网＋"催生"文化＋"产业新形态［J］．人民论坛，2016（18）：90－92．

［5］金元浦．创新理念是我国"十三五"时期文化发展的导航灯［J］．中原文化研究，2016，4（1）：39－42．

［6］金元浦．中国文创产业面临时代转折点［J］．人文天下，2015（4）：23－25．

［7］厉无畏，王慧敏．创意产业新论［M］．上海：东方出版中心，2009．

［8］魏鹏举，孔少华．内生增长视野下的文化产业创新发展思路分析［J］．同济大学学报，2016，27（3）：27－34．

［9］吴冰．福州市文化创意产业发展现状的思考［J］．产业与科技论坛，2012，1（10）：57－58．

福州文化产业自然生长和
政策推动之间的关系研究

何　敏（女）　　倪　姗

　　文化产业是 21 世纪的朝阳产业，它是伴随全球范围内的工业化和现代化发展起来的，以生产和提供精神产品为主要活动，以满足人们的文化需要为目标。文化产业具有低投入、高产出，消费市场巨大的产业特征，是集中代表了当代经济社会发展水平的全球性的新兴产业。我国文化产业虽然起步较晚，但随着社会主义市场经济的逐步完善和现代生产方式的不断进步，经过十余年的行业跃进和市场发展，文化产业已成为国家和地区国民经济的支柱产业和新的经济增长点，同时也成为社会主义文化建设的重要组成部分。在文化产业发展过程中，依靠产业内生动力的自然生长是必经之路，政府政策适时引导、扶持、调整是抓手，研究两者关系将有利于加强政策推动的有效性，更好地推动产业的有序、健康生长。

一、福州文化产业的自然生长与困境

（一）福州文化产业的自然生长

　　福州地处东南沿海，与我国台湾隔海相望，是有着 2200 多年历史的文化名城，更是福建省的政治、经济、文化中心。得天独厚的自然地貌资源，悠久丰厚的历史文化沉积，海纳百川的闽都文化，锐意进取的福州人、兼容并包的精神无不为福州文化产业的自然生长提供了坚实的基础。福州文化产业具有行业分布广泛、产业形态多样、发展模式不同等特点，为了更有典型性、更深入地进行课题研究，课题组选取了两个差异性较大且为福州市现行的重点文化产业——代表传统文化产业的福州脱胎漆器和代表新兴文化产业的数字动漫公司福州网龙进行重点考察，以期得出较为全面和有针对性的结论。

1. 传统文化产业的自然生长

福州脱胎漆器与景德镇的瓷器、北京的景泰蓝，被称为中国传统工艺的"三宝"。它继承了中国古代优秀的漆艺文化，具有浓郁的中华民族风格，同时又具备了独树一帜的地方特色，尤其是它独特的工艺，在我国漆器发展史上占有重要的地位。自乾隆年间诞生以来，它成为福州市本土传统文化的典型代表。福州脱胎漆器自清朝以来一直行销海内外，至 20 世纪 80 年代，也一直是代表福州地方特色的代表性产品。2006 年，福州脱胎漆器入选国家非物质文化遗产名录。

随着时代的变迁，脱胎漆器行业也在市场环境中顽强生长，经历着依托市场、自然生长、自由竞争、自我调整、优胜劣汰等不同的阶段。20 世纪 90 年代中期，随着我国对外开放的进一步扩大和经济体制改革的不断深化，和全国所有工艺美术行业一样，福州脱胎漆器遭遇了前所未有的危机。曾经辉煌一时的大批国营、集体漆器企业处于经营困难的境地：传统产品销售不畅，新型产品开发缺乏资金和技术，体制转化又缺乏必要的管理经验和行政措施。20 世纪 90 年代末，福州第一、第二脱胎漆器厂这两个数十年来一直在全国漆器行业中处于领先地位的大厂基本停产，厂属职工先后下岗、转产或提前办理退休手续。

现今，福州脱胎漆器在经历了国有、集体企业的关、停、整、改之后进入了一个新的发展阶段，脱胎漆器的生产方式以手工或半手工为主。工作室、小型作坊和私营工厂生产个体大量发展并形成产业群，遍布于福州城区及近郊。整体而言，这些经营个体的规模不大，但就数量与密集程度而言，已演变为现代福州脱胎漆器行业的主体。目前，福州的脱胎漆器制作主要有四种经营方式：第一种是不以营利为目的的工作室，制作者出于对漆艺的热爱和兴趣操办起个人工作室。第二种是以来料加工为主的制作半成品的作坊，这些作坊依靠承接来料加工业务维持，如闽侯县鼓山洲的"漆村"。第三种是以特色经营为特点的作坊，这些作坊以制作某种比较固定的拳头产品为主，多年来的制作经验使其产品形成特色，声名在外，订单相对稳定。第四种是现代化的企业经营，按照企业管理方式指导创作、生产、销售等各个环节，部门分工细致，机械已介入部分手工生产工序。

2. 新兴文化产业的自然生长

20 世纪八九十年代，浓郁的文化氛围使得福州较早出现了动漫游戏、信息服务、设计创意、广告传媒等一批洞察市场先机的特色新兴文化行业。与传统文化产业式微不同的是，由市场经济和信息技术孕育、催生的新兴产业，紧随时代需求，得到了快速成长，并出现了福州网龙等行业的龙头企业。福州网龙网络控股有限公司成立于 1999 年，总部位于中国福建福州，是以网络游戏、在线教育、移动互联网应用、企业信息化等为主营业务的新兴文化产业代表性公司。网龙公司目前已经成功跻身福布斯全球企业 2000 强，是国家规划布局的重点软件企业、国家文化产业示范基地、国家文化出口重点企业，荣膺全国文化企业 30 强，并成功跻身工信部发布的"中国互联网企业百强榜"。近年来，网龙将自身定位为一家"设计型的移动互联网公司"，不断加快转型和融合发展的脚步，在拓展网游主业的基础上，重点推进在线教育及产业国际化布局，发力布局 VR 产业，正逐步打造"全球领先的互联网社区创建者"的品牌。

（二）产业自然生长中的问题和需求

以福州脱胎漆器和网龙网络公司为代表的不同类型的文化产业，都不同程度地存在着发展的延续性和动力不足的问题，例如，亟需产业环境、产业制度的完善，专业人才欠缺，但其需求的实质却各有不同。

1. 传统文化产业困境分析

工艺美术行业作为传统文化产业的代表，在福州的文化产业中占有主导地位。但随着时代的变迁，很多传统文化内容在现代社会渐渐消退，传统文化产品的产品内涵和市场消费情况也悄然改变。如何跟随时代发展不断为产业注入新的生机和活力，是传统文化产业振兴的关键点。

福州脱胎漆器诞生于乾隆年间，以其独特的工艺，在我国漆器史上占有重要的地位，并一度行销海内外，曾为福州出口贸易的拳头产品。脱胎漆器于 2006 年入选国家非物质文化遗产名录。然而从 20 世纪 90 年代中期起，其行业就陷入困境。

（1）产品与市场需求脱节，制约行业发展。随着我国对外开放政策和经济体制改革的不断深化，由于没有及时把握市场需求的变化、转换经营手段和销售方式，传统手工艺品的市场需求逐步缩减，制约了行业发展。

现代社会中，脱胎漆器等传统文化产品的使用性质已大大削减。简单来说，脱胎漆器脱离了老百姓的日常生活，其盛物、收纳、摆饰功能已被近现代的陶瓷、玻璃制品取代。传统产品纯艺术化，也就要求消费者具有文化消费意识。加之脱胎漆器传统工艺制作工期长，价格高，这也限制着消费市场规模。到 20 世纪 90 年代末，福州第一、第二脱胎漆器厂这两个数十年来在全国漆器行业中处于领先地位的大厂基本停产。经过近 20 年的挣扎，目前福州脱胎漆器行业进入缓慢复苏期。工作室、小型作坊和私营工厂等生产个体大量存在，生产方式以手工或半手工为主。这些经营个体的规模不大，但已形成产业群，遍布于福州城区及近郊。

（2）生产方式陈旧落后，缺乏产品创新。从产业生产现状上看，小型作坊和小工厂大都停留在较低的经营层面，以批量生产加工外贸半成品为主，很少考虑产品的自主创新问题，无形中导致产品种类少、样式陈旧，无法提供更高层次的艺术品。

由于传统文化产业生产者缺乏对市场产品新需求的针对性研究，缺乏对自身市场定位的调整和开拓市场的能力，也就无法开发有竞争力的特色产品，行业内部聚焦于低端同质化竞争。个别生产者甚至通过使用劣质材料、偷工减料来提高利润，这些不规范的行为最终又损害了整个行业的声名。大多数生产者尚未具备文化传播和保护意识，在追逐利益的同时，较少承担相应职责，无法激发市场消费活力。

（3）产业人才断层问题突出。如同大多数传统美术工艺产业一样，福州脱胎漆器生产面临着严重的人才断层、缺乏创新性人才问题。目前的从业者多为早年国营厂的老员工。漆器行业工作辛苦、收入低，一般艺人对这门传统手工艺的认知较淡漠，多数已不愿继续从事漆器制作，而优秀工匠多选择进入私人漆器工厂，运作模式以私人盈利为主，缺乏技艺传承和培养。加之传统行业发展低迷，愿意了解和进入这个行业的年轻人更少。这些都导致了漆器人才断档严重，后续力量严重不足。

人才问题还突出表现在专业设计人才缺乏。在计划经济体制下，原国有企业生产模式以流水线操作为主，不重视产品的个人创新和艺术内涵表达，使脱胎漆器的设计多停留在工艺手作阶段。在新艺人培养上，传统工艺越没落就越成为教育的盲区。国内很少有高校会开设漆艺专业，即使有开设的，也更偏重于教授与美术相衔接的漆画艺术，几乎没有整体性的漆器工艺制作课程。在福州市现有的1200多名从业艺人中，能制造精品的寥寥无几。设计、生产和研究等各环节中，高级人才的大量缺失也使福州脱胎漆器的创新处于疲软状态。

2. 新兴文化产业困境分析

与传统文化产业式微不同，由市场经济和信息技术孕育、催生的新兴产业，紧随时代需求，得到了快速成长。"十二五"期间第三次经济普查数据显示，福州市文化产业十大行业中，人均主营业务收入最高的行业是动漫游戏业，达到59.8万元。但新兴文化产业也面临着发展瓶颈。例如，整个产业在福州市文化产业集中度排名中位置靠后，作为高附加值的数字动漫业、文化创意业、广播影视业更是居于后三位。福州拥有众多的互联网企业，然而与全国大型互联网公司相比，还有较大的差距。新兴文化产业发展在产业集聚、产业发展环境、平台构建等方面遇到困难。

（1）缺乏相关产业集群带来的集聚效应。产业集聚是将企业或其他组织结合在一起，打破了企业之间的传统边界，企业资源可以共享，无需重复投入，从而减少信息不对称的程度，有利于降低交易费用。与此同时，大量企业的集聚会极大地降低外部交易的空间成本。国内外的大量实例都证明了文化产业集聚发展是新兴文化产业发展的最佳选择。以福州网龙发展为例，网龙网络控股有限公司成立于1999年，是以网络游戏、网络在线教育等为主营业务的新兴文化产业公司，企业现有员工近7000人。网龙的腾飞得益于20世纪90年代末数字信息技术大发展的机遇和网络游戏的盛行，并在市场中生成了较好的自我"造血"功能。进入21世纪后，数字动漫业发展进入迅速扩张期，网龙面对最残酷的市场竞争，也希望寻求更多地缘助力。然而福州虽位于东南沿海，是福建省会城市，区域产业发展的集聚效应却并不明显。在数字动漫产业内部，企业数量多、但普遍规模小，网龙既较少有同一量级的本土企业伙伴，其作为龙头企业引领作用也发挥不足。企业间缺少联合发展和资源共享，就不能凝聚整体的行业品牌。从产业外部看，数字动漫产业也缺乏与其他产业、行业的深度合作和创新发展。所以整个产业集聚不仅不能同北上广深等一线城市相比，在省内也与厦门市存在一定的差距。缺乏产业集聚效应，又使网龙面临技术、人力成本过高，协同效应不足等问题，给其持续发展带来困扰。

（2）平台搭建不足，产业环境亟待优化。与传统产业相比，新兴行业的发展更重视各种平台搭建和外部环境的优化，以加强企业和产品在大众消费市场中的竞争力。企业既需要依靠一些社会市场力量，以及自身搭建经营起来的信息共享、技术交流、产品营销推介等平台，也需要政府提供完善的产业公共服务，以解决企业和市场不能完成的产业政策、人才政策、行业监管和立法，以及基建配套等问题，从而进一步优化产业发展大环境。目前福州虽已有福州人才大数据平台、福州市中小企业公共服务平台、福州文化创意产业网等政府平台支持，但具体到各行业中，会出现平台建设较为常规、政策力度一般、政策推动分布不均等问题。另外，新兴产业更依赖开放、活力的市场，某种意义上，行业建设与城市品牌打造息息相关，需要依靠城市魅力对人才和资源形成吸引，增强行业集聚和影响力。

（3）产业高端人才不足、人才平台缺乏。与传统文化产业的人才断层问题相比，新兴文化产业在人才问题上的主要表现是难以吸引和留住人才，尤其是高端人才。福州本土人才培养机制相对滞后，专业骨干人才数量偏少，而与其他沿海城市如上海、杭州、广州等具有强大虹吸效应的人才政策相比，福州吸引不了，更留不住高端的文化产业人才。人才的引进是一个系统工程，一个人才的引进，除了需要企业所能够提供的薪酬福利，还需解决包括住房、家庭教育、医疗养老保险等在内的一系列衍生问题。这些问题单靠企业和行业力量是无法完成的，需要政府出台相关政策进行积极的支持和促进。此外，人才发展需要在一定的人才平台当中进行，从职业生涯的规划、人才的集聚到企业之间的人才适当流动，都需要建立在一个开放、优良的人才平台上。这一平台的建设和完善，也无法由单一企业来构建。

二、目前福州文化产业政策的推动效果和存在问题

本文课题组在讨论目前福州文化产业政策推动效果问题时，设计了两条思路：一是解读福州市现行政策，分析其不尽完善之处。二是选取对标城市，从对标城市的文化产业政策设计来汲取有益思路。本部分主要从第一条思路入手，重点分析福州现行文化产业政策的推动效果和存在问题。而对于第二条思路的解析，将在第三部分中予以展示。

（一）地方政府在经济发展中的作用分析

一个地区的经济发展包括许多方面的内容：居民生活环境的改善、经济结构的转变、公共服务事业的发展等。在目前的市场条件下，地方经济发展也应该遵循着市场经济的基本规律，但市场并不是万能的，在经济发展的一些领域，市场是无效的或是缺乏效率的。这就需要地方政府发挥自己的作用，引导、支持、管理区域经济健康有序发展。

1. 进行科学规划，推动地方经济发展

作为地方经济发展的主导力量，政府肩负着引导本区域经济发展方向的重大使命。因此，要明确本地区的社会经济发展规划，确定发展规划的实施落实，确定本地区的经济发展政策，确定引进人才、技术、资金方面的重点方向和目标，直到最后制定地方教育发展政策、人力资源开发政策，优化人力资源环境，实现地方人力资源水平与经济发展水平相一致、相互补充。

2. 完善和转变政府职能，推动地方经济发展

经济学上普遍认为，政府需要发挥公共服务的职能，这主要包括政府承担的发展各项社会事业，实施公共政策，扩大社会就业，提供社会保障，建设公共基础设施，健全公共服务体系等方面的职能。这些职能的完善，可以极大地推动区域经济发展。

与此同时，转变政府职能，将公共服务管理作为政府管理的基本职能，凸显政府的公共服务理念也是现阶段地方政府的一项重要工作。为此，要妥善协调各方利益关系、保障社会公平正义，尊重市场规律、淡化行政区划，强化经济区

划、破除行政壁垒、优化区域经济布局、制定适合地方经济发展的政策和文件，为企业和个人提供公平的制度环境，发挥政府特有作用，以此推动地方经济发展。

（二）福州市政府现行文化产业政策效果和存在的问题

2006 年国家在考量全球经济发展特征，探索社会主义市场经济的可持续性发展时，正式提出了文化产业的国家经济发展战略思想。福州市响应国家、福建省部署，在对本地文化产业发展状况进行了梳理、甄别后，加快发展重点行业，扶持发展弱势行业，力图使福州文化产业形成既注重本土核心竞争力，又与其他城市差异发展的新格局。具体到政府管理上，则是增强了文化产业的引导和扶持，进一步强化了政策干预和推手的作用，由原来的宏观调控、协调规范转入重点布局、细致扶持，竭力满足产业生长、发展的政策需求。政府扶持使文化产业发展得到有益助力，其中 2016 年的《福州市文化产业"十三五"发展专项规划》中对福州市文化产业发展成绩做了较全面的总结。

当下，福州文化产业政策的制定主要有三类依据：一是及时传达国家、福建省在文化产业发展上的指导性意见和措施，包括出配套、研细则、推落实。二是根据福州文化产业总体布局和发展情况，进行上层设计规划。如 2010 年、2011年，福州市相继推出《福州市加快文化创意产业发展的意见》和《福州市加快创意产业发展扶持政策实施意见》；2012 年的《福州市文化创意产业发展"十二五"专项规划》；2016 年的《福州市文化产业"十三五"发展专项规划》，2017年印发的《关于进一步加强福州市文化产业发展若干政策》等。三是根据总体规划精神，依据市场和产业发展需要，制定专项方案，解决行业和企业发展的具体问题。例如，在"十二五"期间，福州市相继推出了《关于利用工业厂房建设文化创意产业园的管理办法》《福州市历史文化名城保护条例》《关于加快工业园区发展的意见》《促进民营经济加快发展的若干意见》《福州市动漫游戏产业发展扶持奖励办法》；"十三五"伊始，则有《福州市人民政府关于推进文化创意和设计服务于相关产业融合发展的实施意见》《福州市展会发展专项资金管理办法》《福州市"文化企业十强"和"最具潜力文化企业"评选管理办法》《福州市漆艺保护与产业发展规划》等。这些政策在推动福州市文化产业健康、快速发展中发挥了重要作用，其中，2016 年出台的《福州市文化产业"十三五"发展专项规划》，更在整体上规划了福州文化产业发展的蓝图。产业政策的积极出台，有效推动了福州文化产业的快速发展，在"十二五"期间，福州市文化产业增加值保持了年均两位数增长，分别为 3.58%、3.68%、3.89%、4.01%、4.24%，占全市 GDP 比重逐步提升（参见《福州市文化产业"十三五"发展专项规划》）。"十三五"期间，福州共有经营性文化产业法人单位 1.5 万个，从业人员 26.34 万人，资产总计 1420.41 亿元。2019 年，福州规模以上文化企业比上年增长 20.8%，核心领域增速快于相关领域 6.2%，文化新业态特征较为明显的 9 个行业比上年增长 60.2%。

但也要看到，在国家经济战略推动下，全国各地区文化产业发展都赢得了好的时代机遇。从全国范围内看，福州尚属于创意产业发展梯队中的第三集团；福建省内，厦门依托的特区、地缘优势与泉州依托的科技、金融优势，其文化产业的发展也会形成区域竞争。而目前福州文化产业自身也存在着总量偏低、特色不明显、布点分散、规模偏小、缺乏品牌效应和集群效应、产业创新力不足等问题。这些问题的解决，一方面从根本上是需要产业在市场中遵循竞争机制，调整产业结构、发掘内生动力，积极转变思路，推进转型和创新；另一方面则要求政府进一步做好上层设计、加大政策扶持力度，这一点在文化产业发展由普涨期进入分化重组期的新形势下显得尤为重要。通过现行政策的解读、企业调研及对产业现状的综合考量，也会发现目前政策设计上的一些不足。

1. 政府做产业规划和引导时，缺乏品牌意识和精品意识

福州有较为丰厚的文化资源，也自然催生有一批各具特色的文化产业。目前，福州文化产业规划的七大重点发展领域为创意设计、文化演艺、工艺美术、动漫游戏、现代传媒、文化旅游、文化会展；并依据各县（市）区的产业优势和区位特点形成差别布局。

专栏：福州市各县（市）区重点发展的文化产业领域

鼓楼区：重点发展创意设计、新闻出版、文化旅游、文化演艺、动漫游戏等；

台江区：重点发展文化旅游、影视传媒、新闻出版等；

仓山区：重点发展创意设计、文化会展、文化金融、文化旅游等；

晋安区：重点发展工艺美术、建筑设计、广告设计、新闻出版等；

马尾区：重点发展文化旅游、动漫游戏、文化用品制造等；

福清市：重点发展文化旅游、影视、创意设计等；

长乐市（2017 年撤市设区）：重点发展数字产业、VR 产业、动漫游戏、珠宝创意设计等；

闽侯县：重点发展文化旅游、工艺美术、现代传媒等；

连江县：重点发展动漫游戏、温泉旅游与农业休闲旅游等；

闽清县：重点发展温泉旅游、古民居旅游、工艺品生产制造等；

罗源县：重点发展民俗文化旅游、工艺美术等；

永泰县：重点发展温泉旅游与农业休闲旅游、古镇保护开发旅游等

但在充分兼顾、产业齐备、均衡发展的产业规划中，容易引发重点行业不突出、重复打造、各县（市）区对有限资源的竞争等问题，在整体上则是福州文化缺乏亮色和精品项目。例如福州宣传"温泉之都，有福之州"的城市特色，连江、永泰、闽清都有布局温泉旅游，形成协同发力的局面。然而，这也造成了温泉旅游产业的区域特征不明显、项目设计上创新性不足，争出品牌、精品的意识不强，从而也使得福州"温泉之都"的独特性未能充分发掘。因此在产业布局上，政策规划重点发展领域不是为了粗放的规模化或是保护性的设定产业发展，而是肯定该产业的资源优势，敦促其在各级市场竞争中更为积极地打造核心竞争力，做精品项目，完成文化产业从注重数量增长到注重品质的提升。在这个意义上，产业政策不是"均衡""扶弱"，而是通过完善市场秩序、强化自由竞争、深化体制变革和激发市场活力，不断促发产业发展的内生力量。

2. 政策类型偏向供给型政策而非需求型

按照 Rothwell 和 Zegveld 对政策工具的分类原则，产业政策可以分为供给型、需求型，分别关注着企业生产与市场消费两个基点。供给型政策的作用是直接改善相关要素的供给，主要包括人才培养、资金支持，技术支持、公共服务等多个方面，其中资金支持所占比重最大。福州市政府针对文化产业的扶持政策以供给型为主，主要集中在财政政策、税收政策、金融政策、土地政策、人才政策等。供给型政策带来的最大问题是容易形成政策扶持依赖，即由于供给型政策直接带来企业补贴的增加，在补贴收入前提下，企业更有兴趣进行"寻补贴"投资，而非将资源用于生产性投资中。例如福州对传统文化产业的长期资金注入式扶持，一定程度上反而提高了民间资本的准入门槛；而产业在政府资金介入下，更容易轻视市场的调节和自身造血，也缺乏创新的动力。

而与此相对应的，福州文化产业政策中，需求型政策比重偏低。需求型政策旨在引导需求，主要通过政府采购、用户补贴、价格指导和应用示范等政策措施来实施，目的是通过需求侧的拉动刺激产业进行创新与生产，间接推动产业健康发展。需求型政策中用户补贴占比较大，但其补贴对象主要指向消费者而非生产者，通过提高消费购买意愿与能力，促进产品推广与市场扩大，促进消费。与供给型政策相比，需求型政策的推行更有利于资源的再分配，扶持效果对于文化产业的长期发展可能更为良性。

3. 缺乏产业区分，采用粗放无差别的扶持方式

如前面提到的福州脱胎漆器和网龙在自然生长中的情况可知，不同类型的文化产业在其发展过程会面临不同的问题，甚至同一问题，也基于不同的原因，因此对政策扶持的依赖性和需求点会各不相同。例如政府政策中，资金"输血"是最常见的方式，但是不能"一刀切"。

福州脱胎漆器在它的产业复苏的初级阶段中，会寻求政策的"输血"，对供给型政策中的资金支持和政府补贴较为关注。当产业在政策扶持下逐步进入市场竞争期时，人才断层，漆器和礼数文化的市场宣传，消费市场的打造是其新的要求。以福州致道漆器文化艺术有限公司为例，该公司常年致力于国际贸易和品牌授权衍生品合作业务，具有较强的经济实力，该公司与闽江学院合作创办了闽江学院中国漆文化与产业研究中心，投入巨资在闽江学院洪塘校区打造文化研究有深度、艺术教育有高度、产业推广有力度的中国漆文化产业产学研一体化平台和闽江学院师生创新创业孵化基地。这些企业则希望政府在漆艺技法的传承和保护、漆器文化整理推广、漆艺市场基础重建等方面提供政策支持。

以网龙为代表的新兴文化产业则依托信息数字时代的契机，在市场发展中生成了比较好的自我造血功能。因此政府的资金支持是锦上添花，而非雪中送炭。然而，新兴文化产业面临着最好的时代，也面临着全国甚至全球的竞争，人才支持、科技支持，甚至行业规范、立法是它们在政策上的主要诉求。因此，如果无视这些需求差异，在扶持政策上统一的给予"输血"处理，将大大降低政策的有效性。

4. 缺乏产业政策效果评估和反馈机制

产业政策评估是指在全面掌握信息的前提下，依据特定的标准，对某项产业政策实施的影响、效果进行度量、分析和评价。目前我们的产业政策运行中，政策监督的力度不够，缺乏明确的检验和评价标准，缺乏专门的反馈渠道，使得对政策落实、政策效果的了解有所欠缺。拿人才政策来说，在实地调研中，无论是新兴产业的网龙，还是传统产业的工艺美术，对现行的人才政策都有所反馈，有所要求。网龙需要高新人才，优秀人才的引入政策对其意义重大，但就现行的人才政策来说，经企业反馈，存在着门槛稍高，分配数额不足，办理期限较久等实际问题。传统工艺美术行业则希望加强与高校在人才培养上的合作；希望由政府引导，鼓励相关院校，在专业开设、人才培养、产学研的进一步深化等方面，促进高校与传统工艺美术产业的对接。因此，政策的实施过程不仅涉及政策的制定、组织、实施，还应该包括监督、检查和反馈。其中，政策的监督、检查及反馈必须以政策效应的评价为依据，之后政策的选择也应是建立在对政策有效性或政策效应的评价上的。任何一项政策在实施后都会产生一定的效果，产业政策评估要求遵循实事求是的精神，尊重市场和产业的变化事实，去考核政策执行效果、政策目标甚至政策本身是否科学。依据评估的结论，决定政策延续、改进或终止，才能切实提高政策的有效性。

三、他山之石：文化创意产业发展的"杭州模式"

（一）文创产业"杭州模式"的启示

在全国文化产业第一梯队中，杭州、北京、上海和深圳赫然在列，其中杭州以文创产业增加值在 GDP 中比重超 20% 遥遥领先。2016 年，杭州文创产业增加值达到 2541.60 亿元。杭州文创产业在发展初期并没有特别的优势，但从 2007 年杭州把文创产业提升到城市战略高度，提出"举全市之力发展文创产业"，仅十年时间，其文创产业已然长成参天大树，成为全国文创产业的标杆。中国传媒大学文化发展研究院院长范周提出了"中国文创的杭州模式"，并用四个关键词总结了这一模式，即政府主导力、文化金融驱动力、集聚驱动力和人才驱动力。四个方面各有侧重，分别聚焦了产业迅速生长的权（政策）、财、人、物（平台）等因素。其中要义不一一引述（可参看范周《中国文创产业发展的"杭州模式"》），但以下几个问题值得注意：

（1）杭州文创的起飞，得益于杭州市政府从构建"生活品质之城"的战略高度给予的大力扶持和引导。政府能把一个新兴产业的发展放在城市发展的高度，真正将其作为今后城市经济增长的重心，不遗余力地设计、扶持、推动，是一种眼光和魄力。在这个层面上，杭州的文创产业已经不是简单的产业常规发展和市场培育，而是政府主导、主持下的"政府工程"和城市工程。

（2）政府主导，会直接落实到一系列扶持政策的制定、推行和深化上。政策制定具有主动性、创新性特征。例如在管理机构方面，杭州率先成立了专门的政府部门，设立市、区两级"文化创意产业管理办公室"，协调全市文创产业发展，为杭州文创的发展搭建产业集聚平台、投融资平台、项目引导平台、人才开发平台和交易展示平台，有效解决了条块分割的传统管理模式所导致的管理混乱问题。这是一项重要的制度创新。在人才政策上，杭州政府没有把它简单罗列在某个具体产业扶持政策里，而是单独出台了整套有持续性的、有细则、有落实、有力度的政策，既有高端人才引入、安置，也有本地人才的培养、交流。从 2008 年起，杭州市先后出台了《加快文化创意产业人才队伍建设的实施意见》《青年文艺家发现计划》等文件，市财政每年安排 4500 万元，从人才的"选拔、引进、培养、使用和服务"五个环节，不断壮大创意人才队伍；2015 年，杭州出台了最具有吸引力的"人才新政 27 条"——《杭州高层次人才、创新创业人才及团队引进培养工作的若干意见》；2016 年《杭州市文化创意产业发展"十三五"规划》中，单附了《杭州市重点文创人才建设类项目》（见表1）。截至 2016 年，杭州的净流入人口占常住人口的比重大约在 20%，是国内主流的移民城市和开放城市；约翰·霍金斯、余华、麦家、刘恒、蔡志忠、朱德庸、姚非拉、赖声川、杨澜、吴小莉等文化名人均先后在此落户。同时在人才培养上，除了依靠高校输送的传统做法，创新采用 PPP 模式推动文化产业人才培养，使得普通民众的文化创意灵感进一步得到激发，杭州的文化创意人才不断涌现。目前，以杭州文化创意博览会为龙头，以"西湖创意集市""创意力量大讲堂"为代表的文化产业供给侧改革雏形已经形成，"众创空间"的氛围进一步增强。

文创金融方面，杭州日前出台的政策让聚米金融在解决文化产业特别是中小企业融资难的问题上有了更加强大的政策支持。根据政策规定，杭州将会通过鼓励为文化创意企业提供融资服务、加快推进文创企业创业板上市等政策，构建"政策扶持—战略合作—风险共担—专营机构—贴息支持—还贷周转—投资引导"的文创企业融资服务链。这无疑会为聚米金融的发展汲取更多力量。

表1 杭州重点文创人才建设类项目

序号	名称	行业对象	时间	实施单位
1	杭州青年文艺家发现计划	主要用以引进、培养文学创作、影视动漫制作等领域的文化文艺人才	2015～2020 年	市委宣传部
2	杭州青年设计师发现计划	引进、培养设计行业专业人才	2015～2020 年	市经信委、市建委、市市场监管局、市文创办等
3	国际纹样创意设计大赛	通过以纹样创意为核心的产品设计或艺术品创作，发掘、选拔艺术与设计创新型人才	每年举办 1 次	市政府、中国美术学院、市文创办、省创意设计协会等
4	创意力量大讲堂	面向广大创意阶层搭建一个"专家开讲、人人参与"的互动交流平台	每月举办 1 期	市文创办、《杭州日报》、拱墅区委宣传部、省创意设计协会、杭州市文创协会等
5	杭州文创企业家孵化工程	为大学生创业搭建平台	每年开办大学生文创企业人才培训班 4 期	团市委、杭州文创产业研究中心
6	成长型文创企业高端培训班	面向成长型文创企业高端人才组织开展培养、培训	每年举办 2 次	杭州成长型企业品牌促进会、杭州文创产业研究中心

序号	名称	行业对象	时间	实施单位
7	工艺和民间艺术薪火传承计划大师带徒学艺	通过国家级工艺美术大师带徒学艺，为工艺与民间艺术培养人才	5 年一批	杭州工艺美术博物馆
8	影视人才国际化高端人才培养	影视高端人才选拔、培养、培训、开展国际交流	每年举办 1 次	华策影视

（3）政府为文创发展保驾护航，但并不是面面俱到的全面管理。做好顶层设计，将政策的重心放在创造良好的氛围和发展空间、搭建产业集聚创新平台、输入人才、通过政府力量撬动社会力量参与文创，促使本市文创产业在市场竞争中形成具有自身特点的运行模式、增强内生动力是"杭州模式"的又一亮点。文化产业既然是一种经济业态，就不能越俎代庖的以政府判断和选择来代替市场机制，而要在尊重市场、了解市场的前提下，充分发挥政府的规划、引导和调控功能。2014 年，杭州将数字内容生产增列为文创产业发展重点，是对未来文化市场发展的预测与尊重。现今，杭州举办的国际动漫节已成为世界上人气最旺、规模最大的动漫节，其新兴文化产业的产值超过了整个文化产业产值的 80%。

（二）具体案例：政策推动下的杭州动漫

课题组调研了杭州动漫行业的发展之路，以研究"杭州模式"中的政策助力。2005 年以前，杭州只有零星的几家动漫企业，原创动漫产量几乎为零。2005 年，杭州在全国范围内率先出台了扶持动漫产业的政策，历经十多年的发展，杭州已成为真正的中国"动漫之都"。其政策推动的几大亮点有：

1. 资金扶持，鼓励企业技术创新，增强内生动力

2005 年，杭州市政府出台了《关于鼓励和扶持动漫游戏产业发展的若干意见》，对动漫企业的各项补助奖励做出明文规定。比如明文规定了"凡在本市申报、国家广电总局批准的原创动画片，经评审的优秀作品，在地方级以上电视台播出的每分钟奖励企业 500 元，在中央台播出的每分钟奖励企业 1000 元，在境外主流媒体播出的每分钟奖励企业 1500 元"，播出奖励有效增加了动漫企业的盈利，一定程度冲抵了投入与产出之间的不平衡，在产业发展初期动漫企业的盈利模式还没有建立起来时，具有非常重要的意义。2007 年、2010 年、2014 年、2017 年杭州市政府又连续在扶持政策上做了细化和补充，保证了对杭州动漫企业持续不断的支持。2010 年起，杭州市政府每年安排 7000 万元专项资金，用于

补助动漫游戏企业。其中值得注意的，不仅是杭州市资金扶持政策的持续性，更是其导向性。资金扶持与企业的成长挂钩，帮助和刺激企业在市场中有创新、出精品，奖励其市场效益，这实际是在增强企业的内生动力，而非形成政策依赖。

2. 坚持办会，构建产业发展的优良市场环境

2005 年杭州申办首届动漫节，2006 年动漫节永久落户杭州。之后每年，杭州都喊出"动漫的盛会，人民的节日"口号。首届动漫节只有 14 个国家和地区参加，到 2016 年已有 80 个国家和地区参展；从第一届只有 2 万平方米的主会场，到如今 8 万平方米的固定主会场，动漫节的影响力越来越大，现已经成为中国最有影响力和号召力的动漫盛典。2015 年动漫节参观人数达 137.29 万人次，动漫节期间达成签约交易、意向合作项目 325 个，涉及金额 93.54 亿元，现场销售金额 54.92 亿元。动漫节一方面逐渐把国际上最优秀的动漫企业和资源带到杭州，给了本土企业近距离学习的机会，另一方面也培养起动漫新的消费市场和消费群体。杭州市民习惯了每年动漫节的陪伴：参与花车游行，观看 COSPLAY 秀，玩动漫游戏，购动漫产品。动漫逐渐融入杭州市民的日常生活，成为充满活力的产业。动漫节打造的优良平台和市场环境也激发了杭州动漫十多年的飞速发展。截至 2015 年，杭州共有 2 个国家级动画产业基地，3 个国家级动画教学基地，11 所高校开设了动漫专业，各类动漫游戏企业 299 家，从业人员近 2 万人。

3. 双管齐下，解决人才匮乏难题

"双管"即一方面加大政策力度，以城市魅力、政策优惠、产业勃兴吸引高端专业人才落户杭州，另一方面则是充分发掘本土教育资源、人才培养优势，主要以浙江大学、中国美术学院、浙江传媒学院等高校为依托，抓好专业人才的培养和输出。在政府的指导下，创新产学研的合作方式，提升校企合作层次，例如在杭州中南卡通公司，就拥有一个博士后的科研工作站。此外，在人才培养上，还重视社会培养、坚持持续教育理念，推出了一系列的社会人才培养项目，切实提高从业人员的从业素质和技能。

4. 持续布局，与时俱进

2018 年，杭州全面推动"动漫之都"建设，开始实施《持续推动杭州'动漫之都'建设行动计划（2018—2020）》，引导"动漫之都"朝向网络化、协同化、生态化、国际化方向发展。

四、政策精准推动福州文化产业发展的对策建议

通过对福州市文化产业政策和产业发展现状的梳理，以及对文创产业发展中"杭州模式"的研究，调研组认为，在之后福州文化产业政策制定中要做到观念创新、目标明确、措施有力可行以精准推动产业的发展。

（一）基本思想：做好顶层设计，重视"文化"特性

文化产业的发展需要政府的培育与政策导向，这是世界各国文化产业发展的共识。而政府的顶层设计，需要重视以下问题：

1. 加强对文化产业定位的认识

要认识到大力培育发展文化产业，将其作为城市经济新增长点，不是简单的政治号角，而是现代城市构建和新型产业发展间的互惠互赢。政府作为城市构建规划者和管理决策者，必然需要在其间发挥重要职能。城市良好的经济实力和消费能力是文化产业发展的基础。文化产业比传统产业更多表现出聚集效应、规模效应、文化消费示范效应等产业特性，这些又会激发城市活力，发掘城市潜能，增强城市的文化内涵和经济驱动力，使其在与其他城市竞争中获得更多的美誉和实力。"杭州模式"的成功，最重要的一点就是率先将文化产业与杭州城市的整体发展牵连起来，在 2007 年就提出了打造"全国文化创意产业中心"，抓住了国内发展的先机，也最早给予文化产业以战略性的位置。同样，福州政府也只有意识到福州文化产业与城市命脉紧密相连，将重点从重视文化产业企业数量增长转化为重视城市内部文化产业结构优化，在政策的创新、推行、调整上才能具有更强的主动性。

2. 抓住文化产业的"经济"与"文化"两大属性，引导其以社会效益带动经济效益，创新产业发展新方向

与其他经济业态不同，文化产业在发展过程中，除了要坚持经济和社会两个效益统一，还必须把社会效益放在首位，从根本上说，这是由社会主义文化的性质决定的。文化产业以生产艺术类、精神类、文化类产品满足市场的消费需要，同时也自然担负传播主流意识形态、营造社会环境、教育大众的职责。当文化产业在市场中自发遵循其经济属性，忽略甚至违背了其社会职责时，政策如何强调这一特殊产业的社会属性，这是个重要问题。

鼓励文化产业的社会效益，是激发文化企业发展内生动力的重要手段。文化

产业的经济属性和社会属性并不矛盾，反而是互相促进的。文化产业只有体现丰富的文化价值，并且能够满足消费者对文化产品的需要，才能够实现自身经济价值；反之，当文化产品缺乏丰富的文化价值，不能满足消费者对文化产品的需要时，文化产品就会贬值。文化产业价值规律的实践表明：文化产业作为经济业态，如果不能盈利，就无法维持产业的发展；只有通过创造出具有真善美的优秀文化产品，才能实现经济效益与社会效益的共赢。历获全国、省、市优秀文化企业的网龙公司，一度承接了各种政府采购、设计项目，兼顾着两种效益的共赢。从2017年开始，福州市举办的"文化企业十强"和"最具潜力文化企业"评选，即是在政策层面加大对优秀企业的鼓励和宣传，凸显了文化产业的特殊性质。

（二）完善产业政策，凸显福州特色

（1）依托自贸区进行体制创新。依托自贸区推动文化体制机制创新，根据福州市文化产业的发展特点，可以制定《中国福建（福州）自由贸易试验区文化市场开放项目实施细则》。可以借鉴上海经验，允许外商独资演出经纪机构、外商独资娱乐场所、外资企业从事游戏游艺设备的生产和销售等，除此之外，还可探讨更大力度的开放政策。同时，也可以将负面清单的模式进行推广，带动福州在文化产业领域采取负面清单式的管理方式，以自贸区建设为契机，推动文化管理体制机制创新。

（2）根据产业特点进行政策扶持，福州市文化产业目前总体来说尚处在自发发展阶段，还需要进一步加大规划力度，尤其是在创意设计引领力度和金融支持力度上，需要政府进行引导和支持。建议建立相关部门协作，出台特色产业发展指导意见和发展规划，根据每一个特色文化行业的不同特点，提出有针对性的发展思路和支持办法。

（3）依靠公共行政手段，为产业的发展加持外围优势。文化产业的文化特征对其生产者、从业者和消费者都提出了更高的要求，因此加大基础设施建设和人才政策力度，加快文化消费市场的搭建都是产业持续发展的重要条件。文化消费市场建设方面，福州市政府可以多渠道并举：建设文化开发市场，通过招投标的方式向社会征集优秀作品，打造文化精品；建设文化资源交流（交易）市场，把本区域最具优势和特色的文化资源、文化产品进行有效整合，积极开展对外交流、推介与合作；建设文化消费市场，要让文化走进大众生活，让消费者愿意掏钱消费文化产品，通过消费市场来拉动文化产业的进一步发展，如此才是文化产业持续健康发展的根本。另外，就人才政策而言，创新人才引进培养模式、出台各类具体办法、细化条款、加大力度，勤抓落实才能确保实效。

（三）具体的文化产业政策制定流程与框架

产业政策兴起和存续主要是基于"市场失灵""赶超战略""市场竞争"的需要，而政策的制定应该是一个完整的流程和完善的框架设计，从对企业的政策需求分析开始，到最后的政策效果评估和退出机制的建立，从而形成有效的政策。

（1）建立完善的企业需求评估体系，准确评估不同类型产业的政策需求。该系统可以借鉴企业内部需求评估系统进行设计，将不同类型以及不同发展阶段的文化产业企业进行分类，设置指标体系，赋予不同的权重，定期进行测评，测评的结果可以作为政策制定的重要依据。

（2）找准定位，为企业搭建基础设施平台、人才引进与交流平台、信息流通平台、诚信建设平台以及产品质量标准平台。在进行了前期的政策需求评估之后，政府可以将政策的着眼点放在企业亟需但又无法凭借自身力量进行搭建的平台建设上来。以基础设施平台为例，福州文化产业规划在划定七大重点发展区域后，这些文化产业发展并未形成集聚效应，政府可以在整合全面发展的思路下，以推动产业集群化、促进产业融合和产业创新，作为发展的新方向。产业集群的形成过程中，政府通过提供公共物品，如实现供水、供电、通信、道路交通等基础设施资源的共享，进而有效降低集群企业的投资成本、运输成本等。这些基础设施资源的完善无法单纯依靠企业的力量来进行，这些基础设施作为一种公共物品，很难通过私人进行提供，只能由政府进行提供。政府通过自身职能的有效发挥，可以极大改善产业集群基础设施等共享资源的质量，促进产业集群更好地发挥自身优势降低交易费用。

此外，在行业管理规范、产品质量标准制定和推行方面，政府以其中立的身份和自身的权威性，能够有效地推动产业标准化制度的制定和推行。

（3）把握文化产业特色，完善文化产业政策效果评估体系，建立政府进入和退出机制。在实际操作中，可以从以下三个方面着手进行：

一是完善各项政府支持性资金的投入及使用方式。无论是需求型还是供给型政策，都需要在政策支持中的资金使用这一环节进行有效的评价和反馈。针对目前存在的财政资金的使用绩效难以衡量、政策执行效率不高等问题，需要建立合理的针对财政资金的绩效衡量体系，量化政策的执行效果。

二是转换资金扶持方式。福州市的文化产业专项资金对文化产业的扶持还停留在财政补贴、税收减免等传统的扶持方式上，但这种政策无法衡量资金的投入产出效益，看不到政策的实际效果。因此，迫切需要将这样缺乏针对性和有效性的资金补助方式向以基金扶持引导的股权模式投资转变。建议福州市政府可以成立文化产业引导基金或创投基金，通过基金入股的形式投入文创企业。主要投向创业阶段的中小文化企业，以推动文化企业发展，并在企业发展走上正轨之后抽出资金，再投入其他需要资金的企业。这些基金可引进成熟的基金管理公司进行运作。银行、信托、担保和小贷应加强文化金融产品创新，探索新型的金融扶持文化产业模式。这样一来，基金式的资金管理和运营模式可以达到多赢的效果：实现文化产业资金循环利用和增值；让更多的文化企业可以享受到政府实实在在的资金支持；可以促进文化企业按照市场化运作和经营，改善经营方式和理念。

三是建立政府退出机制，引导文化产业相关企业健康发展。政府的退出机制包括资金的退出和政策的退出。通过基金运作和引入社会资本等方式，加上完善的资金使用评估体系，政府在资金进入之时就选择了比较灵活的方式，通过对资金使用效果的评估，政府可以在企业运营情况走上正轨之后以适当的方式退出，这样可以有效避免企业滋生等靠要的思想，也能够让政府资金发挥最大效益。同时，一项政策的制定和推行，都是伴随着一定的外部和内部环境。因而，要对政策实施效果进行定期评估，当政策的投入成本已经大于它所带来的外部效益，或者外部环境已经发生变化之时，政府就要进行系统政策退出，从而给新的政策留下空间，更好地推动文化产业的发展。

当前，文化产业的发展面临着最好的时代，也面临着来自全国甚至全球的竞争，福州市文化产业的发展，既要立足于本土资源也要有全球视野，政府秉承有所为有所不为的原则，支持文化产业有序发展，一定能够为福州市文化产业发展带来长效的动力支持。

参考文献

［1］范周. 中国文化创意发展的"杭州模式"［J］. 经济，2015（4）：23 – 25.

［2］福州文化改革发展领导小组. 福州市文化产业"十三五"发展专项规划［EB/OL］. （2016 – 11 – 02）. https：//wenku. baidu. com/view/81824d0de43a580216fc700abb68a98270feac7d. html.

［3］黄晶晶. 1980 年代前后福州脱胎漆器发展历史的再思考［J］. 艺术探索，2009（4）：25 – 27.

探索建立福州市国有文化企业
实现"两个效益"相统一考核评价体系

唐锦铨　　包久晖

一、绪论

本部分系统阐述本文研究背景、理论意义和实践意义、主要对象与研究内容以及所采用的研究方法。

（一）研究背景与意义

随着社会的进一步发展以及人们物质生活水平不断提高，人们对精神文化产品的需求日益增长，文化产业也随之成为中国发展经济的重要引擎，对国民经济发展具有重要作用，也是满足人们精神文化追求的重要载体。其中，国有文化企业是中国文化产业中的重要组成部分，具有举足轻重的地位，肩负着战略主导、引导产业布局的使命和愿景，是引领中国文化产业成为经济支柱产业的重要战略力量。

2015 年 9 月，中共中央办公厅、国务院办公厅印发《关于推动国有文化企业把社会效益放在首位、实现社会效益和经济效益相统一的指导意见》，明确指出：一些国有文化企业改革还没有到位，两个效益相统一的问题还没有很好地解决，片面追求经济效益、忽视社会效益现象时有出现；国有资本运行效率还不够高，内部经营管理问题比较多，知名文化企业和文化品牌比较少；相关体制机制和配套政策措施有待进一步完善，两个效益相统一的环境条件需要进一步优化。2017 年 3 月，中宣部、财政部联合印发《中央文化企业国有资产监督管理暂行办法》，作为加强中央文化企业国资监管工作的纲领性文件，对理顺国资监管体制、规范国资管理工作，推动中央文化企业国资监管法制化、规范化、科学化发挥了重要作用，其明确要求国有文化企业勇于承担社会责任，始终把社会效益放在首位，努力实现社会效益和经济效益相统一。

如何考核评价国有文化企业绩效，尤其是如何运用平衡计分卡考核评价国有文化企业实现社会效益和经济效益相统一，受到了越来越多学者和实践者的关注，成为当前热点研究课题之一。近年来，福州市文化产业发展迅速，市属国有文化企业在图书出版、图书发行、影视制作、文艺演出等文化内容方面彰显特色，文化服务越发活跃，发展取得了显著成绩。然而，经济新常态背景下，无论是从人们对精神文化产品的需求，还是从国家推出的国有文化企业有关政策措施来看，均对国有文化企业需要实现“两个效益”（社会效益与经济效益）相统一提出了更高要求。因此，探索建立福州市国有文化企业“两个效益”相统一考核评价体系成为亟待研究解决的问题。

基于上述背景，本文系统梳理平衡计分卡理论、国有文化企业绩效评价相关研究，通过问卷调研和实地调研相结合的方式对福州市国有文化企业发展现状、绩效评价现状与存在问题进行分析，进而提出福州市国有文化企业“两个效益”相统一考核评价体系设计思路以及具体方案，以期为福州市政府和业内企业实现“两个效益”相统一提供理论依据以及决策支持。

（二）主要研究内容

根据国务院印发的《关于推动国有文化企业把社会效益放在首位、实现社会效益和经济效益相统一的指导意见》，利用平衡计分卡，结合福州市国有文化企业特性，建立健全“两个效益”相统一的评价考核机制，形成对社会效益和经济效益的可量化、可核查要求。

1. 分析福州市国有文化企业发展现状、绩效考核现状以及存在问题

通过资料查询与实地调研，了解福州市国有文化企业的发展现状、绩效考核现状，并分析国有文化企业绩效评价存在的问题，从而为设计出符合国有文化企业绩效评价特点的评价体系提供基础。

2. 构建福州市国有文化企业“两个效益”相统一考核评价体系

在借鉴国内外文化企业绩效评价理论的基础上，通过引入平衡计分卡理论来构建福州市国有文化企业绩效评价体系。基于国有文化企业的特点搭建国有文化企业绩效评价体系的整体框架。研究国有文化企业绩效评价体系的构建，包括基本原则和总体思路、指标体系和权重设置等方案。

（三）研究方法

1. 文献研究和实地调研相结合

文献资料包括一手文献和二手文献。一手文献主要是参看国家针对文化产业

发布的一些通知意见和各级文资监管机构对国有文化企业绩效考核的一些既有办法；二手文献主要是国内外既有的对企业绩效评价及国有文化企业绩效评价的相关研究成果。在查阅文献资料的基础上，为了更进一步了解福州国有文化企业绩效考核的情况，还要到部分文资监管机构及其监管的部分国有文化企业进行实地调研，这样才能提出更切合实际要求的绩效评价体系构建方案。

2. 访谈法和问卷调查相结合

此外，为了对福州市国有文化企业的绩效评价现状进行深入的探究，还需采取一对一访谈的方式，对部分国有文化企业管理人员实行半结构式访谈，以针对现存问题提出有效的解决方法。同时，对相关国有企业部分管理人员和相关领域专家发放基于层次分析法制定的指标赋权调查问卷，从而得出绩效评价指标体系的权重设置。

二、理论研究与文献综述

本部分对平衡计分卡理论、国有文化企业绩效评价有关研究进行系统梳理以及综述，以为后续研究提供理论依据。

（一）平衡计分卡理论

1. 平衡计分卡概念与特点

平衡记分卡，是由哈佛大学教授卡普兰（Robert Kaplan）与诺朗顿研究院执行院长诺顿（David Norton）于 1992 年在《哈佛商业评论》上提出的概念，是一种绩效评价体系。平衡记分卡反映了财务与非财务衡量方法之间的平衡，长期目标与短期目标之间的平衡，外部和内部的平衡，结果和过程的平衡，管理业绩和经营业绩的平衡等多个方面。平衡计分卡与传统评价体系相比，具有如下特点：

（1）平衡计分卡为企业战略管理提供强有力的支持。随着全球经济一体化进程的不断发展，市场竞争的不断加剧，战略管理对企业持续发展而言更为重要。平衡计分卡的评价内容与相关指标和企业战略目标紧密相连，企业战略的实施可以通过对平衡计分卡的全面管理来完成。

（2）平衡计分卡可以提高企业整体管理效率。平衡计分卡所涉及的四项内容，都是企业未来发展成功的关键要素，通过平衡计分卡所提供的管理报告，将看似不相关的要素有机地结合在一起，可以大大节约企业管理者的时间，提高企业管理的整体效率，为企业未来成功发展奠定坚实的基础。

（3）注重团队合作，防止企业管理机能失调。团队精神是一个企业文化的集中表现，平衡计分卡通过对企业各要素的组合，让管理者能同时考虑企业各职能部门在企业整体中的不同作用与功能，使他们认识到某一领域的工作改进可能是以其他领域的退步为代价换来的，促使企业管理部门考虑决策时要从企业出发，慎重选择可行方案。

（4）平衡计分卡可提高企业激励作用，扩大员工的参与意识。传统的业绩评价体系强调管理者希望（或要求）下属采取什么行动，然后通过评价来证实下属是否采取了行动以及行动的结果如何，整个控制系统强调的是对行为结果的控制与考核。而平衡计分卡则强调目标管理，鼓励下属创造性地（而非被动）完成目标，这一管理系统强调的是激励动力。因为在具体管理问题上，企业高层管理者并不一定会比中下层管理人员更了解情况、所做出的决策也不一定比下属更明智，所以由企业高层管理人员规定下属的行为方式是不恰当的。此外，企业业绩评价体系大多是由财务专业人士设计并监督实施的，但是，由于专业领域的差别，财务专业人士并不清楚企业经营管理、技术创新等方面的关键性问题，因而无法对企业整体经营的业绩进行科学合理的计量与评价。

（5）平衡计分卡可以使企业信息负担降到最少。在当今信息时代，企业很少会因为信息过少而苦恼，随着全员管理的引进，当企业员工或顾问向企业提出建议时，新的信息指标总是不断增加。这样，会导致企业高层决策者处理信息的负担大大加重。而平衡计分卡可以使企业管理者仅关注少数而又非常关键的相关指标，在保证满足企业管理需要的同时，尽量减少信息负担成本。

2. 平衡计分卡的四个衡量维度

平衡计分卡是从财务、客户、内部运营、学习与成长四个维度，将组织的战略落实为可操作的衡量指标和目标值的一种绩效评价体系。

（1）财务维度。财务业绩指标可以显示企业的战略及其实施和执行是否对改善企业盈利做出贡献。财务目标通常与获利能力有关，其衡量指标有营业收入、资本报酬率、经济增加值等。

（2）客户维度。在平衡记分卡的客户层面，管理者确立了其业务单位将竞争的客户和市场，以及业务单位在这些目标客户和市场中的衡量指标。客户层面指标通常包括客户满意度、客户保持率、客户获得率、客户盈利率，以及在目标市场中所占的份额。客户层面使业务单位的管理者能够阐明客户和市场战略，从而创造出出色的财务回报。

（3）内部运营维度。在这一层面上，管理者要确认组织擅长的关键的内部流程，这些流程帮助业务单位提供价值主张，以吸引和留住目标细分市场的客户，并满足股东对卓越财务回报的期望。

（4）学习与成长维度。学习与成长的目标为其他三个方面的宏大目标提供了基础架构，是驱使上述三个方面获得卓越成果的动力。该角度确立了企业要创造长期的成长和改善就必须建立的基础框架，确立了未来成功的关键因素。平衡记分卡的前三个层面一般会揭示企业的实际能力与实现突破性业绩所必需的能力之间的差距，为了弥补这个差距，企业必须投资于员工技术的再造、组织程序和日常工作的理顺，这些都是平衡记分卡学习与成长层面追求的目标。

3. 平衡计分卡的六项平衡

李红宇（2015）研究认为，平衡计分卡的核心理念是平衡，指标设计者在建立考核指标体系时必须兼顾企业短期业绩与长期业绩的平衡，外部环境与内部环境的平衡，财务指标与非财务指标的平衡，以及员工利益与企业利益的平衡。从实践来看，平衡计分卡方法打破了传统的只注重财务指标的业绩管理方法，同时兼顾客户、内部运营等方面业绩的考核。平衡计分卡理论认为，传统的财务会计模式只能衡量过去发生的事情（落后的结果因素），但无法评估组织前瞻性的投资（领先的驱动因素），也无法评估非财务性指标因素。国有文化企业除了经济效益，始终要坚持把社会效益摆在首位，肩负引领风尚、教育人民、服务社会、推动发展的社会责任。针对国有文化企业，平衡计分卡可以实现经济效益和社会效益相统一的考核评价目标。总体上，平衡计分卡衡量经济效益和社会效益包含六项平衡：

（1）财务指标和非财务指标的平衡。一般来说，企业考核的一般是财务指标，而对非财务指标（客户、内部流程、学习与成长）的考核很少，即使有对非财务指标的考核，也只是定性的说明，缺乏量化的考核，缺乏系统性和全面性。

（2）企业的长期目标和短期目标的平衡。平衡计分卡是一套战略执行的管理系统，如果以系统的观点来看平衡计分卡的实施过程，则战略是输入，财务是输出。

（3）结果性指标与动因性指标之间的平衡。平衡计分卡以有效完成战略为动因，以可衡量的指标为目标管理的结果，寻求结果性指标与动因性指标之间的平衡。

（4）企业组织内部群体与外部群体的平衡。平衡计分卡中，股东与客户为外部群体，员工和内部业务流程是内部群体，更多体现了经济效益和社会效益。平衡计分卡可以发挥在有效执行战略的过程中平衡组织内部群体与外部群体之间经济效益和社会效益的作用。

（5）领先指标与滞后指标之间的平衡。财务、客户（利益相关者）、内部流程、学习与成长这四个方面包含了领先指标和滞后指标。财务指标就是一个滞后指标，只能反映公司上一年度发生的情况，不能反映企业改善业绩和可持续发展情况。而对于后三项领先指标的关注，能促使企业达到领先指标和滞后指标之间的平衡。

（6）经济效益与社会效益指标之间的平衡。财务、客户（利益相关者）、内部流程、学习与成长这四个方面包含了经济效益和社会效益指标。财务指标属于经济效益指标，内部运营指标也更多体现企业经济效益指标，只能反映公司上一年度发生的情况，不能反映企业改善业绩和可持续发展情况，也无法反映企业社会效益情况；客户（利益相关者）、学习与成长等指标属于社会效益指标，对于这两项指标的关注，能促使企业达到经济效益与社会效益之间的平衡。

（二）国有企业绩效评价有关研究

1. 国有企业绩效评价发展历程

随着国家经济体制的变迁以及经济社会发展不同阶段的更替，国有企业绩效评价体系的发展主要经历了以下四个阶段（高晖，2012）：

（1）计划经济阶段（1949～1978年）。该阶段以实物产量为绩效评价主要考虑因素。计划经济时代以计划定生产，企业经营目标是符合国家要求，企业生产经营主要是根据计划进行的，没有也不需要考虑外部市场的需求、用户的真正需要以及业务增长，利润全部上缴给国家，自身也没有财务目标要求，主要任务就是完成国家下达的生产目标。该阶段主要绩效考核指标以实物产量为主，包括生产产值、企业规模和产品产量等。

（2）改革开放初期阶段（1979年至20世纪90年代初）。该阶段以企业利润总量为绩效评价主要考虑因素。改革开放以来，国家逐渐将企业的经营权下放到企业，因此在该阶段，企业绩效考核评价指标，既要体现国家的要求，也需要体现经济效益。1982年，原国家经贸委提出了"企业主要经济效益指标"的多指标综合评分法，体现了国家对企业绩效考核由提高生产效率到注重财务效益的转变。20世纪90年代初期还出现过工业企业经济效益考核六项指标及《企业财务通则》规定的企业业绩评价指标体系，体现出国家对企业监管方式和建设企业绩效评价体系的探索过程。

（3）不断发展阶段（20世纪90年代初至2010年）。该阶段以投资报酬率为绩效评价的主要考虑因素。20世纪90年代以后，随着中国全面确立市场经济制度，对国有企业的管理方式发生了变化。为了适应新阶段对国有企业管理形式的转变，国家先后出台了一系列的绩效考核办法。1999年，发布了《国有资本金效绩评价规则》《国有资本金效绩评价操作细则》，规定企业绩效综合评价包括四个方面内容：财务效益状况、资产营运状况、偿债能力状况和发展能力状况。2006年，对原《国有资本金效绩评价操作细则》进行了修订，增加了盈余现金保障倍数、发展创新能力、综合社会贡献指标，取消了流动比率和资产损失比率等指标，更加注重反映企业的现金流和长期发展能力。2010 年，发布了《中央企业综合绩效评价实施细则》，针对企业负责人分年度和任期两个阶段进行考核，增加了考核结果与薪酬的关系等。

（4）深化改革阶段（2011 年至今）。该阶段延续投资报酬率为绩效评价的主要考虑因素外，增加了国有资本增值率等考核指标。同时，要求国有文化企业以推进实现社会效益和经济效益相统一为发展目标。2015 年 9 月 14 日，中国政府网公布中共中央办公厅、国务院办公厅印发《关于推动国有文化企业把社会效益放在首位实现社会效益和经济效益相统一的指导意见》，明确要求：国有文化企业正确处理社会效益和经济效益、社会价值和市场价值的关系，当两个效益、两种价值发生矛盾时，经济效益服从社会效益、市场价值服从社会价值，越是深化改革、创新发展，越要把社会效益放在首位。该阶段，国有文化企业在注重经济效益的同时，更加注重社会效益。因此，在绩效评价方面逐步转换为能充分体现经济效益和社会效益相统一的考核指标。

从中国国有企业绩效评价体系发展过程来看，中国国有企业绩效考核的方法不断发展完善，并且更加科学与符合国有企业的发展实际。从总体上看，其发展历程的特点包括：从财务指标到综合评价、从注重短期利益到关注长期利益、经营权和所有权的分离更加清晰、从单一层次评价到立体的多层次评价。这反映了中国国有企业绩效评价由关注短期经济效益到关注企业综合经济效益和社会效益，由关注企业过去的历史业绩到更为关注企业未来可持续发展能力和市场竞争能力的转变。

2. 国有企业绩效评价体系

由于中国关于企业经营绩效评价的研究起步较晚，基本沿袭了西方的发展脉络，主要体现为引进和吸收国外的先进理论和方法。对于具有中国特色的国有企业的绩效评价体系，中国也是在消化吸收国外先进理论和方法基础上，进一步进行深入研究和创新的（李灿，2012）。比如，有的学者将国外成熟理论本土化，推广 EVA、平衡计分卡等理论，同时结合中国国情力图构建一个中国企业绩效评估体系；有的学者注重要素对企业经营绩效的影响，对单个要素与企业绩效的关系进行了大量的理论和实证研究。谢志强（2013）基于 EVA 视角研究国有企业绩效评价，并以泉州市 Q 国有企业为例进行研究，该研究认为国有企业既要追求利润最大化，同时也要履行社会责任。申志东（2013）运用层次分析法构建国有企业绩效评价体系，主要包含管理效益、财务效益、社会效益等维度。

在相关研究中，平衡记分卡绩效考核方法在绩效考核体系中运用的十分普遍。文鹏（2012）基于平衡记分卡理论，从财务、顾客、内部运营、学习和成长四个维度分别设计了绩效考核指标。童颖（2013）以上海广播电视台和上海东方传媒集团有限公司为研究对象，应用平衡记分卡理论从财务、顾客、内部流程、学习与成长四个维度设计了相应的指标评估体系。杨红英（2014）运用平衡计分卡理论和工具，把财务、客户和社会公众、内部业务流程、学习与成长四个维度同企业战略和社会使命有机结合起来，制定了系统、科学、合理的国有企业综合绩效评价体系。平衡记分卡之所以受到如此普遍的应用，一个很重要原因在于其指标设计间的平衡性：财务与非财务之间指标之间的平衡，短期与长期指标之间的平衡，内部与外部之间的平衡，主观与客观指标之间的平衡，过程与结果指标之间的平衡（李红宇，2015）。

目前，现行企业绩效评价指标体系中，以2002年由财政部、国家经贸委、中央企业工委、劳动保障部和国家计委联合颁布的《企业效绩评价操作细则（修订）》最具代表性。该细则给出了包括基本指标、修正指标和评议指标三个层次共28项指标在内的，涵盖企业资产效益状况、资产运营状况、偿债能力状况和发展能力状况4个方面内容的企业绩效评价指标体系，如表1所示。其中，基本指标和修正指标是财务指标，评议指标是非财务指标。基本指标是评价企业绩效的核心指标，由反映企业财务状况、资产营运状况、偿债能力和发展能力状况的四类八项指标构成，由此可以初步形成企业绩效评价的结论；修正指标是对基本指标评价结果的修正，可形成企业绩效评价的基本定量分析结论；评议指标是对影响企业经营绩效的非定量因素进行评价，由此可形成企业绩效评价的定性分析结论。

表1 企业效绩评价指标体系

评价指标		基本指标		修正指标		评议指标	
评价内容	权数	指标	权数	指标	权数	指标	权数
	100		100		100		100
资产效益状况	38	净资产收益率	25	资本保值增值率	12	经营者基本素质	18
				主营业务利润率	8		
		总资产报酬率	13	盈余现金保障倍数	8	产品市场占有能力（服务满意度）	16
				成本费用利润率	10		
资产营运状况	18	总资产周转率	9	存货周转率	5	基础管理水平	12
				应收账款周转率	5		
		流动资产周转率	9	不良资产比率	8	发展创新能力	14
偿债能力状况	20	资产负债率	12	现金流动负债比率	10	经营发展战略	12
		已获利息倍数	8	速动比率	10	在岗员工素质	10

评价指标		基本指标		修正指标		评议指标	
评价内容	权数	指标	权数	指标	权数	指标	权数
	100		100		100		100
发展能力状况	24	销售（营业）增长率	12	三年资本平均增长率	9	技术装备更新水平（服务硬环境）	10
				三年销售平均增长率	8		
		资本积累率	12	技术投入比率	7	综合社会贡献	8
				80%		20%	

资料来源：财政部网站。

三、福州市国有文化企业绩效评价现状与存在问题

本部分在实地调查和问卷调研的基础上，总结近年来福州市文化产业发展取得的成绩，梳理分析福州市国有文化企业绩效考核现状以及存在的问题，从而为设计出符合国有文化企业绩效评价特点的评价体系提供基础。

（一）福州市文化产业发展现状

党的十八大以来，福州市委、市政府高度重视文化建设，确定"文化强市"的发展目标，并将推进公共文化服务体系建设作为文化强市建设的重要抓手，文化服务业发展环境不断优化。同时，随着福建省经济社会快速发展以及国有文化体制机制改革不断深化，福州市国有文化企业在图书出版、图书发行、影视制作、文艺演出等文化内容方面彰显特色，文化服务越加活跃，发展取得了显著成绩，文化服务业已发展成为福州市"五大幸福产业"（旅游、文化、体育、健康、养老）中的主要产业。

"十二五"以来，福州市文化产业发展不断提速。2011年、2012年、2013年，福州市文化产业分别实现增加值181.99亿元、210.61亿元、246.01亿元，年均增速超过20%；占全市GDP比重分别为4.9%、5.0%、5.3%。

2016年，福州市文化产业快速发展。规模以上文化服务业实现营业收入273.29亿元，同比增长10.9%；实现营业利润15.45亿元，同比增长43%；吸纳从业人员平均人数64727人，同比增长3.9%。其中，数字动漫、游戏设计制作业，电影和影视节目制作业，电视业发展势头强劲，营业收入分别比上年增长

473.5%、168.9%、164%。目前，福州市已建成 5 个国家级文化产业园区、2 个国家级文化产业示范基地、21 个省级文化产业示范基地。

2017 年上半年，福州市文化产业发展继续保持良好态势。规模以上文化服务业实现营业收入 91.63 亿元，同比增长 24.22%；实现利润 7.78 亿元，同比增长 63.93%；吸纳就业人员 3.9 万人，同比增长 6.89%。

（二）福州市国有文化企业绩效评价现状

2017 年以来，福州市认真贯彻落实中央关于深化文化体制改革的精神，按照加强党建工作有关要求，进一步强化国有文化企业党组织的统一领导，进一步加强对国有文化企业社会效益与经济效益的评价，国有文化企业绩效评价的优化提升取得积极进展。

通过调研访谈发现，部分国有文化企业积极探索"两个效益"相统一考核评价体系，尤其是在社会效益评价方面将加强意识形态工作纳入绩效考核并取得一定成效。例如，福州广播电视台把意识形态工作纳入绩效考核和工作督查，每月召开绩效考评会，检查当月工作落实情况，部署下月工作任务，同时通过严格的工作督查，推动工作落实。福州日报社把意识形态工作纳入报社日常工作的重要议事日程，并在报社改革创新发展的各项工作中抓好落实，加大督促考核力度。同时，把意识形态工作纳入绩效管理，严格按照相关文件要求，严肃采编纪律。其中，《福州日报编校质量奖罚规定》将政治性差错列在差错认定的第一条，《福州晚报编校合一工作管理规定》在导向性差错责任追究方面，具体区分 6 种情况，制定了详细规定，严肃追究有关人员责任。此外，把意识形态工作纳入党员干部年度考核工作重要内容，要求领导班子切实担负起政治责任、领导责任、把关责任，确保新闻管理制度各项工作落到实处。

（三）福州市国有文化企业绩效评价存在问题

目前，虽然福州市国有文化企业绩效评价在不断完善，其应用效果也在不断提高，但是还存在考核导向不突出、考核指标单一、考核内容不全面、考核权重设置不合理、考核结果应用不充分等方面的问题。

1. **缺乏对绩效考核的高度重视和全面认识**

虽然相关国有文化企业制定了针对企业负责人的绩效考核办法，以及针对下属单位负责人的经营业绩考核办法，但从实地调研和专家访谈的情况来看，部分企业领导尤其是企业负责人（一把手）对绩效考核的认识并不到位，把绩效考核简单看作年初下指标、年底考核并兑现奖金的一个管理过程，没有认识到绩效考核是战略管理的一个关键环节、一个战略执行和落地的工具、一个提升经营管理和绩效水平的核心抓手，是促进"两个效益"相统一的战略实施手段。

2. 缺乏科学有效的绩效考核办法

国有文化企业的绩效考核要发挥作用，必须建立起一整套科学合理的绩效考核办法，设置的考核指标和考核权重应是国有文化企业在经营管理实践中长期积累和摸索出来的，必须紧贴实际。部分国有文化企业的绩效考核内容不合理，与企业发展战略目标、管理流程脱节，无法凸显社会效益和经济效益相统一，绩效考核内容只注重上级下达的考核指标，没有有效结合本企业的发展战略和管理流程、全面考虑企业的财务指标和非财务指标考核内容而设定。部分国有文化企业虽然也建立了考核指标体系，但绩效考核指标比较简单、指标较少，并且偏重财务性结果指标，这导致绩效考核无法涵盖国有文化企业的核心经营管理环节，容易出现"考核盲区"，导致绩效考核结果比较片面、不能准确衡量国有文化企业负责人的经营实绩，也不能准确反映国有文化企业的社会效益。

3. 缺乏绩效考核结果的全面应用

绩效考核本身不是目的，科学合理地运用考核结果提高全员创效主动性和经营效率才是绩效考核的目的。部分国有文化企业的绩效考核结果未能有效地与企业管理层及员工的奖金密切挂钩，并未与其晋升、降职和调职相关联，导致管理层及员工主动参与绩效考核的积极性不高。

四、福州市国有文化企业"两个效益"相统一考核评价体系总体思路、基本原则与主要步骤

本部分在前一部分现状分析成果基础上，结合福州市"文化强市"发展目标，明确构建福州市国有文化企业"两个效益"相统一考核评价体系的总体思路，需要遵循的四大基本原则，以及构建的主要步骤。

（一）总体思路

全面贯彻落实党中央与国务院关于文化企业发展的战略部署，以习近平新时代中国特色社会主义思想为指导，坚持中国特色社会主义文化发展道路，遵循社会主义市场经济规律，遵循精神文明建设要求，以社会主义核心价值观为引领，建立健全确保福州市国有文化企业把社会效益放在首位、实现社会效益和经济效益相统一的体制机制，推进构建符合市场运营规律、突出效益导向的激励约束机

制，充分调动国有文化企业负责人的积极性，打造一批具有核心竞争力的骨干文化企业，推动文化产业持续健康发展，推动福州市文化软实力和文化影响力大幅提升，为福州市实现"文化强市"发展目标贡献更大力量。

（二）基本原则

福州市国有文化企业"两个效益"相统一考核评价体系决定了企业的发展战略和规划、经营管理和业绩效果，对促进福州市文化产业健康快速发展具有重要作用。为了加快构建把社会效益放在首位、社会效益和经济效益相统一的体制机制，促进福州市文化产业健康快速发展，进一步推进福州市国有文化企业"做强做优做大"，"两个效益"相统一考核评价体系的构建须遵循以下原则：

1. 坚持战略引领

党的十八大以来，福州市委、市政府高度重视文化建设，确定了"文化强市"的发展目标。福州市国有文化企业是实现"文化强市"的重要载体。因此，福州市国有文化企业"两个效益"相统一考核评价体系构建首先要体现战略引领原则，要从福州市"文化强市"发展目标出发，坚持社会效益和经济效益相统一，按照社会效益最大化、国有资产保值增值、资本收益最大化和可持续发展的要求，以"文化强市"发展目标和重点引导考核目标的设置，保证在国有文化企业确立正确的发展方向以及工作目标。

2. 坚持持续发展

经实地调研和专家访谈得知，目前福州市大部分国有文化企业考核评价以财务指标为主，社会效益和经济效益尚未做到相统一。因此，在构建福州市国有文化企业"两个效益"相统一考核评价体系时，除了需要财务指标等体现经济效益的考核指标，也需要设计体现社会效益等方面的考核指标，坚持做到持续发展，加入持续发展指标，使国有文化企业在经营发展中更加关注未来的发展和成长性，更加关注社会效益。

3. 坚持科学合理

国有文化企业是弘扬中国特色社会主义核心价值观的核心载体，在文化传播、文化创新和价值观引导等方面具有重要引领作用。国有文化企业的国有化、文化属性与经济属性融合在一起，所产出的产品既是有形的又承载着无形的思想等意识形态，需要更加科学合理化，才有利于文化企业和文化产业发展壮大。因此，在构建福州市国有文化企业"两个效益"相统一考核评价体系时，应综合考虑国有文化企业的经济性和社会性，产品的有形性和无形性，并结合国有企业特点，对评价指标、评价方法进行科学合理的设置。

4. 坚持激励约束

福州市国有文化企业"两个效益"相统一考核评价体系的应用应该坚持激

励约束，更好地促进国有文化企业负责人、企业员工为企业发展而奋斗。因此，应按照权责利相统一的要求，将股东认可、市场认可、社会认可和企业员工认可结合起来，强化考核结果运用，发挥考核工作的导向、激励和约束作用，将考评结果与领导人薪酬、职业晋升结合起来，提高福州市国有文化企业的业绩和文化企业的持续发展能力，促进福州文化产业发展，为福州市经济社会发展服务。

（三）主要步骤

国有文化企业"两个效益"相统一考核评价体系设计一般根据预定的目标（社会效益和经济效益相统一），选定特定的评价主体（包括评价对象、评价指标体系构建等），采取有效的评价方法（科学方法确定指标权重等），对国有文化企业绩效目标的完成情况进行评价，并将考核评价结果应用于奖惩激励。因此，结合前文理论研究和实地调研成果，福州市国有文化企业"两个效益"相统一考核评价体系设计主要包括以下因素：评价指标设计、指标权重确定、评价标准和评价方法、考核评价体系应用（激励机制和制度）。而一套完善的企业绩效评价体系主要包括下几个要素：评价指标、指标权重、评价标准、评价方法，以及相应的激励机制。据此，本文构建的福州市国有文化企业"两个效益"相统一考核评价体系的主要步骤如下：

1. 构建"两个效益"相统一考核评价指标体系

本文基于平衡计分卡理论和方法，遵循本文确定的指导思想、基本原则和主要目标，绘制福州市国有文化企业"两个效益"相统一考核评价的战略地图，确定"两个效益"相统一考核评价的战略主题和战略目标的具体考核指标，形成指标体系。

2. 确定"两个效益"相统一考核评价指标权重

福州市国有文化企业考核评价体系中的指标权重反映了考核评价的重点，对引导国有文化企业发展战略制定、发展方向确定以及发展规划制定具有重要作用。本文设置"两个效益"相统一考核评价指标权重主要聚焦点在社会效益和经济效益，通过运用层次分析法，结合专家访谈和调研访谈，对上文确定的指标体系中的每个指标进行权重计算，选择能够反映福州市国有文化企业社会效益和经济效益的且科学合理的权重赋权。

3. 制定"两个效益"相统一考核评价标准

"两个效益"相统一考核评价标准是对福州市国有文化企业社会效益和经济效益表现进行分析并评判优劣的参照物、对比尺度，是实施"两个效益"相统一考核评价的基本准绳，在整个考核评价体系中具有重要地位。本文通过实地调研和专家访谈等方式，对"两个效益"相统一考核评价制定科学合理的评价标准，以期较为准确地反映福州市国有文化企业社会效益和经济效益成果。

4. 明确"两个效益"相统一考核评价体系的应用

基于本文设计的"两个效益"相统一考核评价体系，可以考虑应用到福州市国有文化企业负责人业绩考核方式、考核等级，以及探索对工资总额，与企业管理层、员工等薪酬关系等方面。

五、福州市国有文化企业"两个效益"相统一考核评价体系设计

本部分在前述理论研究以及现状分析成果基础上，结合福州市国有文化企业实际，总体上设计福州市国有文化企业"两个效益"相统一考核评价体系框架，基于平衡计分卡四个维度设计相应的考核指标，运用层次分析法确定指标权重，提出考核评价标准，为福州市国有企业业绩考核提供参考依据。

（一）考核评价体系框架

1. 国有文化企业特点

文化产业兼具经济属性和意识形态功能，既要适应市场经济发展要求，遵循经济规律，又要符合社会主义文化建设要求，遵循意识形态发展规律。因此，与国有企业不同，国有文化企业除了经济效益，始终要坚持把社会效益摆在首位，肩负引领风尚、教育人民、服务社会、推动发展的社会责任。归结起来，国有文化企业主要特点如下：

一是定位为承担公共责任和公共使命的公共文化企业，即面向人民群众传播中国社会主义核心价值观，在巩固和壮大主流舆论中负有公共责任，在公共文化产品和准公共文化产品的提供中发挥着主导作用的企业。

二是国有文化企业同时具有经济属性和意识形态功能，首位任务是坚持社会效益，遵循意识形态发展规律，积极推进社会主义文化建设要求；同时要适应市场经济发展要求，遵循经济规律，推进经营效益提升。

三是国有文化企业作为市场微观主体，具有稳定的经营性业务，因而不同于一般性的文化事业单位和非政府组织，也要遵循市场法则，实现"自主经营、自负盈亏、自我积累和自我发展"。

2. 平衡计分卡衡量"两个效益"相统一

基于上述国有文化企业特点，为了实现福州市国有文化企业"两个效益"

相统一的考核评价目标，福州市国有文化企业的绩效考评指标体系应包括经济效益类指标以及社会效益类指标。从国有文化企业社会效益和经济效益相统一要求出发，平衡计分卡从财务、客户（利益相关者）、内部运营、学习与成长四个维度进行衡量评价，财务、客户（利益相关者）、内部流程、学习与成长这四个方面包含了经济效益和社会效益指标。具体而言，财务维度指标属于经济效益指标，内部运营维度指标也更多体现企业经济效益指标，只能反映公司上一年度发生的情况，不能反映企业改善业绩和可持续发展情况，也无法反映企业社会效益情况；客户（利益相关者）维度、学习与成长维度等方面指标属于社会效益指标，对于这两项指标的关注，可以更好地衡量国有文化企业社会效益，从而实现企业经济效益与社会效益衡量之间的平衡。

因此，从平衡计分卡出发，可以有效地实现国有文化企业经济效益和社会效益相统一的考核评价目标。

3. 基于平衡计分卡的考核评价体系框架

运用平衡计分卡四个维度（财务业绩、利益相关者、内部运营、学习与成长）设计福州市国有文化企业"两个效益"相统一考核评价体系框架，其中，财务业绩指标、内部运营指标衡量国有文化企业的经济效益，利益相关者指标、学习与成长指标衡量国有文化企业的社会效益。考核评价体系框架具体如下（见表2）：

（1）财务业绩指标。从财务业绩指标维度，衡量福州市国有企业的战略规划、经营管理、业务发展等方面对企业盈利的影响程度。财务业绩指标属于从经济效益方面衡量福州市国有文化企业的经营成果。具体包括营业收入、经济增加值、净资产收益率、国有资产保值增值率。

（2）利益相关者指标。借鉴平衡记分卡客户维度，从利益相关者视角出发，衡量福州市国有企业与政府、社会公众、消费者等各方之间的关系，反映客户对企业的满意度等，尤其是在加强党的建设方面，要将党组织研究作为国有企业董事会、经理层决策的前置程序，从而使得政府满意，也能够进一步提升企业绩效。利益相关者指标属于从社会效益方面衡量福州市国有文化企业的经营发展情况。具体包括客户满意度、品牌影响力、市场占有率、政府满意度。

（3）内部运营指标。从内部运营维度，衡量福州市国有文化企业管理者优化提升企业内部运营、组织架构、产品投入等方面关键的内部流程，以提升这些流程创造效益的能力，同时吸引和留住目标细分市场的客户。内部运营指标属于从经济效益方面衡量福州市国有文化企业的经营发展情况。具体包括创新投入占营业收入比重、主营业务收入增长率、制度流程建设情况、党建工作情况。

表2　福州市国有文化企业"两个效益"相统一考核评价体系框架

目标层	一级指标（标识）	二级指标（标识）	考核要点
福州市国有文化企业"两个效益"相统一考核评价体系（A）	财务业绩指标（B_1）（经济效益维度）	营业收入（C_1）	促进国有文化企业提高业务收入
		经济增加值（C_2）	促进国有文化企业有效控制成本与费用情况
		净资产收益率（C_3）	促进国有文化企业提高资产使用效率和效益
		国有资产保值增值率（C_4）	促进国有文化企业确保国有资产保值增值，实现效益最大化
	利益相关者指标（B_2）（社会效益维度）	客户满意度（C_5）	反映国有文化企业为客户提供内容丰富、技术先进的精神文化产品和服务内容
		品牌影响力（C_6）	反映国有文化企业提供的文化产品和服务在消费者心中的地位以及在行业上的影响力
		市场占有率（C_7）	反映国有文化企业提供的文化产品和服务的受众数量，所在行业的竞争实力，以及所处行业地位
		政府满意度（C_8）	反映国有文化企业产品和服务是否导向正确、内容健康，符合政府相应要求
	内部运营指标（B_3）（经济效益维度）	创新投入占营业收入比重（C_9）	反映国有文化企业创新投入程度、创新投入占营业收入比重，体现对新产品开发重视程度、对开发创新的重视程度
		主营业务收入增长率（C_{10}）	反映国有文化企业内部运营效益以及成长性
		制度流程建设情况（C_{11}）	反映国有文化企业内部运营制度流程建设情况，体现内部运营规范性和运营效率
		党建工作情况（C_{12}）	加强党的建设，反映国有文化企业党建工作进展以及完成情况
	学习与成长指标（B_4）（社会效益维度）	具备相关资质或专业技术的员工数量（C_{13}）	反映国有文化企业中高端人才存量
		核心人才流失率（C_{14}）	反映国有文化企业对核心人才的重视程度
		信息技术投入资金额（C_{15}）	反映国有文化企业对信息技术投入的重视程度
		员工组织认同感（C_{16}）	反映国有文化企业企业文化，体现对员工的关注程度

（4）学习与成长指标。从学习与成长维度，衡量福州市国有文化企业管理层、员工的持续学习情况，直接表现为企业人才存量以及员工组织认同感等方面。该维度确立了国有文化企业要创造长期的成长和改善就必须建立的基础框架，确立了企业持续健康发展的关键因素。学习与成长指标属于从社会效益方面衡量福州市国有文化企业的经营发展情况。具体包括具备相关资质或专业技术的员工数量、核心人才流失率、信息技术投入资金额、员工组织认同感。

（二）考核评价指标设计与权重设置

根据考核评价体系框架，对考核评价指标进行定义、计算公式等方面界定，并运用层次分析法进行权重设置。

1. 考核评价指标设计

根据福州市国有文化企业"两个效益"相统一考核评价体系框架，从经济效益和社会效益两个方面，从财务业绩、利益相关者、内部运营、学习与成长四个维度设计考核评价指标，共16个子指标，并对每个指标进行具体定义、计算公式、数据来源等方面的设计。

（1）财务业绩指标（衡量经济效益）。根据福州市国有文化企业"两个效益"相统一考核评价体系框架，财务业绩指标包括营业收入、经济增加值、净资产收益率、国有资产保值增值率。

营业收入：国有文化企业在从事销售商品、提供劳务和让渡资产使用权等日常经营业务过程中所形成的经济利益的总流入。目的是促进国有文化企业提升业务收入。数据来源：企业利润表中的营业收入。

经济增加值：国有文化企业经营成果中，从税后净营业利润中扣除包括股权和债务的全部投入资本成本后的所得。其核心是资本投入是有成本的，企业的盈利只有高于其资本成本（包括股权成本和债务成本）时才能创造价值。经济增加值是一种评价企业经营者有效使用资本和为股东创造价值能力，体现企业最终经营目标的经营业绩考核工具，也是企业价值管理体系的基础和核心。经济增加值＝税后净营业利润－全部资本成本。数据来源：企业利润表。

净资产收益率：国有文化企业经营成果中，净利润与平均净资产的百分比，是企业税后利润除以净资产得到的比例，反映股东权益的收益水平，用以衡量公司运用自有资本的效率，体现了自有资本获得净收益的能力。净资产收益率＝净利润/平均净资产，其中平均净资产＝（期初＋期末）/2。数据来源：企业资产负债表中的净资产、利润表中的净利润。

国有资产保值增值率：国有文化企业国有资产保值增值率，指企业考核期末扣除客观因素后的所有者权益同考核期初所有者权益的比例。国有资产保值增值率等于 100%，则表明国有文化企业国有资产实现了保值；国有资产保值增值率大于 100%，则表明国有文化企业国有资产实现了增值。国有资产保值增值率 =（期末所有者权益/期初所有者权益）×100%。数据来源：企业资产负债表。

（2）利益相关者指标（衡量社会效益）。根据福州市国有文化企业"两个效益"相统一考核评价体系框架，利益相关者指标包括客户满意度、品牌影响力、市场占有率、政府满意度。

客户满意度：衡量客户对国有文化企业产品的满意程度。目的是获得客户对福州市国有文化企业提供的产品和服务的满意度、消费缺陷、再次购买率与推荐率等指标的评价，找出内、外部客户的核心问题，发现最快捷、有效的途径，实现最大化价值。数据来源：行业公布数据或第三方机构调查数据。

品牌影响力：是指文化产品和服务在行业中的口碑和地位，反映福州市国有文化企业提供的文化产品和服务在消费者心中的地位以及在行业上的影响力。数据来源：行业公布数据或第三方机构调查数据。

市场占有率：是指福州市国有文化企业提供产品和服务的销售量（或销售额）在市场同类产品中所占的比重，反映文化产品和服务的受众程度以及企业对市场的控制能力。福州市国有文化企业提供的文化产品和服务受众数量多，说明获得客户喜欢，最终反映在市场份额的不断扩大，可以使企业获得某种形式的垄断，这种垄断既能带来垄断利润又能保持一定的竞争优势。数据来源：行业公布数据或第三方机构调查数据。

政府满意度：是指国有文化企业提供的产品和服务要导向正确、内容健康，符合政府相应要求。目的是要将社会效益考核细化量化到政治导向、文化创作生产和服务、社会影响等具体方面。数据来源：政府主管部门对企业打分。

（3）内部运营指标（衡量经济效益）。根据福州市国有文化企业"两个效益"相统一考核评价体系框架，内部运营指标包括创新投入占营业收入比重、主营业务收入增长率、制度流程建设情况、党建工作情况。

创新投入占营业收入比重：反映国有文化企业创新投入程度，创新投入占营业收入比重，体现对新产品开发的重视程度，对开发创新的重视程度。创新投入占营业收入比重 = 产品与服务创新投入金额/营业收入总额×100%。数据来源：企业利润表、业务经营数据。

主营业务收入增长率：反映国有文化企业内部运营效益以及成长性。主营业务收入增长率 =（本年主营业务收入 – 上年主营业务收入）/上年主营业务收入×100%。数据来源：企业利润表、业务经营数据。

制度流程建设情况：反映国有文化企业内部运营制度流程建设情况，体现内部运营规范性和运营效率。包括公司治理、计划规划、经营管理、财务管理、依法合规、风险防范等方面的制度。数据来源：根据企业内部制度体系清单及制度内容完整性进行打分。

党建工作情况：反映国有文化企业党建工作进展以及完成情况。数据来源：从基层党建工作、领导人员队伍建设、党风廉政建设三个方面进行考核评价，进行打分。

（4）学习与成长指标（衡量社会效益）。根据福州市国有文化企业"两个效益"相统一考核评价体系框架，学习与成长指标包括具备相关资质或专业技术的员工数量、核心人才流失率、信息技术投入资金额、员工组织认同感。

具备相关资质或专业技术的员工数量：反映国有文化企业中高端人才存量。数据来源：企业内部人力资源数据。

核心人才流失率：反映国有文化企业对核心人才的重视程度。核心人才流失率＝核心人才流失人数/核心人才总量×100%。数据来源：企业内部人力资源数据。

信息技术投入资金额：反映国有文化企业对信息技术投入的重视程度。数据来源：企业信息技术统计和财务数据。

员工组织认同感：反映国有文化企业企业文化，体现对员工的关注程度。数据来源：由企业员工进行组织认同感打分。

2. 考核评价指标权重设置

权重是各个评价指标对上层指标或总评价目标重要程度的反映，指标权重直接反映了该指标在对企业绩效进行评价时所占的分量，是企业对战略侧重的体现，同时也对执行战略时的努力方向产生很大影响。因此，指标权重设置是否合理影响着指标体系的科学性与合理性，指标权重的设置方法选择是否科学合理也就至关重要。

确定指标权重的方法目前主要有主观赋权法与客观赋权法。主观赋权法主要包括德尔菲法、层次分析法等；客观赋权法主要包括熵权法、模糊分析评价法、主成分分析法等。综合这几种赋权方法的优缺点及国有文化企业绩效评价指标赋权的特殊性，本文选择层次分析法对指标权重进行赋值。

国有文化企业绩效考评系统中的很多决策问题难以完全量化。例如受众接纳程度，我们很难将其对绩效高低的影响程度进行完全的量化，所以在对其权重进行设置时，不可避免地要依赖专家意见。而层次分析法的特点是在对绩效评价目标、影响指标权重的因素以及指标之间的内在关系进行深入分析的基础上，利用较少的定量信息使权重设置的思维过程数学化，将定性问题转化为可量化的过程，从而为多目标权重的复杂的决策问题提供简便有效的方法。层次分析法将主观赋权的定性与客观赋权的定量有机地结合了起来。因此，本文选取层次分析法作为设置绩效评价指标权重的方法。

（1）层次分析法基本原理。层次分析法（AHP）由美国匹兹堡高校 Saaty 教授于 1971 年首先提出，主要应用于不确定情况下具有多项评估指标的决策问题，将复杂的问题系统化。经过不断实践修正，层次分析法的方法论体系已经十分完备。层次分析法的基本思想是把复杂问题分解成各个组成因素，进而将这些因素按支配关系分组形成有序的递阶层次结构，通过两两比较的方式确定各因素相对重要性，予以量化后建立成对比较矩阵，据以求得矩阵的特征向量，进而以其特征向量值作为该层次的优先向量，代表各要素间的优先顺序，并由最大特征根评估对比矩阵一致性的强弱，为决策者提供决策参考。层次分析法从本质上讲是把复杂的决策问题层次化，通过逐层比较各种关联因素重要性来为分析决策提供定量依据，其作用是可以提高决策的有效性、科学性以及可行性。层次分析法由目标层、准则层、方案层构成，其完整的层次结构图如图 1 所示。

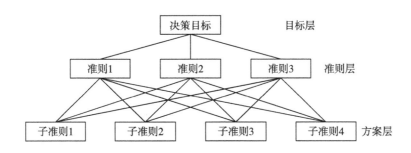

图 1　AHP 层次结构

（2）层次分析法的主要步骤。层次分析法在本文中进行的主要步骤如下：

步骤一：建立层次关系。将复杂的决策问题简化并分解为几个简洁扼要的元素，再把这些元素按指标分成若干组，形成不同层次。通常处于最上层的只是一个元素，是决策目标，称为目标层；中间的层次包括实现目标所涉及的中间环节；最下层则是实现中层目标所涉及的各项因子。

步骤二：建立成对比较矩阵。成对比较矩阵的建立，在于求取各要素间的相对重要程度。AHP 采用比例尺度作为衡量成对比较矩阵的基准，基本上划分为五项：相等、较强、强、很强、绝对强。当需要更高精度时，还可在相邻判断之间做出比较。这样便总共划分出 9 个尺度，并给予 1 至 9 来代表比重，如表 3 所示。

表3 福州市国有文化企业"两个效益"相统一考核评价指标打分说明

相对重要程度	定义	说明（行元素比列元素）
1	同等重要	两个目标同样重要
3	略微重要	由经验或判断，认为一个目标比另一个略微重要些
5	相当重要	由经验或判断，认为一个目标比另一个重要
7	明显重要	深感一个目标比另一个重要，且这种重要性已有实践证明
9	绝对重要	强烈地感到一个目标比另一个重要得多
2，4，6，8	两个相邻判断中间值	需要折中时采用
倒数		若因素 i 与因素 j 的重要性之比为 a，那么因素 j 与因素 i 重要性之比为 1/a

依据问卷调查后所取得的要素间相对重要程度数值，即可建立起成对比较矩阵。设 C_1，C_2，C_3，…，C_n 为一组要素，而成对要素 C_i 与 C_j 的量化判断可表示为 n*n 的矩阵：

$$A = \left[\alpha_{ij}\right] = \begin{bmatrix} 1 & \alpha_{12} & \cdots & \alpha_{1n} \\ 1/\alpha_{12} & 1 & \cdots & \alpha_{2n} \\ \cdots & \cdots & 1 & \cdots \\ 1/\alpha_{1n} & 1/\alpha_{2n} & \cdots & 1 \end{bmatrix} = \begin{bmatrix} W_1/W_1 & W_1/W_2 & \cdots & W_1/W_n \\ W_2/W_1 & W_2/W_1 & \cdots & W_2/W_n \\ \cdots & \cdots & \cdots & \cdots \\ W_n/W_1 & W_n/W_2 & \cdots & W_n/W_n \end{bmatrix}$$

矩阵 A 中，数值 α_{ij} 表示成对要素（C_i，C_j）量化的相对重要性判断，且 $\alpha_{ij} = 1/\alpha_{ji}$。另外，$W_1$，$W_2$，…，$W_n$ 表示 n 个要素 C_1，C_2，C_3，…，C_n 的数量化的权重，则权重值与 α_{ij} 的关系可以表示为 $W_i/W_j = \alpha_{ij}$（i，j = 1，2，3，…，n）。

步骤三：计算特征值与特征向量。使用数值分析中常用的特征值解法找出特征向量。

由于成对要素中 $\alpha_{ij} \times W_j/W_i = 1$（i，j = 1，2，3，…，n），所以 $\sum\limits_{j=1}^{n} \alpha_{ij}(W_i/W_j) = n$，因此（A – nl）× W = 0。此时 W 为 A 的特征向量。不过 α_{ij} 由于决策者主观判断所给出的评估与真实的 W_i/W_j 值存在某种程度上的差异，所以使（A – nl）× W = 0 无法成立，故 Saaty 提出了以最大特征值 $\lambda_{max} = \sum\limits_{j=1}^{n} \alpha_{ij} \times \dfrac{W_j}{W_i}$ 取代 n，并将 A 矩阵进行一致性检验。

步骤四：一致性检验。一致性分析的目的是检验评估者所做的判断的一致性情况，以确定判断结果的可行性。常用的一致性的检验指标包括一致性指标、随机指标和一致性比率。

· 68 ·

一致性指标（Consistency Index，CI）：CI =（λ_{max} – n）/（n – 1）。

随机指标（Random Index，RI）：因一致性偏差可能是随机因素所引起的，其值可由表4获得。

表4 随机指标 RI 值对照

n	1	2	3	4	5	6	7	8	9	10
RI	0	0	0.58	0.90	1.12	1.24	1.32	1.41	1.45	1.49

一致性比率（Consistency Ratio，CR）：CR = CI/RI，若 CR < 0.1，就认为矩阵具有满意的一致性；若 CR > 0.1，则需进行专家修正。

步骤五：相对权重计算。

当 A 为一致性矩阵时，本文将成对比较矩阵中 A 矩阵的各列向量采用几何平均然后标准化，所得到的列向量即是权重向量 $W_i = \left[\prod_{j=1}^{n} \alpha_{ij} \right]^{1/n} \Big/ \sum_{i=1}^{n} \left[\prod_{j=1}^{n} \alpha_{ij} \right]^{1/n}$。

（3）依据层次分析法确定权重。向福州市相关国有文化企业部分管理人员和相关领域专家发放基于层次分析法制定福州市国有文化企业"两个效益"相统一考核评价体系调研问卷，共发放 100 份问卷，回收问卷 92 份，剔除无效问卷 10 份后，有效收集问卷共 82 份，有效问卷率 82%，符合要求。由于不同的专家在填写调研问卷时对各指标重要性的理解和看法不一样，因此，通过平均化处理来衡量各专家对各指标的打分情况，并运用层次分析法进行权重设定。

首先，通过对福州市国有文化企业"两个效益"相统一考核评价指标进行两两比较，得出财务业绩、利益相关者、内部运营、学习与成长 4 个一级指标判断矩阵 B_1 – B_4（见表5），并进行一致性检验。

表5 判断矩阵 B_1 – B_4

	B_1	B_2	B_3	B_4
B_1	1	1.0/3.0	6.0/1.5	6.0/2.0
B_2	—	1	4.5/1.5	8.0/2.0
B_3	—	—	1	3.0/1.5
B_4	—	—	—	1

经检验，CI 值 = 0.079，RI 值 = 0.900，CR 值 = 0.088 < 0.1，一致性检验通过。

其次，根据16个二级指标两两比较的结果，建立两两比较矩阵。通过两两比较来确定指标的相对重要性，并进行一致性检验。具体如下：

对财务业绩一级指标下的4个二级指标（营业收入、经济增加值、净资产收益率、国有资产保值增值率）两两比较得到判断矩阵（见表6），并进行一致性检验。

表6　B_1 下二级指标两两比较矩阵 C_1—C_4

	C_1	C_2	C_3	C_4
C_1	1	1.0/3.0	2.0/8.0	1.5/7.5
C_2	—	1	1.5/4.5	1.0/5.0
C_3	—	—	1	1.5/6.0
C_4	—	—	—	1

经检验，CI 值 = 0.085，RI 值 = 0.900，CR 值 = 0.094 < 0.1，一致性检验通过。

对利益相关者一级指标下的4个二级指标（客户满意度、品牌影响力、市场占有率、政府满意度）两两比较得到判断矩阵（见表7），并进行一致性检验。

表7　B_2 下二级指标两两比较矩阵 C_5—C_8

	C_5	C_6	C_7	C_8
C_5	1	4.5/1.5	8.0/2.0	1.5/3.0
C_6	—	1	1.5/4.5	1.0/5.0
C_7	—	—	1	1.5/6.0
C_8	—	—	—	1

经检验，CI 值 = 0.068，RI 值 = 0.900，CR 值 = 0.076 < 0.1，一致性检验通过。

对内部运营一级指标下的4个二级指标（创新投入占营业收入比重、主营业务收入增长率、制度流程建设情况、党建工作情况）两两比较得到判断矩阵（见表8），并进行一致性检验。

表8 B₃ 下二级指标两两比较矩阵 C₉—C₁₂

	C_9	C_{10}	C_{11}	C_{12}
C_9	1	1.5/6.0	2.0/6.0	1.5/6.0
C_{10}	—	1	4.0/1.0	4.5/1.5
C_{11}	—	—	1	1.5/4.5
C_{12}	—	—	—	1

经检验，CI 值 = 0.079，RI 值 = 0.900，CR 值 = 0.088 < 0.1，一致性检验通过。

对学习与成长一级指标下的 4 个二级指标（具备相关资质或专业技术的员工数量、核心人才流失率、信息技术投入资金额、员工组织认同感）两两比较得到判断矩阵（见表9），并进行一致性检验。

表9 B₄ 下二级指标两两比较矩阵 C₁₃—C₁₆

	C_{13}	C_{14}	C_{15}	C_{16}
C_{13}	1	4.5/1.5	2.0/6.0	1.5/7.5
C_{14}	—	1	1.5/6.0	1.0/6.0
C_{15}	—	—	1	1.5/6.0
C_{16}	—	—	—	1

经检验，CI 值 = 0.068，RI 值 = 0.900，CR 值 = 0.076 < 0.1，一致性检验通过。

最后，运用层次分析法软件，经标准化后得出各层级指标的权重如表 10 所示。

表10 福州市国有文化企业"两个效益"相统一考核评价体系框架

目标层	一级指标（权重）	二级指标（标识）	权重（%）
福州市国有文化企业"两个效益"相统一考核评价体系（A）	经济效益——财务业绩指标（B₁ = 31.60%）	营业收入（C₁）	2.90
		经济增加值（C₂）	5.50
		净资产收益率（C₃）	6.80
		国有资产保值增值率（C₄）	16.40
	社会效益——利益相关者指标（B₂ = 46.20%）	客户满意度（C₅）	15.10
		品牌影响力（C₆）	4.70
		市场占有率（C₇）	6.30
		政府满意度（C₈）	20.10

续表

目标层	一级指标（权重）	二级指标（标识）	权重（%）
福州市国有文化企业"两个效益"相统一考核评价体系（A）	经济效益——内部运营指标（B₃ =13.00%）	创新投入占营业收入比重（C₉）	1.00
		主营业务收入增长率（C₁₀）	6.60
		制度流程建设情况（C₁₁）	1.80
		党建工作情况（C₁₂）	3.60
	社会效益——学习与成长指标（B₄ =9.20%）	具备相关资质或专业技术的员工数量（C₁₃）	1.10
		核心人才流失率（C₁₄）	0.60
		信息技术投入资金额（C₁₅）	2.10
		员工组织认同感（C₁₆）	5.40

3. 权重设置结果分析

采用福州市专家相关打分调研数据，运用层次分析法对福州市国有文化企业"两个效益"相统一考核评价权重进行了设定，为福州市对国有文化企业考核提供了参考依据。

（1）关于经济效益和社会效益权重。上述指标权重的设定反映了福州市国有文化企业发展实际，明确了以社会效益为导向，实现社会效益和经济效益相统一的考核评价方式。根据分析结果可知，财务业绩指标、内部运营指标两者权重合计44.6%，反映福州市国有文化企业经济效益所占权重；利益相关者指标、学习与成长指标两者权重合计55.4%，反映福州市国有文化企业社会效益所占权重。总体上体现了社会效益指标日益受到重视。同时，也反映了国有文化企业除了经济效益，始终要坚持把社会效益摆在首位，肩负引领风尚、教育人民、服务社会、推动发展的社会责任。

（2）关于指标权重排序。对二级指标的权重排序如表11所示。

表11 福州市国有文化企业"两个效益"相统一考核评价指标权重排序

排序	一级指标	二级指标	权重（%）
1	利益相关者（社会效益）	政府满意度（C₈）	20.10
2	财务业绩（经济效益）	国有资产保值增值率（C₄）	16.40
3	利益相关者（社会效益）	客户满意度（C₅）	15.10
4	财务业绩（经济效益）	净资产收益率（C₃）	6.80
5	内部运营（经济效益）	主营业务收入增长率（C₁₀）	6.60
6	利益相关者（社会效益）	市场占有率（C₇）	6.30

排序	一级指标	二级指标	权重（%）
7	财务业绩（经济效益）	经济增加值（C_2）	5.50
8	学习与成长（社会效益）	员工组织认同感（C_{16}）	5.40
9	利益相关者（社会效益）	品牌影响力（C_6）	4.70
10	内部运营（经济效益）	党建工作情况（C_{12}）	3.60
11	财务业绩（经济效益）	营业收入（C_1）	2.90
12	学习与成长（社会效益）	信息技术投入资金额（C_{15}）	2.10
13	内部运营（经济效益）	制度流程建设情况（C_{11}）	1.80
14	学习与成长（社会效益）	具备相关资质或专业技术的员工数量（C_{13}）	1.10
15	内部运营（经济效益）	创新投入占营业收入比重（C_9）	1.00
16	学习与成长（社会效益）	核心人才流失率（C_{14}）	0.60

利益相关者指标中的政府满意度权重为20.10%，排名第1，反映出福州市国有文化企业提供的产品和服务要导向正确、内容健康，符合政府相应要求，主要目的是体现中国特色社会主义核心价值观，要传播正能量。

财务业绩指标中的国有资产保值增值率权重为16.40%，排名第2。这充分体现了国有企业特点，也反映出福州市国有文化企业在始终坚持把社会效益摆在首位同时，要兼顾经济效益，特别是国有资产保值增值方面，要确保国有资产得到有效保护，禁止造成国有资产流失。

利益相关者指标中的客户满意度权重为15.10%，排名第3，反映出福州市国有文化企业提供的产品和服务要适合广大人民群众美好生活向往的需求；得到客户满意评价的产品和服务，才是好的产品和服务，也才能更有效地传播中国特色社会主义核心价值观。

（三）考核评价体系应用

国有文化企业绩效最直接反映企业负责人经营管理企业的结果。不管在国外还是在国内，往往将一段时期内企业绩效的变化在一定程度上看作企业负责人的经营绩效，并将企业绩效的实现情况作为对企业负责人奖惩任免的主要依据。因此，可以上述构建的福州市国有文化企业"两个效益"相统一考核评价体系为基础，进一步优化完善福州市国有文化企业领导人绩效考核方式、考核等级，并将绩效考核结果与领导人员薪酬、任职挂钩。

1. 绩效考核方式

以社会效益和经济效益相统一为考核导向，根据福州市对国有文化企业负责人绩效考核的工作要求，将国有文化企业负责人绩效考核分为年度绩效考核和任期绩效考核。

（1）年度绩效考核是对福州市国有文化企业一个完整会计年度的企业经营和社会效益成果进行综合评判，考核区间为每年度1月1日至12月31日。在年度绩效考核过程中，重点关注财务业绩指标中年度财务绩效达成情况、内部运营指标中创新投入和制度流程完成情况以及符合福州市政府相关部门统一要求的年度社会效益指标完成情况。

（2）负责人任期绩效考核是指福州市国有文化企业负责人任职期间的企业社会效益和经济效益的综合评价，以三年为一个任期考核期（由于特殊原因需要调整任期考核时间的，应由福州市政府主管部门决定）。在任期绩效考核过程中，重点关注财务业绩指标中国有资产增值保值情况、利益相关者中社会效益等指标完成情况以及学习与成长指标方面的特殊贡献。

2. 绩效考核等级

参照《中央企业负责人经营业绩考核办法》（国务院国有资产监督管理委员会令第33号），建议福州市国有文化企业负责人年度经营业绩考核和任期经营业绩考核等级分为A、B、C、D四个级别。其中，对福州市国有文化企业进行考核评分，根据考核得分排序，按比例确定考核等级，A级占比25%，C级、D级不低于15%；对于利益相关者指标中政府满意度、内部运营指标中党建工作情况等指标完成情况得分不达标的国有文化企业，不得进入A级。

3. 负责人绩效与薪酬挂钩

福州市国有文化企业负责人年度薪酬包括基本薪金和绩效薪金。其中，基本薪金可以根据企业的经营难度系数每年核定一次；绩效薪金与年度的绩效考核等级挂钩：等级A的绩效薪金 = 1.5×绩效薪金基数；等级B的绩效薪金 = （1.0 - 1.5）×绩效薪金基数；等级C的绩效薪金 = （0.8 - 1.0）×绩效薪金基数；等级D的绩效薪金 = （0 - 0.8）×绩效薪金基数。

同时，为确保国有文化资产保值增值，可以规定绩效薪金在本年度仅兑现60%，其余40%在任期考核结束后，根据任期绩效考核结果，决定是否兑现剩余绩效薪金。

4. 负责人绩效与任职挂钩

参照《中央企业负责人经营业绩考核办法》（国务院国有资产监督管理委员会令第33号），建议将福州市国有文化企业业绩考核结果作为企业领导班子评价的重要内容。连续两年年度绩效考核结果为D级或任期经营业绩考核结果为D级，且无重大客观原因的，对国有文化企业负责人予以调整。

六、研究总结

本文运用平衡计分卡，结合福州市国有文化企业特性，从财务业务指标、内部运营指标2大维度共8个子指标衡量福州市国有文化企业经济效益业绩考核，从利益相关者指标、学习与成长指标2大维度共8个子指标衡量福州市国有文化企业社会效益业绩考核，构建"两个效益"相统一考核评价体系，形成对社会效益和经济效益相统一的绩效考核标准，对促进福州市国有文化企业持续健康发展具有理论和实践指导意义。

（一）有关措施建议

以福州市国有文化企业"两个效益"相统一考核评价体系为基础，为了更好地促进福州市国有文化企业做强做优做大，服务福州市"文化强市"发展目标，有关措施建议如下：

一是推动国有文化企业做强做优做大。福州市国有文化企业只有主动进入市场，占领市场，才能更好地发挥导向作用，才能占领意识形态阵地。因此，要以社会效益和经济效益相统一考核为导向，完善人才激励和岗位绩效考核制度，进一步健全完善体现多劳多得、优绩优酬原则的收入分配激励机制；同时，要推动国有文化企业全面提质增效，拓展新兴产业，实施转型升级，增强核心竞争力，进而成为福州市文化产业的主导力量。

二是加强国有文化企业绩效评价结果的反馈。国有文化企业绩效评价不仅是对过去的经营状况的考核或评估，更重要的是要发挥促进企业提升绩效，促进企业加强党的建设，不断提升企业的社会效益和经济效益的作用。这就必须要求福州市国有文化企业绩效考核结果及时反馈到被考核对象，这样才能根据考核结果及时调整自身的经营策略和方法，真正发挥绩效评价的作用。福州市国有文化企业绩效评价的反馈，原则上要采取面谈的形式，以便于被考核者进行申辩。考核结果最终确定后要加强运用，使考核情况与企业负责人薪酬、评优、晋升等切实挂钩，增强考核的权威性，同时激发企业经营管理的活力，推进福州市国有文化企业改革创新发展。

三是加强国有文化企业绩效考核分类评价。根据层次分析法结果可得，经济效益指标（财务业绩指标、内部运营指标）权重44.6%，社会效益指标（利益相关者指标、学习与成长指标）权重55.4%。因此，基于本文构建的福州市国有文化企业"两个效益"相统一考核评价体系框架，社会效益指标权重应不低于50%，同时，应结合国有文化企业不同业务类型（文化投资类、出版发行类、广播影视类等），根据不同国有文化企业发展实际以及业务特点，有针对性地设计"两个效益"相统一考核评价具体指标，并在加强社会效益考核的同时，针对经济效益根据不同业务特点开展优化设计，提升差异化考核水平，进一步提升评价指标针对性，更好地促进企业持续健康发展。

（二）研究结论及展望

1. 研究结论

国有文化企业是推动文化产业跨越式发展的基础性力量，在繁荣文化市场、构建有序市场竞争机制中发挥着主导作用。建立国有文化企业绩效评价体系，是促进国有文化资产保值增值的重要手段。因此，进行国有文化企业绩效评价体系构建研究，有利于加强国有企业文化监管的执行力度，有利于优化国有文化企业薪酬激励机制，有利于加强国有文化企业的引领作用，有利于增强文化产业跨越式发展的内驱动力，具有重要的现实意义。

本文在分析福州市国有文化企业及其绩效评价的特点和现状的基础上，运用平衡计分卡理论和基本框架，从财务业绩、利益相关者、内部运营、学习与成长四个维度，搭建福州市国有文化企业社会效益和经济效益相统一的考核评价体系，并提出考核评价体系构建思路和原则、指标设计和权重设置以及考核评价体系应用等方案，为福州市国有文化企业"两个效益"考核提供了理论依据。

一是福州市文化产业发展取得了显著成绩，国有文化企业发展向前推进，国有文化企业绩效评价不断完善，但是还存在考核导向不突出、考核指标单一、考核内容不全面、考核权重设置不合理、考核结果应用不充分等方面的问题。

二是结合福州市"文化强市"发展目标，明确了构建福州市国有文化企业"两个效益"相统一考核评价体系的总体思路，需要遵循的四大基本原则，以及构建的主要步骤。

总体思路：全面贯彻落实党中央与国务院关于文化企业发展的战略部署，以习近平新时代中国特色社会主义思想为指导，坚持中国特色社会主义文化发展道路，遵循社会主义市场经济规律，遵循精神文明建设要求，以社会主义核心价值观为引领，建立健全确保福州市国有文化企业把社会效益放在首位、实现社会效益和经济效益相统一的体制机制，推进构建符合市场运营规律、突出效益导向的激励约束机制，充分调动国有文化企业负责人的积极性，打造一批具有核心竞争力的骨干文化企业，推动文化产业持续健康发展，推动福州市文化软实力和文化影响力大幅提升，为福州市实现"文化强市"发展目标贡献新的更大力量。

基本原则：坚持战略引领、坚持持续发展、坚持科学合理、坚持激励约束。

主要步骤：构建"两个效益"相统一考核评价指标体系；确定"两个效益"相统一考核评价指标权重；明确"两个效益"相统一考核评价体系的应用。

三是结合福州市国有文化企业实际，总体上设计了福州市国有文化企业"两个效益"相统一考核评价体系框架，基于平衡计分卡四个维度设计了相应的考核指标，运用层次分析法确定了指标权重，提出了考核评价应用。

考核评价体系框架：运用平衡计分卡四个维度（财务业绩、利益相关者、内部运营、学习与成长），财务业绩、内部运营衡量经济效益，利益相关者、学习与成长衡量社会效益，设计福州市国有文化企业"两个效益"相统一考核评价体系框架。

考核评价指标设计：从经济效益和社会效益两个方面，从财务业绩、利益相关者、内部运营、学习与成长四个维度设计考核评价指标，共16个子指标，对每个指标进行了具体定义、计算公式、数据来源等方面的设计。

考核评价指标权重：运用层次分析法，将主观赋权的定性与客观赋权的定量有机地结合起来，对福州市国有文化企业"两个效益"相统一考核评价指标设置绩效评价指标权重。基于平衡计分卡理论构建指标体系，并运用层次分析法对指标体系进行有效评价，避免出现主观因素方面的较大影响，保证评价结果的合理性和科学性。根据分析结果，经济效益指标（财务业绩指标、内部运营指标）权重44.6%，社会效益指标（利益相关者指标、学习与成长指标）权重55.4%。总体上，该指标体系明确了以社会效益为导向，实现社会效益和经济效益相统一的考核评价方式。

考核评价应用：进一步优化完善福州市国有文化企业领导人绩效考核方式、考核等级，并将绩效考核结果与领导人员薪酬、任职挂钩。

下一步，贯彻落实党的十九大精神，以习近平新时代中国特色社会主义思想为指导，"坚持为人民服务、为社会主义服务，坚持百放齐放、百家争鸣，坚持创造性转化、创新性发展"的新时代文化建设的基本要求，进一步优化完善福州市国有文化企业社会效益和经济效益相统一考核评价指标体系，更加注重社会效益评价，运用更加科学合理的方法对指标进行权重设置，科学评价福州市国有文化企业社会效益和经济效益，推动国有文化企业持续健康发展，为促进福州市"文化强市"发展目标做出新的贡献。

2. 研究展望

按国有文化企业功能分类，可以划分为文化投资、出版发行、广播影视等很多行业类别，由于不同业务类型，其业务特点和业务发展阶段都不同，同时由于考核侧重点不同，很难建立一套通用的绩效考核指标体系。因此，下一步有必要针对不同业务类型的福州市国有文化企业建立有针对性的考核评价指标,进行差异化考核,进一步提升绩效考核的针对性及导向性。

此外,在国有文化企业生命周期的不同发展阶段,企业考核的重点和导向也不尽相同。未来研究可进一步分析福州市国有文化企业在不同生命周期阶段的具体特点,坚持社会效益和经济效益相统一,选择更符合其发展特点和发展实际的指标进行考核,促进企业持续健康发展。

参考文献

[1] Robert S. Kaplan and David P. Norton. The Balanced Scorecard Measures that Drive Performance [J]. Harvard Business Review, 1992 (70): 71 – 79.

[2] Thomas L. Saaty. Decision Making with the Analytic Hierarchy Process [J]. Int. J. Services Sciences, 2008 (1): 83 – 98.

[3] 《关于进一步加快福州市文化产业发展若干政策》政策解读 [EB/OL]. (2017 – 1 – 02). http://www.fuzhou.gov.cn/zcjd/bs/201711/t20171102_1811802. htm.

[4] 《中央企业负责人经营业绩考核办法》(国有资产监督管理委员会令第33号) [EB/OL]. (2016 – 12 – 08). http://www.sasac.gov.cn/n2588020/n2588072/n2591106/n2591108/c4451308/content. html.

[5] 福州市统计局 [EB/OL]. (2020 – 10 – 01). http://tjj.fuzhou. gov.cn/.

[6] 高晖. 国有企业经营业绩考核体系的改进研究 [D]. 济南:山东大学, 2012.

[7] 关于进一步加快福州市文化产业发展若干政策 [EB/OL]. (2017 – 01 – 11). http://www.fuzhou.gov.cn/zfxxgkzl/szfbmjxsqxxgk/szfbmxxgk/fzsrmzf/zfxxgkml/xzfggzhgfxwj/201711/t20171101_1810080. htm.

[8] 关于推动国有文化企业把社会效益放在首位 实现社会效益和经济效益相统一的指导意见 [EB/OL]. (2015 – 09 – 14). http://www.gov.cn/zhengce/2015 –09/14/content_2931745. htm.

[9] 李灿. 国有企业绩效评价研究:理论发展与模式重构 [J]. 财经理论与实践, 2012 (6): 97 – 101.

[10] 李红宇. 平衡计分卡在国有企业绩效管理中的应用 [J]. 现代国企研究, 2015 (14): 13 – 15.

[11] 申志东. 运用层次分析法构建国有企业绩效评价体系 [J]. 审计研究, 2013 (2): 106 – 112.

［12］童颖．我国传媒集团绩效评估指标体系构建研究［D］．上海：上海
交通大学，2013.

［13］文鹏．基于平衡计分卡的旧城改造部门绩效管理的应用研究［D］．
成都：西南财经大学，2012.

［14］谢志强．国有企业绩效评价研究［D］．泉州：华侨大学，2013.

［15］杨红英．基于平衡计分卡的国有企业综合绩效评价体系探析［J］．企
业经济，2014（2）：5 - 9.

地方文化产业绩效评价指标体系构建

吴琳萍　景秀艳

摘要： 从投入、产出角度选取政府财政投入、劳动投入、政府公共服务、产业发展水平与经济贡献、产业规模化水平、产业竞争力、文化设施使用情况等七个主要指标构建地方文化产业绩效评价体系，力求为地方文化产业绩效水平提供较为科学的测量标准。

关键词： 地方；文化产业；绩效评价；指标体系

一、概述

21 世纪以来，文化产业在世界经济结构中的比重日益增大，成为许多国家经济发展又一新的增长点。社会的发展越来越呈现出经济投融资与文化相互渗透、相互促进的趋势，作为文化资源与其他生产要素紧密结合，文化、科技与经济互相渗透、相互交融、互为条件、优化组合的发展模式，文化产业的发展日益成为提高一个国家或地区综合实力的重要力量。

关于文化产业绩效指标体系，部分学者开展了相关研究，如张仁寿等（2011）、刘玉玲等（2014）选取投入程度、发展水平、经济效益和社会效益等指标建立农村文化产业绩效评价指标体系。贺君（2013）从文化（文物）单位数、产业内从业人员的数量、财政投入数、固定资产总额和产业增加值、总产出、生产税净额、营业盈余等构建评价指标体系。黄欣、占绍文（2012）和王凡一、董建华（2014）从顾客维度、财务维度、内部业务流程及学习成长四个方面构建文化产业绩效评估指标体系。郭国峰、郑召锋（2009）和贾春香、李晓霞（2016）从文化产业投入与产出若干指标构建文化产业绩效评估指标体系。从上述代表性文献可看出，行业性或单个文化企业的绩效评价多关注经济效益，区域性的文化产业绩效评价视角更加全面，同时关注资金投入、经济产出，也关注社会效益。

作为国家历史文化名城的福州拥有 2200 多年的历史，闽都文化源远流长。同时作为我国最早对外开放城市之一，近年来，福州经济基础日趋雄厚，文化产业体系日趋完善，产业链较为完整。然而下辖的各区县文化产业投入水平和产出水平参差不齐。因此有必要设计科学合理的绩效评价指标体系，对福州各区县文化产业进行全面、客观、正确的评价。

二、文化产业绩效评价指标选取依据

（一）文化产业绩效评价范围界定

国家统计局于 2018 年 4 月 2 日颁布的新修订的《文化及相关产业分类（2018）》，针对文化产业给出了新的分类标准。按照文化核心领域和文化相关领域两大类标准将其细分为 9 类，如表 1 所示。

表 1　文化及相关产业分类

文化核心领域	新闻信息服务	文化相关领域	文化辅助生产和中介服务
	内容创作生产		
	创意设计服务		文化装备生产
	文化传播渠道		
	文化投资运营		文化消费终端生产
	文化娱乐休闲服务		

注：资料来源于国家统计局 2018 年的《文化及相关文化产业分类》。

本文中的文化产业范畴参照 2018 年的《文化及相关文化产业分类》标准，对文化核心领域和相关领域文化产业进行访谈，构建相关指标体系。

（二）文化产业绩效评价指标选取原则

本评价标准旨在为政府建立一个综合反映文化产业发展状况的评价指标体系，指标选取须把握以下原则：

1. 科学性原则

指标体系须结合文化产业发展特点，能够科学合理地评价各县（市）区文化产业的发展情况。

2. 系统性原则

指标体系应从时间和空间上考虑所有的可能信息，尽量完整、全面系统地展示文化产业的全貌，切忌以偏概全，进而确保能在不同县（市）区不同经济发展水平的情况下得到有效应用。

3. 可操作性原则

所选取的指标必须是可度量的，要尽可能利用可量化的指标，同时充分考虑指标数据的可获取性，不能片面追求理论上的完美而忽略可操作性。

4. 全面性原则

所构建的指标体系应能涵盖大部分文化产业类型投入、产出的相关指标，从经济效益与社会效益两个方面全面评价地方文化产业的总体绩效。

三、文化产业绩效评价指标体系

经多方调研，在确认文化产业内容的基础上，依据相关理论，在借鉴已有研究的基础上，力求从区域视角构建文化产业绩效评价指标体系。

本文确定从投入与产出两个方面选取指标进行评价，其中投入指标包括政府财政投入、劳动投入、政府公共服务、文化设施建设四类一级指标；产出指标从产业发展水平与经济贡献、产业规模化水平、产业竞争力、文化设施使用情况四个方面设一级指标，其中产业发展水平与经济贡献、产业规模化水平、产业竞争力三类指标用以评价文化产业的经济效益，文化设施使用情况指标用以评价文化产业的社会效益，兼顾了经济和社会方面的因素，如表2所示。

（一）文化产业绩效评价的投入指标

投入是指企业用于生产过程的商品或劳务。文化产业投入可以为文化产业发展提供有效的人力、财力、物力方面的支持，是促进文化产业发展的重要力量和有力保障。投入指标包括政府财政投入、劳动投入、政府公共服务、文化设施建设四个一级指标。

1. 政府财政投入

政府财政投入反映了政府从资金角度对该地区文化产业的支持程度，一般投入越多表明政府对文化产业的重视程度越高，该指标下设两个二级指标：文化产业支出经费、文化产业经费支出占财政一般预算支出比重。

表2　文化产业绩效评价指标体系

投入指标			产出指标	
一级指标	二级指标		一级指标	二级指标
政府财政投入	文化产业支出经费	经济效益	产业发展水平与经济贡献	文化产业增加值
	文化产业经费支出占财政一般预算支出比重			文化产业增加值占GDP比重
劳动投入	从业人员数量			就业贡献率
政府公共服务	文化金融服务			吸收投资额
				税收贡献率
	文化产业人才培训		产业规模化水平	重点文化产业展会、重点文化产业园（基地）、重点文化创意产业工程项目、工艺美术集地（集聚区）、营业收入超过2000万元的文化企业数等
	文化产业公共服务		产业竞争力	较强影响力的文化产品、品牌及企业
	文化产业发展相关政策			特色文化载体
		社会效益	文化设施使用情况	文化服务设施使用程度

文化产业经费支出占财政一般预算支出的比重指地区一般财政预算支出中文化产业经费所占的比重。计算公式为：文化产业经费支出占财政一般预算支出的比重＝文化产业经费/财政一般预算支出×100%。相关数据从财政部门获取。

2. 劳动投入

劳动投入指地区文化产业发展中人力资本的投入，人力资本的投入程度一定程度上反映了该地区文化产业发展的发展水平与繁荣程度。劳动投入用地区文化产业从业人员的数量来表征。相关资料从各县（市）区统计部门获取。

3. 政府公共服务

文化产业的相关政府公共服务体系的完善能为地区文化产业的发展提供一个良好的运行环境，为地区文化产业的发展提供政策支持、资金保证、人才支撑、平台打造等。该指标下设三个二级指标：文化金融服务、文化产业人才培训、文化产业公共服务。

文化金融服务指该区、县是否设立了区域文化产业专项发展资金和投资担保基金等，以整合资源投资文化产业发展，加强与银行、保险等金融机构和担保机构的联系，帮助区域文化企业缓解融资瓶颈，培育推动区域符合条件的文化企业上市融资。

　　文化产业人才培训指各县（市）区是否设立了文化人才引进政策，文化人才服务保障制度健全是否健全，是否专设了文化人才培训机构或组织。

　　文化产业公共服务平台指该区县是否设立了文化产业公共服务平台。该平台主要发挥增强综合信息服务、项目宣传推介、公共技术支撑、投融资服务、资源共享、统计分析等功能。

　　文化产业发展相关政策指该区县是否制定了区域文化产业发展规划，是否制定了文化产业扶持政策。

　　以上数据主要从政府相关管理部门获取，部分数据通过实地调研补充。

（二）文化产业绩效评价的产出指标

　　地方文化产业的产出可以分为价值产出与非价值产出，即经济效益与社会效益。

　　经济效益主要由三个指标来衡量，即产业发展水平与经济贡献、产业规模水平、产业竞争力。而社会指标主要由文化设施使用情况指标来体现。

　　1. 产业发展水平与经济贡献

　　该指标反映了各地区文化产业发展的经济价值创造水平与经济发展潜力。下设五个二级指标：文化产业增加值、文化产业增加值占 GDP 比重、就业贡献率、吸收投资额、税收贡献率。

　　文化产业增加值增幅是当年该地区文化产业增加值的增长比例。计算公式为：报告期文化产业增加值/基期文化产业增加值×100% － 100%。

　　文化产业增加值占 GDP 比重指报告期文化产业增加值在报告期地区生产总值（GDP）中所占的比重。计算公式为：文化产业增加值占 GDP 的比重 = 报告期文化产业增加值/报告期地区生产总值×100%。

　　就业贡献率是文化产业就业人数占全地区就业人数的比重。计算公式为：文化产业就业人数/全地区就业人数×100%。

　　吸收投资额指县（市）区文化产业全年吸收外来投资金额。

　　税收贡献率指文化产业税收占该地区全年税收的比重。

　　以上数据主要从统计部门、相关管理部门获取，部分数据通过实地调研补充。

　　2. 产业规模化水平

　　该指标反映各地在实现文化产业规模化方面所做的努力程度，规模效应是提升文化产业效益的重要前提。产业规模化水平主要由以下内容构成：重点文化产业展会个数（规模）、重点文化产业园（基地）个数（规模）、重点文化创意产业工程项目个数（规模）、工艺美术集地（集聚区）个数（规模）、营业收入超过 2000 万元的文化企业数等。相关数据主要从统计部门、相关管理部门获取。

3. 产业竞争力

产业竞争力指该区域优于竞争对手的产品与市场实施能力，文化产业竞争力的二级指标包括区域内具较强影响力的文化产品、品牌及企业数，以及其特色文化载体。前者以区县的影响力较强的文化产品、品牌、企业个数来衡量，后者主要包括国家级、省级、区级县级历史文化街区、历史文化名街名镇名村、特色小镇、旅游度假区、生态文化保护区等内容。以上数据主要从统计部门、相关管理部门获取，部分数据通过实地调研补充。

4. 文化设施使用情况

该指标反映该地区居民对文化服务设施的利用程度，主要内容有图书馆总流通人次、博物馆、美术馆参观人数、影院观影人次、观看艺术表演人次、非物质文化遗产参观人数等。此外还有有线电视入户率、有线电视数字化率、城镇每百户家庭接入互联网的计算机数量等指标。以上数据主要从统计部门获取。

四、文化产业绩效评价指标体系的构建

（一）评价方法介绍

文化产业绩效评价采用层次分析法，设置三级指标体系，目标层是文化产业绩效（A），下设一级指标层（B）、二级指标层（C）与三级指标层（D），指标权数采取专家意见法——特尔菲法确定，如表 3 所示。

表 3　文化产业绩效评价指标体系

目标层	一级指标层	二级指标层	三级指标层
文化产业绩效 A（100%）	投入程度 B1（30%）	政府财政投入 C1（40%）	文化产业支出经费 D1（50%）
			文化产业经费支出占财政一般预算支出比重 D2（50%）
		劳动投入 C2（30%）	文化产业从业人员数量 D3（100%）
		政府公共服务 C3（30%）	文化金融服务 D4（25%）
			文化产业人才培训 D5（25%）
			文化产业公共服务 D6（25%）
			文化产业发展相关政策 D7（25%）

目标层	一级指标层	二级指标层	三级指标层
文化产业绩效 A（100%）	经济效益 B2（50%）	产业发展水平与经济贡献 C4（40%）	文化产业增加值 D8（20%） 文化产业增加值占 GDP 比重 D9（20%） 就业贡献率 D10（20%） 吸收投资额 D11（20%） 税收贡献率 D12（20%）
		产业规模化水平 C5（30%）	重点文化产业展会、重点文化产业园（基地）、重点文化创意产业工程项目、工艺美术集地（集聚区）、营业收入超过 2000 万元的文化企业数等 D13（100%）
		产业竞争力 C6（30%）	较强影响力的文化产品、品牌及企业 D14（50%） 特色文化载体 D15（50%）
	社会效益 B3（20%）	文化设施使用情况 C7（100%）	文化服务设施使用程度 D16（100%）

在权重和指标因子得分确定的基础上，运用层次分析法公式算出文化产业绩效综合得分：$A = \sum_{k=1}^{F} \left[\sum_{j=1}^{m} \left(\sum_{i=1}^{n} D_i W_{1i} \right) W_{2j} \right] W_{3k}$，其中，$D_i$ 为三级指标层单项指标的分值，W_{1i} 为评价三级指标层的权重，W_{2j} 为二级指标层指标的权重，W_{3k} 为一级指标层指标的权重。指标因子分值的确定采用百分制，根据上式最后算出的目标层 A 得分越高，该地区的文化产业绩效越高。

（二）指标因子评分

三级指标因子分值的确定采用百分制，同时将因子得分标准等级分为四个不同的值域：第一等级（100～76分）、第二等级（75～56分）、第三等级（55～26分）、第四等级（25～0分），并根据指标因子实际情况分别进行赋分，也可根据指标项目完成情况直接赋分。

1. 投入程度指标

（1）文化产业支出经费。根据该县（市）区本年度文化产业经费增幅来赋分：增幅大于30%为第一等级；增幅在20%～30%为第二等级；增幅在10%～20%为第三等级；增幅小于10%为第四等级。

（2）文化产业经费支出占财政一般预算支出比重。根据该县（市）区本年度文化产业经费支出占财政一般预算支出比重来赋分：占比大于30%为第一等级；占比在20%～30%为第二等级；占比在10%～220%为第三等级；占比小于

10% 为第四等级。

（3）文化产业从业人员数量。根据该县（市）区本年度文化产业从业人员总数增幅来赋分：增幅大于 30% 为第一等级；增幅在 20% ~ 30% 为第二等级；增幅在 10% ~ 20% 为第三等级；增幅小于 10% 为第四等级。

（4）文化金融服务。根据文化产业金融服务项目数来赋分，分数 0 ~ 100 分。

（5）文化产业人才培训。根据文化产业人才培训全年次数及培训规模来赋分，分数 0 ~ 100 分。

（6）文化产业公共服务。根据文化产业公共服务项目数来赋分，分数 0 ~ 100 分。

（7）文化产业发展相关政策。制定落实区域文化产业规划，出台文化建设意见，并制定专项规划，有正式规范文本得 50 分；制定文化产业优惠扶持政策，设立区县文化产业发展专项资金或投资担保基金等，发文并实施得 50 分。

2. 经济效益指标

（1）文化产业增加值。根据该县（市）区本年度文化产业增加值增幅来赋分：增幅大于 30% 为第一等级；增幅在 20% ~ 30% 为第二等级；增幅在 10% ~ 20% 为第三等级；增幅小于 10% 为第四等级。

（2）文化产业增加值占 GDP 比重。根据该县（市）区本年度文化产业增加值占 GDP 比重来赋分：占比大于 30% 为第一等级；占比在 20% ~ 30% 为第二等级；占比在 10% ~ 20% 为第三等级；占比小于 10% 为第四等级。

（3）就业贡献率。根据该县（市）区本年度文化产业就业贡献率（占比）来赋分：占比大等于 30% 为第一等级；占比在 20% ~ 30% 为第二等级；占比在 10% ~ 20% 为第三等级；占比小于 10% 为第四等级。

（4）吸收投资额。根据该县（市）区本年度文化产业吸收投资额增幅来赋分：增幅大于 30% 为第一等级；增幅在 20% ~ 30% 为第二等级；增幅在 10% ~ 20% 为第三等级；增幅小于 10% 为第四等级。

（5）税收贡献率。根据该县（市）区本年度文化产业税收占总税收比例来赋分：占比大于 30% 为第一等级；占比在 20% ~ 30% 为第二等级；占比在 10% ~ 20% 为第三等级；占比小于 10% 为第四等级。

（6）产业规模化水平。根据该县（市）区重点文化产业展会、重点文化产业园（基地）、重点文化创意产业工程项目、工艺美术集地（集聚区）、营业收入超过 2000 万的文化企业数等项目数量进行赋分，得分为 0 ~ 100 分。

（7）较强影响力的文化产品、品牌及企业。根据该县（市）区较强影响力的文化产品、品牌及企业个数具体进行赋分，得分为 0 ~ 100 分。

（8）特色文化载体。根据该县（市）区特色文化载体级别、个数具体进行赋分，得分为 0 ~ 100 分。

3. 社会效益指标

文化服务设施使用程度，根据该县（市）区各种文化服务设施使用率进行具体赋分，得分为 0 ~ 100 分。

五、结语

从投入、产出角度选取政府财政投入、劳动投入、政府公共服务、产业发展水平与经济贡献、产业规模化水平、产业竞争力、文化设施使用情况七个主要指标构建福州文化产业绩效评价体系，力求为地方政府评价文化产业绩效水平提供兼具科学性和可操作性的测量工具，并为地方政府制定文化产业发展政策提供有益参考。

参考文献

[1] 郭国峰，郑召锋. 我国中部六省文化产业发展绩效评价与研究 [J]. 中国工业经济，2009（12）：76 - 85.

[2] 贺君. 基于数据包络分析的中部地区文化产业绩效综合评估 [J]. 南阳理工学院学报，2013，5（5）：13 - 15.

[3] 黄欣，占绍文. 文化产业绩效评估指标体系的构建 [J]. 统计与决策，2012（19）：41 - 43.

[4] 贾春香，李晓霞. 内蒙古文化产业绩效评价 [J]. 合作经济与科技，2016（2）：30 - 32.

[5] 刘玉玲，姚金安，张润清. 农村文化产业绩效评价指标体系研究[J]. 湖北农业科学，2014（11）：90 - 93.

[6] 王凡一，董建华. 文化产业绩效评估指标体系的构建方式漫谈 [J]. 中国集体经济，2014（15）：115 - 116.

[7] 张仁寿，黄小军，王朋. 基于 DEA 的文化产业绩效评价实证研究——以广东等 13 个省市 2007 年投入产出数据为例 [J]. 中国科学，2011（2）：183 - 192.

文化消费提升视角下的
文化产业供给质量提升探讨

倪　姗

摘要： 相较于其他产业，文化产业在诞生之初就具有社会和经济双重属性，文化产品消费不仅要满足消费者的物质需求，更要能够满足消费者的精神需求，从而真正实现促进生活质量提升、实现人类进步的目标。本文从供给侧角度论述在当前消费提升背景下的文化产业供给需要走一条高质量、多样化、重内容、造品牌的路径。

关键词： 文化消费；提升；文化产业供给；质量

党的十九届五中全会公报对"十四五"规划及发展提出了一系列建议，明确提出要全面促进消费，增强消费对经济发展的基础性作用。加快释放消费潜力，奠定全面高质量发展的重要基础，已经成为"十四五"时期的重大任务。我国已经基本实现了从温饱向小康的转变，中国城乡居民的消费重点已经从以吃穿为代表的基本型消费，向以文化消费为代表的发展和享受型消费倾斜。与此相对应的是，多元化的消费选择和个性化的消费需求使得城乡居民在消费结构上出现了明显的变化。以文化消费为例，当前阶段我国城乡居民的文化消费结构不断优化、文化消费品质持续提升，但体验性、精神性、多元性的消费需求与大众化、低质化、重复性的文化产品供给之间的结构性矛盾也日益突出。

一、文化消费提升的内涵意义与影响因素

（一）文化消费提升的内涵

随着文化产业的发展，文化领域与政治领域、经济领域的相互融合愈加明

显，商品的生产与消费越来越重视商品的符号价值和文化内涵，加之互联网的出现，文化产品消费方式越来越多样化，消费渠道越来越便利，呈现出主流化、科技化、网络化、全球化的特征，文化消费被赋予了新的内涵。本文使用的文化消费提升内涵，选用毛中根等在《中国文化消费提升研究》一书中的概念：文化消费提升是指在文化消费总量增长的同时，文化消费质量提升和文化消费结构优化、文化消费满意度提升。

文化消费是一个综合性的概念。人类的文化需求可以分为两个层面：第一个层面是精神层面的文化需求，包括阅读、欣赏演出、欣赏音乐等；第二个层面则是生活层面的文化需求包括人们衣食住行的方方面面。人们在进行文化消费的时候，消费的不仅是文化产品的物质载体，更多的是消费文化产品所带来的精神满足和愉悦。在我国迈入全面小康的新社会发展阶段之时，文化消费水平的衡量标准不能仅考虑文化消费的数量增长，还需要考虑文化消费质量、结构以及文化消费满意度的提升，这也对我国文化产业的发展提出了新的要求。

（二）文化消费提升与文化产业发展相互促进

1. 文化消费促进文化产业发展

与其他产品不同，文化产品具有物质和精神双重属性，而物质只是文化产品的载体，内容才是其别于一般物质产品的主要特性。消费者的文化产品消费和体验过程，消费但并不消耗文化内容，并且通过对内容的理解，可能赋予文化产品以其他新含义，乃至改变文化产品的形式和功能。此外，文化产品的生产过程也受到文化消费的影响。文化产品的生产过程存在初始成本高、规模报酬递增的特点，其生产和消费高度依赖生产者和消费者的自身素质，受社会文化环境影响较大。

不断创新的文化消费的出现，对文化产品的供给端产生刺激作用，通过促使供给端也就是文化产业进行转型升级，从而促使我国经济实现整体提升。

2. 文化产业发展刺激文化消费提升

基于文化产品物质性与精神性相统一的特殊属性，文化生产的过程也是一种创造的过程，包括了内容的创造、表达方式和表达形式的创造，因此，与一般产品和服务的生产过程不同，文化产品的生产过程可以与文化消费过程互相促进、提升。通过文化产业自身的升级换代，提供具有导向性、前沿性的文化产品，创造新的消费场景、提供更多消费选择，促使消费者产生新的文化消费需求，从而实现我国文化消费的升级。

（三）影响中国文化消费提升的因素分析

从消费环境来看，文化消费的发展一方面取决于居民的收入水平及消费意愿，另一方面也与文化产品供给密切相关。

1. 我国居民收入与文化消费意愿都有大幅度提升

从居民收入水平看，根据国家统计局数据，2019 年，我国人均 GNI（国民总收入）为 10410 美元，首次突破 1 万美元大关，高于中等偏上收入国家 9074 美元的平均水平；2019 年中国人均 GDP（国内生产总值）也突破 1 万美元。国际经验表明，一个国家或地区在人均 GDP 达到 3000～5000 美元发展阶段以后，就将步入"休闲时代"。人民的收入增长、生活水平提升的基础上，文化娱乐休闲消费已经成为普遍需求。统计数据显示，2019 年我国人均教育文化娱乐消费支出为 2513 元，增长 12.9%，占人均消费支出的比重达 11.7%。

同时，随着收入和生活水平的提高，我国城乡居民的文化消费意识有了较大增强。2013 年的调查数据显示，认为文化消费"很重要"和"重要"的消费者比例为 45.23%（中华人民共和国文化部，2013）；根据中国旅游研究院和上海创图公共文化和休闲联合实验室 2019 年在全国 31 个省市自治区开展的文化消费专项调查研究结果，在表达文化消费诉求的具体内容时，有 51.78% 的受访者认为"文化消费能提高人的生活质量和幸福感，比衣食住行更重要"，38.74% 的受访者认为"文化消费属于生活必需品，跟衣食住行一样重要"，文化生活正逐渐成为满足人们美好生活向往的重要支撑，人们的文化消费意愿逐步提高。

2. 文化产品供给存在结构性失衡问题

习近平总书记指出，我国文化供给已经不是缺不缺、够不够的问题，而是好不好、精不精的问题。我国的文化产业起步较晚，缺少具有国际影响力的文化品牌和文化企业，部分文化企业在生产过程中不注重文化产品内容质量，存在着粗制滥造现象。文化产业的生产结构与市场的需求结构出现的不适应现象，具体表现在低端文化产品供给过剩与中高端文化产品供给不足并存，文化产品供给有数量缺质量。当前我国文化消费市场存在结构性失衡，文化供给远落后于文化需求，因此，扩大文化消费应基于供给端创新。

二、文化消费提升对文化产品供给提出了全新的要求

（一）文化消费进入以精神消费为主的阶段，文化产品供给水平亟待提升

消费需求升级的规律表明，随着经济社会的发展和居民收入水平的提高，人

们的消费逐渐由以物质消费为主转向以精神文化消费为主，由以生存型消费为主转向以享受型和发展型消费为主。2016～2019年，我国全国居民恩格尔系数均低于30%，与一般发达国家的恩格尔系数持平，2018～2019年全国居民人均消费支出中服务性消费占比均超过41%。这些数据显示出我国居民的消费重点已经从生存性消费转向了发展型及享受型消费。服务性消费支出是指调查户用于本家庭生活方面的各种非商品性服务费用。

根据国家统计局公布的统计数据，我国居民消费观念进一步从"占有商品"向"享受服务"转变。2018年，全国居民人均服务性消费支出占居民消费支出的比重为44.2%，2019年居民人均服务性消费支出占比为45.9%。

在对文化产品的具体要求中，关于文化产品内容和产品的表现力是现阶段文化消费者对文化产品的主要诉求。在文化产品定价过程中，文化消费者已经开始摆脱只追求低价不重视内容的消费初始阶段，开始透过现象看本质，追求文化产品的内容，消费者开始通过衡量文化产品的内容价值来确定对文化产品的最终定价，"内容为王"的消费时代已经到来。

（二）线上消费模式兴起，给文化产品供给模式提出新要求

随着互联网尤其是移动互联网以及大数据、AI、5G等技术的发展和普及，人们的文化消费模式开始有了变化，再加上当今后疫情时代的社会环境变化，通过手机、电脑、可穿戴视听设备、游戏终端等新型方式进行文化消费的现象开始逐渐普及。线上与线下融合的消费方式也成为消费者的"新宠"，云直播、云旅游、云端音乐会、云端读书会等新型消费方式层出不穷。先进技术尤其是数字技术拓宽了消费者在进行文化消费过程中的消费场景和消费工具的选择、提升了消费者的消费体验感受。目前，我国的互联网等通信基础设施建设速度提升，通信成本大幅下降，为改善文化市场供需现状提供了强大的物质基础。

（三）文化消费需求呈现出多样化、个性化趋势，文化产品多样化需求加大

（1）个性化消费需求的出现。现在的文化消费，已经从原来的大众化向小众化、个性化转变，内容消费成为新时期文化消费的核心内容。小众文化、圈层、圈群文化等文化现象的出现，将文化消费推向个性化、潮流化和自主化。

（2）文化消费需求的多样化。与个性化相生相伴的另一个文化消费变化就是多样化的消费需求。随着网络的普及、收入水平的提高，在年龄、社会阶层、地理区域、文化水平、受教育程度等因素影响下的不同人群出现了不同的文化消费需求。消费分层需求、分群需求出现，这些对文化产品的供给提出了更高的要求。根据《2019中国文化产业发展指数和文化消费指数》统计，不同年龄群体当中，26～40岁居民是文化消费的主力；17岁以下居民的文化消费意愿指数最高；66岁以上居民的文化消费时间最长。

文化消费需求的个性化和多元化趋势使得消费者文化消费的表现形式也体现出新的特点，他们需要的不再是更多数量的文化产品，而是更多高质量的文化产品，兼顾趣味性、娱乐性与文化性，物质性与精神性并存。

（四）文化消费体验性需求上升，对文化产品的内涵型需求凸显

"体验消费本质上是一种新奇刺激性的消费，可以满足消费者心理和情感上追求陌生感、新鲜感和新奇感的体验需要。"

追求深度体验是现代文化消费的一大趋势，在个性化消费、自媒体普及背景下，消费者为了彰显与其他消费者在消费方式、消费能力以及消费感受中的差异化，在产品消费过程出体现出了深度体验需求，消费过程延伸、消费自主性提升、消费形式丰富、参与意愿与程度提升、消费体验表达方式增多。在中国旅游研究院和上海创图公共文化和休闲联合实验室的联合调研中，问到限制文化消费的原因中，有37.85%的受访者表示文化产品缺乏创意没有满足体验需求，23.41%的受访者表示文化体验设施不完备。这也体现了消费者在消费体验上的要求日益提高。

深度消费主要体现在以下三个方面：一是购买环节延伸，从购买之前的信息收集、对比，延伸到购买过程中的询问、尝试以及购买之后的体验与发布；购买方式多样化，线上线下融合购买趋势增强；二是注重产品消费的表达性和纪念性意义，拍照、打卡、发圈、发博、组群交流等形式伴随着消费体验需求的增加而日渐活跃。以青年消费者为代表的"晒"文化是这一趋势的典型代表：三是以自媒体为中介充分展现自我，并与他人共享生活体验和情绪感受的文化心理与文化行为，形成了当代青年亚文化的一个重要现象。

三、文化消费升级背景下的文化产业供给路径选择

后疫情时代消费环境产生了一系列变化，消费者对深度体验、全方位互动、线上消费、内容个性化等要求日益强烈，对于文化产品供给的精确性、品牌化、国际化等也提出了具体的要求。由于文化消费与文化产品之间的紧密联系和相互影响，在文化消费升级背景下，提高文化产品供给端的供给质量与效率对于更好地促进文化产业转型升级、提升消费者满意度和提高文化消费整体水平有着十分

重要的意义。

（一）利用 5G 等数字新技术，实现文化产品供给质量提升

面对文化消费升级的要求，文化产业必须要提升供给侧质量，加强文化产品供给的精准性，解决文化服务供需的结构性失衡问题。因此，要充分利用 5G、超高清、增强现实、虚拟现实、人工智能等新技术，大力发展数字文化产业，开发新一代沉浸式体验型文化消费内容。同时，通过促进业态融合，不断丰富文化消费新热点、新模式，推动居民文化消费升级。

充分利用大数据、云计算等新技术可以精确刻画并掌握消费者的消费需求，同时在文化产品内容选取、文化产品表现形式以及文化产品改进等方面可以发挥巨大作用。各种新技术还可以降低文化产品的供给成本，提高文化供给的精确性，创新文化产品供给方式，从而提升消费者对文化供给的满意度。与此同时，5G 网络和 5G 终端的应用，将有效保障沉浸式视听应用的流畅展现、实时交互，为文化消费者提供身临其境的沉浸式体验。

（二）大力促进文化制造业高质量发展

文化制造业的全面升级是提升文化产业供给质量的重要一环，通过文化制造业的高质量发展，实现第一产业与第二产业的整体转型升级，对于真正实现我国经济的整体转型与发展也有十分重要的意义和作用。

我国是传统的制造业大国，文化制造当中的文化用品及设备生产等产业在世界范围内具有一定的竞争优势。在后疫情时代的背景和条件下，我国可以充分利用当下新技术、新科技迭代的大好时机，抓住我国目前 5G 新基建的历史机遇，加大创新性投入、逐步推动我国的文化制造业从以文具、玩具等附加值较低的产业为主的发展现状逐渐向高端化、科技化的智能穿戴、放映设备、游戏设备等附加值较高的新兴产业为主的现代产业结构转化，进而推动我国从文化制造大国转向文化制造强国。此外，将更多的文创因子、文化资源引入文化制造业，为消费者提供文化含量更高的产品和服务，提高产品附加值，丰富文化产品的品质和内涵，促进结构优化和产业创新。

（三）提供多层次的文化产品供给

生产多层次的文化产品，满足不同消费群体的消费需求。个性化、多样化的文化消费需求的存在，给文化产品供给带来了挑战和机遇，这也是文化产品和服务的特殊性所在。针对不同的群体提供不同的文化产品，不仅可以增强文化产品供给的准确性，还可以减少文化产品的浪费现象，提高文化消费的满意度。如针

对老年人消费意愿强烈、消费时间较长、对价格较为敏感的特点，需要开发适合老年人消费的文化产品。生产者要深入分析消费者的真实需求，不断挖掘其潜在需求，针对不同的消费群体生产不同的产品，促使消费者进行消费。

（四）促进文化产业内容生产的品牌化

目前我国知名的文化品牌较为稀缺，我国在文化产业的内容生产等产业中的竞争力和西方发达国家相比还有较大差距，在今后的文化产业发展中，必须要重视差异化竞争，打好中国牌、讲好中国故事显得尤为重要。

首先，将文化内容生产与建设有影响力的文化品牌高度结合。促进文化产业内部不同子产业间的相互融合，将品牌建设融进全产业过程，鼓励文化制造业与内容创意、旅游、演艺会展等行业的深度融合，将内容生产贯穿于文化产业内部，产生更多 IP 化、品牌化产品及衍生品。

其次，鼓励文化产业与其他产业的联合，尤其是促进文化产业与数字经济、实体经济之间的合作，通过与其他产业的横向联合，不断提升文化品牌的内涵、质量与影响力。如故宫与不同行业品牌进行的跨界品牌合作，丰富了文化产品的载体与表现形式，扩大了故宫品牌的影响力。

最后，还可以充分利用各个地区不同的文化资源、地缘禀赋、新型信息技术和区域文化政策制度，提高自有文化 IP 内容生产比重、加大自主文化品牌建设与推广，创新文化产品生产与销售形式，最终实现文化产业与文化消费共同提升。

参考文献

[1] 耿达，饶蕊．新时代中国文化消费发展的结构特征与优化路径［J］．图书馆，2020（6）：1-9．

[2] 河北省文化厅课题组．群众文化需求和基本文化权益研究（上）［J］．大众文化，2014（7）：1-2．

[3] 李涛．供给经济学视角下文化消费问题论要［N］．光明日报，2014-01-20（11）．

[4] 林峰．《新时代我国文化消费的变化趋势及未来发展》［J］．新经济，2020（10）：57-59．

[5] 毛中根等．中国文化消费提升研究［M］．北京：科学出版社，2018．

[6] 彭翊．中国文化消费指数报告2016［M］．北京：人民出版社，2016：2．

[7] 王习胜．美好生活的文化需要：新时代文化建设的基本观点［J］．中

国特色社会主义研究，2018（3）：90 – 94.

[8] 詹君恒. 文化产品的生产和消费特征研究 [J]. 中国市场，2020（22）：132 – 133.

[9] 张恩碧. 试论体验消费的内涵和对象 [J]. 消费经济，2006，（6）：84.

[10] 朱静雯，郑琪，方爱华. 5G 背景下文化产业的创新发展探析 [J]. 出版广角，2020（6）：14 – 17.

夜间经济的文化经济学分析

甄伟锋　刘建萍

摘要：夜间经济作为夜间休闲活动的经济化，从最早简单的物物交换，发展到今天成为以文化消费为主的新业态。在新时代，随着人们物质生活水平的提高，夜间经济逐渐成为新的经济增长点而不断壮大，发挥着推动区域经济发展的重要引擎作用，甚至成为城市繁荣与否的重要指标。历史上，夜间经济与文化存在一定的联系，当代夜间经济则与文化创意则有着更为密切的联系，通过创意设计形成的新场景、新业态、新体验，丰富和增加了人们夜间消费的文化服务内涵与品质，使其在满足人们休闲娱乐的同时，提供更高品质的消费场景与体验服务。随着我国小康社会的建成，人们的精神文化需求会进一步增加，这对夜间经济提出了新的要求，文化创意将不断丰富和提升夜间经济的消费形式与业态，创意设计也将助力夜间文化，形成具有差异化的地方夜间经济品牌。梳理夜间经济成功的经验，对夜间经济的文化经济学元素进行分析，有助于更好地打造特色鲜明的夜间经济。

关键词：夜间经济；文化经济；融合；创新

从古至今，夜间经济从单纯满足人们的物物交换的形式，发展到以满足消费者休闲娱乐需求为主，这个过程中，文化元素始终贯穿其间并发挥着越来越重要的作用。随着人们物质生活水平的不断提高，消费者更加注重精神产品消费以及物质消费中的文化体验，而夜间经济丰富多彩的休闲娱乐业，因其体现了多样化的文化形态而成为新的经济和文化增长点。从文化经济学入手，对夜间经济的特征、功能、内在发展逻辑等进行分析，将有助于促进夜间经济的提效增质，为我国夜间经济走上高质量发展道路提供参考。

一、夜间经济：历史与背景

（一）概念界定

夜间经济（Night–time Economy）是 20 世纪 70 年代英国为了改善中心城区的夜间空巢问题提出的一个经济学概念。夜间经济是相对于昼间经济而言的，一般是指傍晚 6 点到第二天清晨 6 点间的线上线下消费活动，目的是使消费业态在场景和时间方面获得进一步延伸，促进居民消费，拉动经济增长，提升城市品位。

夜间经济的实质是夜间休闲活动的经济化，在一定程度上反映了一个地区商品经济的发展程度。与日常的经济活动相比，夜间经济在需求类型、产品的形态及消费模式等方面都具有鲜明的特征。在需求类型方面，夜间经济可以满足公众情感联络和个人身心放松的需求；在产品形态方面，更多地突出"夜间"特色，以休闲娱乐类产品为主；在消费模式方面，夜间消费更加注重体验，"慢消费"逐渐成主流，与白天的"快节奏"形成鲜明的对比。

夜间经济的发展一直具有浓厚的文化经济印记，文化生产力的水平决定着夜间经济的繁荣程度。周炳琳认为："离开文化的研究，很难深入研究经济。"文化作为一种非正式制度，对在其影响下的人的行为模式和行为选择能够产生潜移默化的巨大影响。文化一方面影响消费者对休闲娱乐产品的价值判断，另一方面又是在一个特定时空中休闲娱乐产品形式和特征的内在规定性。因此，文化是休闲娱乐业的精神内核，休闲娱乐业是文化的价值外化。目前学术界主要从两个方面对文化经济的内涵进行了凝练和概括。其一，从部门经济的角度来定义文化经济，认为文化经济是一个新的经济部门，它是在工业经济、农业经济、商业经济之后的又一个新的经济部门。这个部门包括文化生产，文化流通和文化消费。其二，认为文化经济学是把经济学的范畴、分析方法和分析技术引入对文化现象的分析中，进而形成的具有显著交叉性的理论体系。

在夜间经济理论研究方面，欧美国家的研究起步较早，成果也比较丰硕。西方学者研究比较多元，运用多种学科探讨了夜间经济的发展及治理。夜间经济与文化的研究也是从欧美开启，这些学者大都赞同良好的夜间公共文化服务设施及能力会极大地促进当地夜间经济的发展。欧美学者也对夜间经济带来的暴力文化等不良文化进行了批判。在夜间经济的空间设计方面，学者们提出将城市地域文化与历史相融合。

近年来,夜间经济与文化的融合研究正在成为我国学者关注的热点,当下夜间经济不同于以往以餐饮为主的夜市,休闲与文化旅游相结合的多场景正在成为夜间经济主流。学者们从不同视角对夜间经济的文化经济现象进行了分析。著名文化学者、河北省文史研究馆馆员梁勇认为夜间经济消费品位正在进入文化审美层次,公众的消费从简单的商品需求转向审美、情感等精神需求。同时夜间经济文化消费的增长也是经济快速发展、居民收入迅速增加的必然结果,年轻人生活方式的转变也刺激着夜间经济的文化消费。深厚的文化底蕴是各地发展夜间经济的有力支撑,各地夜间经济要充分挖掘物质文化遗产和非物质文化遗产,传承文化的同时塑造差异化的夜间经济品牌。

(二) 不同时代夜间经济差异与特征

夜间经济在我国出现和存在已经有数千年的历史,满足社会公众商品需求、情感联络和个人身心放松需求的社会功能一以贯之。其在为商品交换提供更多可能性的同时,也起着文化传承的作用。不同时期,夜间经济的发展与变迁表征着文化的演进与嬗变。在农耕时期和工业化时期两个人类历史发展阶段,夜间经济呈现出不同的特征。

第一,农耕时代夜间经济的特征。在农耕时期,夜市是我国夜间经济的典型代表。农耕时期的夜市主要有两种:一种是定点定时举办的夜市,另一种是重要节日夜市。农耕时期的夜市突破了城市商业交易时间的限制,定点定时夜市方便了商品交易,夜市也带有浓厚的文化经济色彩,除了直接的书籍、字画等文化产品销售,民俗、戏曲、曲艺等文化形式也成为夜市的重要组成部分。杜牧《泊秦淮》的名句"商女不知亡国恨,隔江犹唱后庭花"也从侧面反映出娱乐文化在当时夜市中已经相当普遍。

农耕时代的夜间经济具有鲜明的时代特征:其一,夜间经济的时间和地点被严格控制,整体规模相对较小。当时的统治者为了更好地对社会经济活动进行控制,对夜间经济展开的时间和地点进行了严格的控制,极大地限制了夜间经济的发展。其二,向社会大众提供的商品的种类相对比较单一,消费群体较为狭窄。农耕时期,自给自足的自然经济形态占统治地位,手工业和商业发展受到较大的限制,消费者选择范围较小。其消费群体主要包括社会权力所有者、社会财富所有者及其关联者,而占人口比例最大的普通劳动者并没有时间、资金和精力参与到夜间经济中。其三,夜间经济区域特征明显。在农耕时期,受统治者社会管理的需要及交通工具的限制,普通社会公众的跨地域流动限制较大,区域之间公众交流较少,夜间经济主要满足和适应当地社会公众的需要,在交流受限的条件下，夜间经济的区域性特征明显。

农耕时代的夜市作为夜间经济的早期形态，受当时生产力水平限制，从早期王公贵族夜间娱乐带来的休闲消费发展到普通民众夜间的文化产品消费，都具有很深的文化经济印记。以文化娱乐为代表的夜市，如书籍、戏曲、曲艺等直接为夜市带来文化收入的同时也延续了传统文化，另外文人墨客以夜市为题材的作品有很多成为文化传承的典范，直接转化为文化产品。以夜间游玩为代表的风景名胜及民俗夜市更是直接满足民众的精神文化需求，有力地带动了文化经济的发展。总的来说农耕时期夜间经济的文化经济还只是停留在文化的物理形态方面，在文化与经济的利益互嵌及生产方式创新层面存在不足。

第二，工业化时代夜间经济的特征。随着工业化程度的不断加深，社会结构发生了重大变化。工业化极大地促进了生产力的发展，并带动了城镇化的快速发展。以商品交换为目的的商品经济逐渐取代了自给自足的自然经济；新的工业文明逐渐取代了农耕文化。伴随着这些重大变化，夜间经济也发生了巨大的变化。

工业化时期的夜间经济与农耕时期相比，具有以下特征：其一，夜间经济的规模快速扩大。工业化推动社会形态发生了根本改变，统治阶层的社会管理方式，社会运行机制都发生了根本变化。社会管理者对于夜间经济的时空限制大大地降低，极大地提升了夜间经济发展的自由度，在客观上促进了夜间经济基于商业逻辑优化区域时空布局，从而为夜间经济规模的迅速扩张提供了基础。工业化促进了生产力的快速提高，商品经济逐渐成为主流经济形态。因此，工业化时期的夜间经济的规模得以快速扩张。其二，随着工业生产效率的提高，夜间经济的商品迅速实现多样化，消费群体覆盖面也快速扩大。其三，区域间夜间经济趋同化趋势明显。随着交通和通信的便利化，区域间经济活动的关联程度日益提高。在市场竞争和经济利益的驱动下，不同区域间夜间经济相互借鉴、相互融合，趋同性趋势明显。其四，随着物质资料的不断增加，大众需求出现多元化，大众在初级需求得到满足的情况下，新的需求开始出现。休闲娱乐成为大众成长较快的需求，大众休闲娱乐需求的增长为夜间经济带来了新的增长点。

工业化时期夜间经济与文化经济已经呈现明显的"你中有我，我中有你"的局面。这一时期夜间经济获得快速发展一方面得益于工业革命带来的新技术，另一方面得益于公众消费能力的增长。新技术在夜间的运用提升了夜间的照明、催生了新的业态，文化经济的层次获得了进一步提升。在工业化的推动下文化经济的表现形态呈现多元化，夜间经济与文化经济开始深度融合，如以酒吧、舞厅经营为主要业态的夜间经济繁荣带来的"夜店文化"、以地方特色文化为基础的文化创意商品等。

（三）当代夜间经济的特点

当前全球经济进入后工业化时期，在互联网与信息化融合推进的背景下，"80后""90后"成为消费主力群体，"00后"开始释放消费潜力，我国当代夜间经济与农耕时代和工业化时代相比，呈现出了新的特点。

其一，文化成为夜间经济的核心元素。除了普通的夜间文化消费，文化元素已经渗透到夜间经济的每个环节。融入特色文化的夜间经济正在成为各个城市的名片，为这些城市带来了巨大的品牌价值。各地的文化夜市、夜游景区等不断涌现，夜间经济吸纳当地文化，发展成为特色鲜明的夜间文化，如西安"大唐不夜城"夜游项目、南京"夜泊秦淮"项目等。

其二，夜间经济业态多元。消费主力的迭代使夜间休闲娱乐需求发生了巨大的变化，这是促进多元化的主要推动力。随着互联网时代的到来，信息技术已经深深地嵌入人类生活和经济活动中，为夜间经济业态的变化提供了可能性。在消费需求多元化的刺激下，结合新的技术手段，多元业态成为夜间经济的常态。

其三，夜间经济场景融合。互联网时代，工作、休闲、生活场景逐渐融合，夜间经济也不断融合各种场景，为大众提供全方位的夜间消费体验。以万达广场为代表的商住娱为一体的综合性商业社区逐渐成为现代人的主要工作生活空间。而且在当下高节奏、强压力、碎片化的工作方式下，工作人群希望在办公和生活空间周边尽可能集成吃、住、行、游、娱、购、学、健等功能，以满足个人对社交、休闲、锻炼身体、知识提升等的需求。

其四，夜间文化产品专业品质不断提升。伴随着生活水平的不断提升，大众在消费时更看重高品质的硬件和服务，获得令人愉悦的消费体验，在舒适放松的环境中得到精神生活的提升，找到情绪出口。夜间经济在发展壮大过程不断提升专业品质，为公众提供高品质文化产品，满足公众夜间精神文化需求。

后工业化的显著特征就是服务业产值快速增长并超越工业和农业产值。后工业化时期夜间经济与文化经济的融合深度和广度获得了进一步加强。首先是技术层面，科学技术推动了生产力的发展，物质资料极大丰富，可以满足消费者的个性化需求；新技术也推动了文化经济的繁荣发展，文化经济成为新的经济增长点。其次是消费者层面，物质资料需求得到满足后，消费者精神需求与日俱增，文化消费需求旺盛；同时，消费主体消费习惯改变、消费需求多元化，年轻消费者夜间消费习惯养成。这些都促进了后工业化时期夜间经济文化产业的升级，带动了夜间文化经济的快速增长。

纵观不同时期夜间经济与文化的交融发展可知，夜间经济在发展过程中与文化经济的结合经历了从简单叠加到相互促进再到深度融合等不同阶段。农耕时期夜间经济与文化只是简单叠加，以满足简单文化产品需求为主，虽然有休闲娱乐元素，但还是以贵族消费为主体的高端消费，普通民众的文化消费相对较少。工业化时期夜间经济与文化相互促进，普通民众开始成为夜间经济文化消费的主力，夜间文化经济呈现大众化趋势，文化经济的类型开始多元化，夜间文化产品日益丰富。后工业化时期夜间经济与文化经济深度融合，夜间经济开始进行品牌化、差异化塑造，文化经济的重要性获得了空前提升，一批具有文化特色的夜间经济成为领导品牌，吸引了大量消费者去体验夜间文化，有力地促进了经济的发展。

二、夜间经济：要素、功能与文化表征

夜间经济是都市经济的重要组成部分，夜间经济不仅激发文化创造还在不断地刺激文化消费，文化为夜间经济的持续发展提供了不竭动力。夜间经济的繁荣离不开文化生产力的发展，夜间经济本身就是文化的一种价值体现，尤其是当前夜间经济在新业态、运营模式等各方面都呈现出明显的文化表征及文化功能。夜间经济在新场景、新模式、新生活等多层面展现出文化元素，同时文化经济创新也迎合了大众消费趋势，促进了夜间经济发展。

（一）新场景：空间塑造

场景（scene）最早是语言学上所说的镜头或情景，而我们当前所说的场景是人物活动及其活动背景共同构成的场面。场景理论最早由芝加哥学派的特里·克拉克（Terry Clark）提出，特里·克拉克不仅把人们的生活与休闲设施认为是场景，而且不同场景包含着不同的文化价值取向，而这些文化价值取向是人们文化消费的原动力。夜间经济通过文化引领、空间再现为消费者提供全新场景。夜间经济场景通过空间塑造进行景观叙事，艺术地再现某种消费者熟知的景观，吸引消费者注意力。夜间经济新场景充分满足了消费者对消费过程的享受、娱乐心理。夜间经济通过空间塑造引导消费、激发消费兴趣。夜间的灯光也为空间塑造提供了更多选择，不同色调的灯光可以让消费者产生强烈的心理暗示，更加容易促使消费者购买产品。

经济活动离不开特定场景，夜间经济场景会因为文化背景的差异而延伸出不同的含义。夜间经济的经营者普遍依据产品的特点、区域的历史传统和文化特色，打造夜间特色的空间场景，通过对经营场所的空间划分及其内外环境进行有针对性的设计，力图凸显出独特的价值品位和文化品格。夜间经济更加注重消费者之间的互动，在强化消费者互动中提高黏性，而空间塑造则是提高消费黏性的有效手段之一。此外，夜间经济的运营者在精准定位的同时，也十分注重消费者多样化的培育，为夜间文化产品提供了尽可能多的新场景。在市场竞争的激励下，夜间经济经营者普遍注重对消费者需求的把握和营销手段的多样化，目前夜间经济营销手段创新迭代速度不断加快，其多样性特征日益明显。夜间经济发展升级的另一个主要特征是品牌名称的规划、经营理念的设定、经营商品范围的选择日益苛刻，而夜间营销场景的塑造可以增加差异化，获取消费者的归属感和认同感，达到经营者与消费者之间的价值共鸣。

（二）新模式：体验至上

夜间经济利用夜间场景、新技术等打造不同的消费场景，给消费者带来全新体验，使消费者在互动中感知产品。随着产品的极大丰富，价格和包装已经不再是消费者识别产品的主要因素，体验正成为产品获胜的法宝。当前比较流行的消费行为模式——恩格尔模式认为，外界信息通过各种有形或者无形因素输入消费者的中枢控制系统，即外界信息对消费者大脑引起、发现、注意、理解、记忆与大脑存储的个人经验、评价标准、态度、个性等进行过滤加工，构成了信息处理程序，并在内心进行研究评估选择，对外部探索即选择评估，最终产生决策方案。在整个消费决策研究评估选择过程，消费者同样要受到环境因素，如环境、文化、社会阶层等影响。最后产生购买过程，并对购买的商品进行消费体验，得出满意与否的结论。此结论通过反馈又进入了中枢控制系统，形成信息与经验，影响未来的购买行为。这个过程本身也是消费者体验的过程，是消费者在外界信息刺激与存储信息对比过程中形成的最终决策过程。

随着商品高度同质化，商品科技含量日益提高，消费者基于经验已经很难分辨出产品质量的好坏。消费者的质量感知线索日益外化，体验成为消费者做出消费选择的主要依据。夜间经济体验核心是由人延伸到产品，更多的是为大众提供所需的产品，不断迎合消费者消费心理和情感需求。夜间的文创产品生产流程体验项目在增加消费者体验的同时也强化了消费者对品牌的认知，是产品营销推广的重要手段。文化产品尤其是公共文化产品如博物馆、图书馆等在夜间增加消费者的体验，可以有效地推动文化的传承和普及。

（三）新生活：方式变迁

随着时间的推移，"80后""90后""00后"正在成长为消费的主力，这几代人又生活在物质资料极大丰富以及移动媒体快速发展的新时代，因而消费者的消费模式受技术革新的带动正在发生颠覆式的变革。新媒体时代，日用品、食品等生活必需品甚至一些文娱产品如电子书、影视作品等消费都可以在线上完成。线上消费充分释放了消费者的消费潜力，为消费者在夜间的休闲娱乐等方面提供了充足的时间。消费者生活方式的变迁不仅体现在衣食住行等产品需求方面，也体现在消费者消费理念、精神生活等方面深层次的变迁。而文化则是生活方式变迁的最重要驱动力，文化不仅创造了区域特色明显的人文景观，同时也造就了不同区域的差异化生活方式，这些生活方式又作为当地文化的重要表征，嵌入消费者脑海，比如慢节奏的成都、快节奏生活方式的北上广等。

商务部的数据显示，我国60%的消费活动发生在夜间，夜间已经成为居民最重要的消费时间。夜间经济本身就是根据居民生活方式的变迁而出现的，是对居民精神文化生活需要的迎合。夜间经济活力的保持必须不断改变并引导消费者的生活方式。文化就是生活方式，特定的文化产生特定的生活方式，夜间经济对居民生活方式的引导离不开文化的引导。夜间经济首先改变的是居民白天消费的生活方式，培养居民夜间消费的习惯。其次夜间经济也通过文化产品丰富着居民的夜间生活，夜间的旅游、文艺演出等为居民提供多元化的夜间产品。

人们对美好生活的向往尤其是精神生活的向往是不断向前推进的，会随着时间的变化而产生新的需求。夜间经济作为精神产品供给的重要时段，不断创新文化表现形式，开创新的消费场景，让人们在新的消费场景中体验美好生活，满足人们日益增长的精神需求，如深度开发具有文化特色的夜间旅游、增加消费者参与的文娱项目等，这些都在改变着人们的生活方式，为夜间文化经济注入新的活力。

三、夜间经济的商业逻辑与内涵提升

当下夜间经济已经成为城市文化的重要符号，代表着城市经济发展水平。越来越多的城市开始出台支持政策，着力发展夜间经济，打造夜间经济品牌。随着大量夜间经济被开发也使得夜间经济同质化越来越严重，而文化则成为夜间经济差异化的重要载体。特色鲜明的夜间经济离不开文化的支撑，同时当下消费者精神产品需求的增加，也要求夜间经济提供更加多元化的文化产品。夜间经济一方面提供多元化的文化产品满足消费者的精神需求，另一方面也不断创新，引导并激发消费者的夜间文化消费。在夜间经济发展繁荣的背后，文化经济则是夜间经济的"灵魂"，是提升夜间经济内涵的不二选择。

（一）夜间经济的商业逻辑

随着我国小康社会的建成，经济社会发展将跨入一个新的具有历史意义的阶段，人们的精神文化产品需求将会进一步增加，夜间经济将持续为人们提供多元化的文化产品。后小康时代夜间经济更离不开文化经济的支撑，传统文化的开发与保护将融入夜间经济之中。

夜间经济的实质是娱乐休闲活动的经济化、商业化。夜间经济得以发展的前提是消费文化的转变，消费者夜间闲暇时间转变为消遣消费时间。夜间经济具有明显的市场经济特征，市场经济是以商品交换为目的的经济形态，以市场为主要资源配置手段，利用价格机制进行资源配置。在市场经济的带动下，消费者闲暇的市场价值才能得到恰当的表达，消费者多样化的闲暇需求才能得到满足。

夜间经济的崛起离不开消费者闲暇时间的经济化、商业化。首先，智能化为人们带来诸多便利，使消费者由生存者变为生活者，消费者可以去品味夜间经济的不同文化。其次，新的消费文化兴起，改变了消费者原有的消费模式，夜间文化消费能力被激活。

夜间经济的发展也离不开大量的产品供给者。夜间经济除了政府政策扶持，大量的商业投资机会也吸引了不同行业不同领域的产品供给者加入夜间经济大军，不断拓展夜间经济的领域。另外，越来越多的创业者把自己的闲暇变成工作，在夜间经济中开创新的岗位，为夜间经济注入了新的活力。

首先，夜间经济要形成规模效益，聚集多元化的商业业态，方便消费者在同一地点的多元需求。除了传统的餐饮娱乐项目，夜间经济还要在旅游、健身、休闲等领域运用新技术开创新业态，为消费者提供多元产品，满足消费者个性化需求。其次，夜间经济的发展还必须有一系列的配套设施。夜间便利的交通是消费者出行的保证，要通过公交、地铁、网约车等方便消费者到夜间经济聚集区消费，为了促进夜间经济发展，可适当延长夜间公共交通的运营时间，方便居民夜间的出行。最后，良好的环境是夜间经济运行的必要条件，因此夜间经济还必须有合理的行政管理，夜间经济的安全、卫生、消防等都必须由行政管理机关来监督实施，制定合理规范的夜间经济管理法规，保障夜间经济持续平稳运营。

（二）夜间经济商业逻辑与文化创意关系

夜间经济是城镇化和城市经济高速发展的产物，夜间经济作为第三产业的重要组成部分，不仅是商业服务、休闲娱乐、购物消费等内容，更重要的是为大众提供大量精神文化消费品，因此夜间经济更符合文化创意产业发展的总体要求。夜间经济引导大众的夜间消费意识，积极培育夜间消费的市场。夜间经济不是简单的吃喝玩乐，而是一种文化体验与消费，文化创意是促进夜间经济发展的不竭动力。生产力性质的差异是夜间经济区别于工业经济的本质之一。夜间经济的品牌与内涵是由文化生产力的内涵所决定的，只有创造高水平的文化生产力，夜间经济才能成为领导品牌。

文化创意具有高文化价值和高经济价值。文化创意产业是文化的经济外化，夜间经济无处不在的文化特质都体现着文化创意。夜间经济的繁荣离不开文化支撑，只有充分发掘文化，大众的夜生活才能丰富多彩，夜间经济才能真正成为刺激消费、拉动经济的重要引擎。夜间经济作为消费者在夜晚闲暇时间的消费，是消费者品味生活的一种方式，同时也体现着消费文化的变迁。夜间经济借助文化创意发展出不同的夜间经济新业态，文化创意借助夜间经济获得了新的发展舞台。如承德的大型实景表演《鼎盛王朝·康熙大典》。该文创项目借助夜间独特的灯光，结合山水特色的夜间旅游，以舞台周边的山峦为背景，3000 个特效灯依次点亮整个山体，与舞台演出交相辉映，这种震撼的演出形式在白天很难呈现。

文化创意刺激并引导着消费者的夜间消费行为。从夜间经济的消费者角度来看，消费者的休闲娱乐形式和方式都受到了文化的影响。比如消费者对文化的需求蕴含在了夜间经济文化产品的需求中。另外，文化创意给夜间经济带来了丰富多彩的产品，不断改变着消费者的消费文化，引导着消费者夜间的文化消费行为。从 24 小时书店到夜间博物馆、图书馆等无不体现着文化经济对夜间经济业态的拓展。从夜间经济供给者角度来看，供给者从价值塑造、商品表现以及品牌规划等方面都注入了文化因素，发挥着文化创意的优势。夜间经济供给者通过文化创意激发消费者的新需求，拓展夜间经济的市场空间。

文化创意不断提升夜间经济的发展层次。夜间经济普及后面临的主要问题就是特色提升，文化创意可以创造新事物，丰富夜间经济。文化创意在夜间产品开发、特色提炼等方面具有无可替代的优势。文化创意结合历史文化内涵，有效利用新技术，培育出新的夜间经济业态，打造夜间经济品牌。

（三）设计文化：扮亮夜间经济的星空

设计是将用户对物品的功能需求和情感需求相结合的创作与创意活动，设计不仅要满足消费者的理性需求，更要满足消费者的感性需求。设计通过强化心灵和思想的感受，让消费者愉悦地去消费。设计文化就是要通过外在客观物体引起人的审美经验，诱发消费者的情感体验。夜间经济以人为本的设计，让消费体验更有深度，更容易促成消费。

设计是品质领先的保证，夜间经济不断强化设计的情感功能，通过独特的设计文化吸引人，展示与众不同的夜间经济场景。人们在进入夜间经济现场消费时首先感受到的是夜间经济的设计文化，如主题灯光、建筑群特色等。夜间经济与昼间经济的场景有着明显的差别，夜间经济的出色表现离不开城市夜间场景再设计带来的沉浸式体验，正是由于消费者沉浸于夜间场景的时间越来越长，消费的深度和广度才得到了进一步的延伸。特色鲜明的设计也是夜间经济提升的重要途径，夜间经济可以利用灯光设计、空间设计、产品设计等创造特色，强化夜间经济的品牌特征。

夜间经济的设计首先是夜间场景灯光设计，夜间经济最大的亮点就是"灯光 + 文创"，灯光设计是精神与物质的交融，也是文化的体现。社会民俗、人文历史等都已经渗透到夜间灯光的设计中去，另外灯光跟人文景观融合，使人文景观在夜间焕发独特魅力。"设计 + 科技"也加速了夜间文化的升级，新兴技术跟灯光的结合，创造出独特的景观，为公众带来独特的文化体验。比如西安华清池，以文化创意为核心，结合灯光设计、舞台设计给游客带来了白天无法享受到的视觉盛宴。

夜间经济场景的设计还包括建筑空间设计，如建筑空间再设计、建筑文化遗产保护、基础设施智能建造等。公众夜间消费是以体验为主的消费，消费者更加注重情感体验，融入特色文化的空间设计会引起消费者的情感共鸣，让人流连忘返。建筑布局是空间文化的典型代表，我国不同地区形成了地域特色鲜明的建筑文化，各地夜间经济因地制宜，挖掘地域文化鲜明的建筑，这些建筑可以成为夜间经济的重要品牌资产，比如，特色鲜明的徽派建筑、以乔家大院为代表的晋商建筑等。夜间经济在空间设计方面对历史文化的保护和传承也是塑造夜间经济品牌的重要手段。

夜间经济的设计文化还包含了产品设计，尤其是夜间经济的文化产品设计。文化产品是一种承载了特定功能和意义的特殊商品，其设计首先应考虑它的文化性功能。夜间的文艺演出、非遗互动体验等都可以增加消费者消费体验，满足消费者精神文化需求。如桂林的《印象·刘三姐》、杭州的《宋城千古情》等，这些文创产品都是以自然景观为基础的夜间文艺演出，真实的场景有效增强了观众的体验。故宫 IP 系列文创产品的开发也包含了夜间文化产品设计，故宫亮灯背后还带来了耳机、贴纸、纸扇等多元化的文创产品。

四、结语

夜间经济是经济繁荣发展的标志，文化经济则是夜间经济繁荣发展的标志。

虽然每个时期的夜间经济都离不开文化元素，但是当下夜间经济中的文化经济比重更大，文化创意产业对夜间经济的促进作用也更加明显。尤其是我国夜间经济正在经历数量扩张向质量提升的转型期，文化经济则成为夜间经济质量提升的重要保障。我国全面建成小康社会后消费者从物质消费转向精神消费，也对夜间经济提出了更高的要求，夜间经济在吸纳特色文化的同时必须不断创意设计出更加多元化的文化产品。夜间经济要迎合消费者消费文化的变化，在充分挖掘地域特色文化的同时，结合新科技、新技术不断创新夜间经济业态，推动夜间经济高质量发展，利用文化经济打造特色鲜明的夜间经济品牌。

参考文献

［1］Franco Bianchini. Night Cultures，Night Economies ［J］. Planning Practice & Research，1995，10（2）：121 – 126.

［2］Zombor Berezvai. Overtourism and the Night – time Economy：A Case Study of Budapest ［J］. International Journal of Tourism Cities，2019（5）：1 – 16.

［3］曹晓宁. 文旅融合背景下的夜游经济发展 ［J］. 人文天下，2019（5）：2 – 5.

［4］曹铮，刘萍，毛金灿. 文化提升夜经济品质 ［N］. 河北日报，2019 – 8 – 18（3）.

［5］樊树林. 提振"夜间经济"应注重挖掘文化内涵 ［N］. 中国旅游报，2020 – 06 – 09（3）.

［6］冯艺. 浅析区域经济发展中"文创灯光与夜游经济"的重要作用［J］. 财经界，2019（5）：102 – 103.

［7］李华瑞. 古代夜市，为何宋朝最兴盛 ［J］. 人民论坛，2019（28）：142 – 144.

［8］厉以宁. 文化经济学 ［M］. 北京：商务印书馆，2018.

［9］罗晓良. 互联网背景下工业与信息化的融合研究 ［J］. 中国新通信，2019，21（10）：233 – 234.

［10］潘虹. 明清时期中国城市夜市研究 ［D］. 广州：暨南大学，2013.

［11］沈铮杰. 发展夜间旅游应重视夜空资源开发 ［N］. 中国旅游报，2019 – 12 – 02（3）.

［12］苏锐. 发展夜间经济尤需关注文化消费 ［N］. 中国文化报，2019 – 08 – 14（5）.

［13］孙雪华. 消费者自组织信息扩散模式及过程控制方法研究 ［D］. 上海：上海大学，2017.

［14］王萍，李娟娟．双向互动：社会主义市场经济体制不断完善的内在逻辑［J］．广西社会科学，2020（5）：47－53.

［15］王婉婷．北京市文化创意产业与旅游业融合发展研究［J］．北京财贸职业学院学报，2020，36（4）：35－40.

［16］王晓红．文化消费点亮夜间经济．［EB/OL］．［2020－08－16］．http：//finance. people. com. cn/BIG5/n1/2020/0814/c1004－31821656. html.

［17］魏兆鸿．"点亮"夜经济助力消费市场"回血"［N］．巴彦淖尔日报（汉），2020－05－19（5）.

［18］文晓．七年磨一剑，打造旅游演艺市场的视听盛宴［N］．中国文化报，2017－06－19（4）.

［19］吴军．城市社会学研究前沿：场景理论述评［J］．社会学评论，2014，2（2）：90－95.

［20］武朵朵．文化经济思维视角下的古着服饰［J］．艺术科技，2015，28（6）：101.

［21］原蔚．突出地域文化特色［N］．山西日报，2020－07－29（6）.

［22］曾荣．城市夜经济发展的现状与对策［J］．人民论坛，2020（22）：74－75.

［23］张金花，吴敏．城市"夜经济"概述［J］．学理论，2014（30）：95－96.

［24］郑自立．文化与"夜经济"融合发展的价值意蕴与实现路径［J］．当代经济管理，2020，42（6）：57－62.

［25］中国日报．多地出台措施丰富"夜生活"夜间经济成消费新亮点．［EB/OL］．［2020－08－06］．https：//baijiahao. baidu. com/s？id＝16471550 7175 0095181&wfr＝spider&for＝pc.

［26］周文彰．中国需要确立文化经济的概念．［EB/OL］．［2020－08－06］．http：//www. ce. cn/culture/zt/zwzft/yw/201108/04/t20110804_1521164. shtml.

［27］朱君．清代成都夜市刍议［J］．乐山师范学院学报，2008（6）：72－74.

［28］宗传宏，刘佼．上海夜间经济发展的文化嵌入透析［J］．城市观察，2020（3）：134－140.

历史文化类特色小镇旅游产业生态系统的构建与演化

——以嵩口国家级特色小镇为例

景秀艳　方田红

摘要：借鉴自然界生态思想和组织生态学理论，阐述历史文化类特色小镇的旅游种群构成及其生态关系。其中，旅游种群分为消费、生产和调节、关联等种群，部分生产种群中的主导种群和核心种群可变异为复合种群；种群间生态关系主要为共生、共栖关系，同一种群可通过空间集聚、产品创新等由竞争关系转变为互利共生、共栖关系。以嵩口国家特色小镇为实证案例，研究发现：初期，文化基因保护、设施建设、创新创业平台构建、小镇营销等是旅游产业生态系统萌芽的基础，调节种群起关键作用。主题馆、美食、民宿、购品店等业态首先生长发育，消费种群多为周边地区休闲人群。中后期，种群密度不断提高，旅游综合体、新旅游吸引物等生产种群纷纷生长，吸引远距离旅游消费种群。旅游消费种群又进一步催生新物种或衍生物种集聚，进而旅游产业生态系统有可能突破特色小镇的空间局限，逐渐实现全域旅游。

关键词：历史文化；特色小镇；旅游产业；产业生态系统；嵩口

特色小镇一般指依赖某一特色产业和特色环境因素打造的具有明确产业定位、文化内涵、旅游特征和一定社区功能的块状综合开发体系。2016～2017年，我国住建部、国家发展改革委、财政部公布了二批共计403个中国特色小镇名单，其中文旅类小镇占比最大，超过60%。三部委计划到2020年，培育1000个左右的休闲旅游、商贸物流、现代制造、金融等产业特色小镇，并要求所有特色小镇推行"A级景区+小镇"管理体制，非旅游产业主导的特色小镇按照AAA级景区标准建设，旅游产业类特色小镇要按AAAAA级景区标准建设。特色小镇已成为学术界理论探索和实业界实践开发的热点。产业是特色小镇的核心，如何在小镇有限的空间内建设特色鲜明的产业体系，值得研究。

本文结合特色小镇的热点和旅游产业生态系统研究存在的空白点，借鉴生态学和种群组织生态学理论，关注特色小镇旅游产业种群及生态系统构建。由于特色小镇特色资源的多元性，本文着重探讨历史文化类特色小镇旅游产业生态系统，以期助力我国特色小镇尤其是旅游特色小镇的健康成长和可持续发展。

一、相关理论溯源与研究基础

（一）生态学及组织生态学

1935 年，英国生态学家坦斯利（Tansley）首次提出，生态系统是指一定地域内生物和环境形成的统一整体，由非生物成分和生物成分两部分构成，其中非生物环境包括无机物、有机物和气候状况，生物成分包括生产者、消费者以及分解者。种群是指占据特定空间的同种生物集合，不同种群间相互影响，相互制约，有规律地组合在一起，通过内部竞争和外部共存构成群落，群落与其周边的环境一起构成生态系统，群落是生态系统的核心。

以帕克（Park）和伯吉斯（Burgess）等为代表的芝加哥学派学者最早将生态学的原理与方法运用于人类社会问题研究。汉纳（Hannan）和弗里曼（Freeman）借鉴生态学的理论观点，综合新制度经济学和产业经济学等学科理论，研究组织个体的发展以及组织之间、组织与社会环境之间的相互关系，系统提出了组织种群生态理论（Population Ecology of Organizations），并集诸多学者相关研究创立了组织生态学（Organizational Ecology）。

（二）旅游产业生态系统的相关研究

章家恩（2005）认为，旅游产业生态系统是以旅游业为核心、由与旅游业相关联的其他服务业组成的复合生态系统。高大帅等（2009）认为，旅游产业生态系统是以价值链接、耦合共生和内外交换等作用机制为基础形成的，旅游产业组织、旅游者、旅游环境之间模仿自然界中生产者—消费者—分解者而形成的一种有机体。袁花（2009）提出，旅游产业生态系统是由旅游部门及相关产业、旅游者共同组成的复杂生态系统。关于旅游生态系统这一提法，安应民（2006）认为，旅游生态系统包括旅游服务行业、为旅游行业提供支撑的服务行业及为前两类企业提供支持的行业，包括政府机构、建筑业和制造业等；董洪涛、黄瑞鹏（2014）认为旅游生态系统是基于旅行全过程的完整产业链条下各个服务及价值提供者相互依赖的关系及环境。

部分国内外学者将组织种群生态理论应用于不同视角的研究，如彭惠军等（2006）从单体—种群—群落—系统等层次对岩溶天坑旅游整合开发进行了探讨。刘志敏（2007）借用生态学范畴里的"生态系统"概念，提出目的地营销生态系统作为一个"活着"的体系，存在着不同的群落，形成了旅游信息生成、传播、分享良性循环的生态机制。卡罗等（Carol etc.，2012）等采用生态系统理论对北加利福尼亚社区旅游企业家种群的创新氛围认知进行了分析。巴乔和基亚帕（Baggioa & Chiappab，2013）评价了旅游数字化生态系统对旅游系统结构的影响。何军等（2013）给出旅游景区电子商务生态系统的构成、演化、协调机制和评价指标体系框架。凌守兴（2013）采用生态学的理论与方法研究智慧旅游信息生态系统的构成要素与系统。余汝艺等（2013）尝试以物种入侵理论解读古村落社区中因旅游种群入侵而引发的空间社会秩序重组过程。

从上述文献研究视角看，国内外文献主要关注旅游产业系统的内涵和范畴，各主体间的关系及作用机制等，目前尚未检索到基于组织种群视角的旅游产业生态系统构建与演化等的专门研究。

（三）特色小镇产业生态相关研究

特色小镇的核心是打造特而强的产业生态（陈建忠，2016），围绕特色产业打造产业生态圈，是激活小镇经济的重中之重（林峰，2017）。易开刚、厉飞芹（2017）以浙江典型特色小镇为例，基于价值网络理论分析创新、融合、拓展对物理空间有限的特色小镇实现"小空间、大聚合"的意义。柴立立等（2018）利用旅游产业生态学原理探讨特色小镇产业化、生态化、信息化建设的要素和路径。尽管上述作者都强调从产业生态视角来构建特色小镇产业聚合体系的重要性，但未有专门的深入分析。

二、历史文化类特色小镇旅游产业生态系统的种群构成及其生态关系

（一）特色小镇旅游产业生态系统的种群构成

特色小镇旅游产业群落类似于自然界生态丛林，游客是特色小镇的消费者，类似自然界的"猎物"。"游"等以旅游吸引物为主体的主导种群和"食、住、

行、购、娱"等提供旅游服务的核心种群类似自然界的捕食者，承担生产者的角色。旅游调节种群类似自然界的分解者，承担优化旅游自然环境和社会环境的功能。此外，基于旅游产业的强关联性，与旅游相关联的产业组成旅游关联种群（见表1）。旅游主导种群、旅游核心种群、旅游消费种群、旅游关联种群甚至旅游调节种群等相互作用，协同进化，各个种群之间基于共生关系组成价值网络体系，形成旅游产业生态系统。

表1　旅游产业生态系统种群结构

种　群		功　能
旅游消费种群（游客）		旅游产品的消费者
旅游生产种群（旅游企业）	主导种群	各类旅游吸引物，包含景点、名品、美食等，吸引游客成行的决定因素
	核心种群	食、住、行、购、娱等服务
	复合种群	旅游综合体等
旅游关联种群（关联企业）		农业、工业、第三产业等
旅游调节种群（政府部门）		调节自然生态（环境污染治理与防范）
		调节社区治理（旅游安全监管）

1. 旅游消费种群

游客是旅游产品的最终消费者，因其所携带的货币成为旅游企业的"捕食对象"。与自然界不同，社会旅游需求旺盛，若旅游企业能提供其所需的旅游体验，游客乐意主动前往，成为其"心甘情愿的猎物"。旅游消费种群可依照年龄、性别、职业、收入、客源地、行为偏好等划分为不同的亚种群。

2. 旅游生产种群

根据旅游企业在整个产业生态系统中的作用，将生产种群划分为主导生产种群、核心生产种群和复合生产种群。

（1）主导生产种群——旅游吸引物。主导种群即为吸引游客前来的旅游吸引物集合体。根据特色小镇的产业特征，主导种群具有不同的内容。对于历史文化类特色小镇，特色民俗、传统文化、地方民居、小镇氛围、田野风光等均可成为吸引游客前来的因素。旅游主导生产种群决定着特色小镇产业生态的内涵和生命力。

（2）核心生产种群——旅游服务企业。占据"食、住、行、购、娱"等某一核心服务环节的企业物种构成产业生态系统的核心种群。特色小镇的休闲购物、休闲娱乐业、特色餐饮业优势突出，则可能在产业生态系统中由核心种群升级为吸引物主导种群。核心种群之间通过资源互补和客源共享结成紧密的合作网络，借助主导种群的吸引力，共同"捕获"游客，从旅游消费种群获利。

（3）复合生产种群——旅游综合体。复合生产种群涵盖"食、住、行、游、购、娱"等多个环节，甚至兼具旅游吸引物主导种群和核心生产种群属性，生态位较宽，功能更为强大。部分复合种群甚至拥有自身完善的营销网络，形成了闭合的生态环。历史文化类特色小镇和其他风景区相比，其美食、民居及其改建的民宿、特色商品店既有核心生产者属性，也有旅游吸引物等主导种群属性，成了复合生产种群。

3. 旅游关联种群——关联企业

旅游产业与关联产业相互支持、相互促进，产业结构不断得到升级优化。一方面，特色小镇的种植业、渔业、畜牧业、农副产品加工业、特色产品制造业等，是地方旅游业的支撑，直接影响着旅游种群的属性和特征。另一方面，由于旅游业的强关联性，旅游产业生态系统的构建和演化可能进一步推动旅游关联种群的升级转型，如关联种群部分环节与旅游观光业融合，可能成为旅游核心种群甚至旅游主导种群，如农副食品加工厂可转化成创意观光工厂、种植园可开发成休闲农庄等。

4. 旅游调节种群——旅游环境治理部门

旅游调节种群主要治理、优化和升级与旅游产业生态系统相关的环境，承担的功能包括生态环境治理、基础设施和公共服务设施建设、文化遗产修复和保护、景观氛围营造、双创和招商制度环境建设、小镇旅游安全管治、小镇品牌形象营造等内容，其功能类似自然界的分解者，对旅游产业生态系统的生长起支撑作用。

（二）历史文化类特色小镇旅游产业生态系统中主要种群的生态关系

特色小镇主要种群之间基于捕食、共栖、共生、竞争等生态关系建立联结，从而构建起旅游产业生态系统（见表2）。

表2　小镇 A 类旅游种群对 B 类旅游种群的作用关系

A＼B	吸引物	旅行社	交通	购物	娱乐	餐饮	住宿
吸引物	⋈◇	⋈	⋈	⋈	⋈	⋈	⋈
旅行社	▭	◇	▭	▭	▭	▭	▭
交通	▭	▭	◇	⋈	⋈	⋈	⋈
购物	▭	▭	○	◇	⋈	⋈	⋈
娱乐	▭	▭	○	○	◇	⋈	⋈
餐饮	▭	▭	○	○	○	◇	⋈
住宿	▭	▭	○	○	○	○	◇

注：互利共生 ⋈　竞争 ◇　偏利共生 ▭　共栖 ○

1. 生产种群对消费种群的捕食关系

特色小镇类似产业丛林，"食、住、行、游、购、娱"等旅游企业以特色小镇为共生环境，以游客为共同捕食对象，生产种群对旅游消费种群构成捕食关系。

2. 不同类型生产种群的共栖共生关系

与自然界不同，"食、住、行、游、购、娱"等生产种群相互之间尽管可能生态位重叠，但相互之间并不构成竞争关系。生产种群中主导种群和核心种群相互建立起以共栖共生关系为主的生态关系，通过占据旅游产业链的不同环节共同合作，"捕捉"旅游者带来的货币流。旅游吸引物和旅行社这两类生产种群在旅游企业中起重要作用，"食、住、行、购、娱"等类型的种群企业受益于主导种群的吸引力，与其结成偏利共生关系。旅行社既可分享其他种群吸引而来的游客，更可通过自身营销网络组织游客前来，从而与其他类型企业结成互利共生或偏利共生关系。

3. 同类生产种群的竞争或共生关系

竞争关系往往成为生态位重叠的同类旅游生产种群的主要关系，但若具备差异化特质，资源（游客市场）空间的分隔驱动，可使企业在不同的资源生态位成功运营，相互之间并不直接竞争，又可因多样化增加小镇吸引力，相互之间形成互利共生关系。此外，部分主导种群或核心种群由于空间集聚，也可能形成品牌效应，吸引更多游客，如小镇的特色餐饮一条街、特色工艺品一条街、特色民宿一条街等。因此，空间集聚形成的产业簇群可将竞争关系转变成互利共生关系。

三、历史文化类特色小镇旅游产业生态系统的构建及演化

旅游产业生态系统的构建经历旅游单个企业发育、种群和簇群生长、群落形成、系统演化等阶段，旅游产业生态系统在构建与演化阶段呈现出不同的特征（见图1）。

（一）历史文化类特色小镇产业生态系统构建与演化过程

1. 镇区旅游产业的生长发育

多数情况下，小镇发展初期镇政府作为旅游调节者发挥先导作用，承担历史

文化小镇的公共环境营造工作，包括遗产修复保护、基础设施和旅游服务设施建设等，并出台相关招商引资和创业激励政策，对外宣传，为旅游产业生长发育提供良好的生态环境。

本地小企业物种拥有稳定的生存资源（传统生产技艺、古民居产权、人脉），进入旅游行业具备突出的优势。外来旅游生产物种凭借对特定旅游市场需求的把握、小镇文脉的创意式开发、新媒体运营技术、创业优惠政策等进入该市场。生产者对美食、古民居、文物、特产、民俗等进行创意式开发利用，培育出特色美食、民宿等旅游物种。本地物种和外地物种凭借优势资源展开合作，可开发出根植性、创意性融合的生产种群，进而使得旅游产业生态开始生长发育。

2. 旅游产业生态系统的演化和扩散阶段

历史文化类特色小镇的旅游产业生态系统展示的生命力和强健性吸引了更多的旅游消费种群进入。随着政府营销、企业营销和口碑效应的显现，市场辐射力进一步提高，整个产业生态系统的市场竞争力提高，吸引了外地大的旅游生产物种关注，其中既包含了旅行社、住宿企业、餐饮类企业、旅游吸引物，也包含大型旅游综合体集团。在小镇空间有限的情况下，往往借助小镇的市场影响力，在周边资源和区位条件好的空间建设大型旅游综合体、乡村主题度假区、休闲村落等，发展出犹如簇簇蘑菇丛般的产业群落。

旅游生产种群不断完善，游客不断增加，部分旅行社也在小镇开设分社，捕食者和猎物不断增多，产业群落初步形成。与此同时，政府主导的旅游调节种群也不断发育成熟，进一步优化旅游产业成长环境，为旅游企业提供支撑服务的旅游关联产业也随之发展（见图1）。

（二）历史文化类特色小镇旅游产业生态系统构建与演化阶段的特征

1. 旅游产业生态系统构建初期的特征

从业态看，基于历史文化类特色小镇资源的约束性和乡土性，初期建立的旅游生产种群往往规模不大，主要根植于对小镇历史文化基因的挖掘和直观呈现。若与文化创意产业相结合，古建筑改造的主题博物馆、特色美食、特色购物、特色民宿等可变异升级为复合种群，甚至可能形成生态闭环，成为小规模的旅游综合体。但多数生产种群仅占据旅游产业链的某个节点，为专一型组织，生态位狭窄。

从业主看，多为本地业主。若旅游调节种群双创氛围营造成功，小镇双创平台优势突出，外地人才的加入将使得旅游产品在展示小镇风情之外，融入现代创意元素，给予消费种群新颖别致的旅游体验，形成良好的市场口碑效应。

从"捕猎"范围看，旅游产业生态系统初期的"猎物"主要为邻近地区的

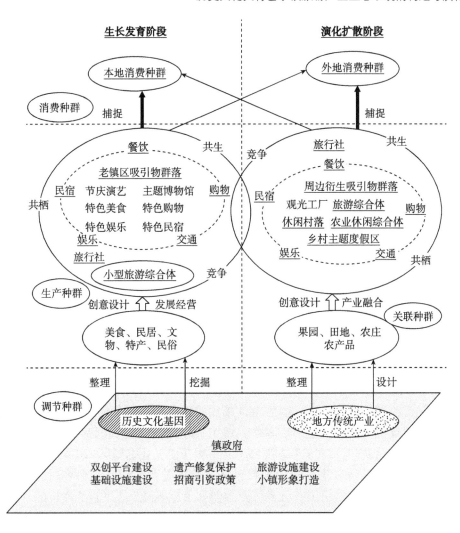

图1　历史文化类特色小镇旅游产业生态系统构建与演化示意

城市居民。若周边有等级高的旅游吸引物，如著名风景区等，也可借助其吸引力吸引远距离游客。近几年开始建设的特色小镇往往周边缺乏此优势，起步阶段主要为本地和周边都市的节假日游客，外地游客比例低，捕捉范围有限。

从生长空间看，受自然地物性状、小镇空间肌理、历史脉络等影响，生产种群尤其是吸引物主导种群首先在镇区核心地带生长，产业群落呈条带状沿街道或沿外围自然地物生长分布。

2. 旅游产业生态系统中后期演化阶段特征

从业态看，早期的中小生产种群经过竞争、合作、变异，进一步稳定成熟，外来企业尤其是旅游综合体企业的加入促使业态多元化。本地的部分旅游关联种群主动融入旅游产业,通过创意式产业融合,发展出如农业休闲综合体、观光工厂等多种创新旅游生产种群。

从业主来源看,外地实力雄厚的大公司就可能构建起一个群落,群落在保持乡土基因的同时还会叠加上自身母公司的烙印。

从"捕猎"范围看,以镇区为龙头品牌的整个镇域旅游产业生态系统提供的旅游体验更为多元化,对游客的捕捉能力和空间范围不断扩大,外地消费种群比重不断加大,抗风险能力和生命力不断提高。

从生长空间看,受小镇的保护要求和用地限制,衍生的产业群落多以小镇为中心,分布在周边区域,形成小镇核心区—小镇周边—全镇的旅游产业生态系统扩散态势,镇域层面的全域旅游由此展开。

四、国家级特色小镇——嵩口旅游产业生态系统的构建与演化

嵩口位于福建省永泰县,在明万历时已设立"嵩口司",因地处水路交通关口,为闽江流域的经济重镇。镇区内有成片的历史街区,其中有 60 多座珍贵的明清民居建筑群,拥有伬唱、虎尊拳、墟市、转鸡头文化及纸狮、糍粑、线面、竹篾等技艺文化遗产,2008 年,被评为"中国历史文化名镇"。2014 年以来,经过建设与发展,成为"第一批中国特色(休闲旅游)小镇、闽台乡村游示范基地、科技部星创天地、中国首批乡村旅游创客示范基地",开创了独特的"嵩口样本"式发展道路。目前,嵩口国家级特色小镇建设面积为 3.987 平方千米。

(一)旅游产业生态系统调节种群的建立与产业生态环境营造

2008 年,嵩口镇以获评中国历史文化名镇为契机,全面控制居民建房和改建行为,并在民间成立古民居管理理事会,官方和民间同时对文化遗产进行保护。2014 年,镇政府聘请台湾打开联合文化创意有限公司为小镇保护性修缮、景观提升进行总策划,推行"自然衣+历史魂+现代骨"的新旧共生共存模式,保护历史文化基因,为旅游吸引物主导生产种群孕育生长创造资源环境。2015 年,镇政府成立嵩口旅游投资有限公司,拟投资额 15 亿元,实施排水、排污、干道修复、街区绿化、搬迁安居、街巷整治、农贸市场整治、供电线路入地、消防管网布设等基础性工程,并开展旅游公厕改造、小镇客厅、小镇导览标识系

统、户外休闲游憩设施建设。投资公司还主导或参与建设一些公益类或平台类的旅游吸引物种群，如部分文物类古民居吸引物，文化公益类或平台类项目。2016年以来，镇政府出台优惠政策、奖扶措施，设立创业创新示范中心，建立小镇论坛、创客中心、嵩口商会，打造艺术家聚落、文创中心等服务平台，吸纳返乡青年、外来大学生等各类年轻群体来嵩口创业。镇政府依托传统媒介、网络平台持续推介、推广嵩口特色小镇旅游形象。

目前，嵩口的调节种群主要由镇政府及下属的各类管理机构、嵩口旅游投资有限公司、古民居管理理事会等机构组成，一系列举措为旅游产业发展营造了良好的生态环境。

（二）"嵩口样本式"旅游产业生态系统初建期的种群培育与成长

1. "嵩口样本式"旅游主导和核心生产种群的培育与成长

"古民居、传统技艺、传统美食、创意、创业"成为嵩口初期生产种群的生长和发育的核心要素。挖掘整合九重粿、水晶饼、线面、白酱油等地方特色风味食品制作业，以及木匠、竹编等传统手工技艺，从食、住、行、游、购、娱六环节重新创意设计、包装开发嵩口传统手工技艺。打造"古镇驿站""古码头客栈""松口气客栈""近水山居""打开嵩口文创概念店"等民宿8家。集客栈、农家乐、伴手礼研发中心、手工艺旅游服务培训中心于一体，对具有本土特色的九重粿制作工法及水晶饼、线面、白酱油制作工艺和木匠、竹编技艺等传统非物质文化进行挖掘整合，并遵照历史格局进行空间布局，目前嵩口镇区已初步形成直街伴手礼一条街、横街特色主题餐饮区、关帝庙街手工作坊观光一条街等产业簇群。文旅融合使得嵩口小镇旅游生产种群生机勃勃，"嵩口样本"备受赞誉。

2. 旅游消费种群的生长与发育

20世纪90年代，农家乐兴起，嵩口镇周边农村吸引了福州市民节假日前来体验农家乐，少量自驾游游客前往嵩口观赏古民居，镇中留守的少数老年居民从中发现商机，开始提供餐饮服务，销售自家生产的水果、李子及特色糕点。2008年嵩口被被列入"中国历史文化名镇"后，部分游客慕名前来，但由于基础设施和接待设施滞后，消费种群增长缓慢。2015年开始，经过整治、修复与开发，嵩口小镇面貌大为改观，旅游产业生态系统得以构建并逐步完善，嵩口旅游消费种群规模呈几何倍数增长。2015年下半年开始，游客数量激增，至2016年底，吸引游客25万人次，完成产值5亿元，增加税收1000万元。2017年吸引游客预计总数达35万人次，完成产值7亿元，增加税收1400万元。

从旅游消费种群结构看，绝大多数为近距离的福州市区居民，中远程市场主要为各类修学考察者和传媒从业者。从消费种群看，目前嵩口旅游生产种群捕捉范围较小,作为全国历史文化名镇、国家级休闲旅游特色小镇,旅游消费种群的结构和范围尚有很大提升空间。

3. 旅游关联生产种群的培育与成长

嵩口积极将文创融入农业生产,"嫁接"台湾的成功经验,研发出梅子酥、李子酥、鬼针草奶茶、鱼腥草奶茶等独具嵩口特色的旅游产品。基于竹编织传统技艺而建立的筷乐艺居工艺品店、林登炎竹器工艺品是农旅融合的代表性企业,但旅游业与地方支柱产业——农业融合的广度和深度仍有待加强。未来有必要通过农旅产业链多节点融合,增强旅游产业生态系统的强健性。

(三)嵩口未来旅游产业生态系统的扩散和演化

从目前旅游生产种群看,老镇区的旅游吸引物等主导种群仍为小镇餐饮、民间技艺、古民居等创意式开发项目,精致而富有内涵,但规模较小,对游客的捕捉能力和辐射范围有限,引入大型的主导种群或旅游综合体等复合种群对提升整个产业生态系统的竞争力十分重要。

受嵩口现有旅游产业种群所形成的旅游发展势头吸引,保利集团、福建省旅游投资集团、海峡出版发行集团等外来投资者开始纷纷入驻嵩口。保利集团将在嵩口镇区边缘布局集食、住、购、娱为一体的大型旅游综合体。多个投资集团在周边月洲村、大喜村、东坡村布局"诗意月洲"文创旅游度假项目、东坡休闲农业综合体、鹇来谷生态度假项目、鲜花谷蜜蜂小镇等综合项目。这些大型物种将直接丰富嵩口旅游生产种群的类型,提高对旅游消费种群的"捕食"范围和能力。

未来借助嵩口镇区旅游产业生态系统的带动力,实施以镇区为旅游接待和集散中心,带动周边成厚庄、下坂村,梧埕村、赤水村、月洲村、大喜村等数个村落五个旅游片区的发展,最终通过旅游物种的空间扩散,实现嵩口镇域的全域旅游发展。

五、结论

特色小镇作为一种产业发展空间,从生态环境、企业孕育与生长机理、企业间作用关系、产业分布与空间演化等方面,与自然环境生态系统存在诸多相似性。从生态学视角分析,借鉴组织生态学理论,可为旅游产业和特色小镇发展研究提供了一个新的思路。

政府作为调节种群，在文化基因保护、基础设施和公共旅游服务设施建设、创新创业平台构建、小镇营销、旅游环境治理等方面可为旅游生产种群和消费种群营造良好生态环境。特色小镇的旅游吸引物构成旅游产业生态系统的主导生产种群，提供"食、住、行、购、娱"等服务的企业为核心生产种群，生产种群可突破种群边界升级为复合型种群。

特色小镇种群间主要为互利共生、共栖等关系。同一生产种群企业间生态关系呈现多元化趋势，尽管生态位雷同的旅游企业存在竞争关系，但可通过空间集聚、构建专一型的产业簇群，吸引更多消费种群建立互利共生关系。此外，可通过多元化差别定位实现资源分隔，使生态位重叠的企业由竞争关系转变为共栖关系，提高整个小镇的空间产出效率和捕捉效率。

旅游产业生态系统发育初期，政府相关部门组成的旅游调节种群对生态环境营造起关键作用。小企业是生态系统构建初期的主要物种单元，旅游消费种群多为近距离的都市休闲人群。旅游产业生态系统发展中期，小镇旅游物种密度不断提高，大型旅游综合体、新旅游吸引物等生产种群纷纷进入，种群类型、规模不断增加，产业生态系统功能增强，对远距离旅游消费种群的吸引力增强。旅游产业生态系统发展到中后期，将突破小镇核心区类空间约束，向周边旅游优势乡村扩散，以小镇为中心的乡村旅游开始以点带面发展，特色旅游小镇在全域旅游中的增长极作用开始显现。

参考文献

[1] Carol Kline, Nancy Gard McGehee, Shona Paterson, Jerry Tsao. Using Ecological Systems Theory and Density of Acquaintance to Explore Resident Perception of Entrepreneurial Climate [J]. Journal of Travel Research, 2012, 52 (3): 294 – 309.

[2] Eugene P. Odum, Gary W. Barrett. 生态学基础 [M]. 陆健健等译. 北京：高等教育出版社, 2009: 261 – 30.

[3] Hannan M T, Freeman J. The Population Ecology of Organizations [J]. American Journal of Sociology, 1977, 82 (5): 929 – 964.

[4] Hannan M T, Freeman J. 组织生态学 [M]. 彭璧玉，李熙译. 北京：科学出版社, 2014: 5 – 24.

[5] Park R E, Burgess E W, Introduction to the Science of Sociology: Including an Index to Basic Sociological Concepts [M]. Chicago: University of Chicago Press, 1970: 120 – 158.

[6] Rodolfo Baggioa, Giacomo Del Chiappab. Tourism Destinations as Digital Business Ecosystems [C]. Innsbruck (Austria): Accepted for Publication in the Pro-

ceedings of：ENTER：20th International Conference on Information Technology and Travel & Tourism，2013.

［7］Tansley A G. The Use and Abuse of Vegetational Concepts and Terms ［J］. Ecology，1935，16（3）：284－307，299.

［8］安应民．论旅游产业生态管理系统的构建［J］．旅游科学，2006（1）：1－7.

［9］柴立立，王殿茹，赵竞．旅游产业生态学视域下的河北省特色小镇生态系统建设路径［J］．产业与科技论坛，2018，17（17）：18－20.

［10］陈建忠．特色小镇建设重在打造特色产业生态［J］．浙江经济，2016（13）：9－10.

［11］董洪涛，黄瑞鹏．传统旅游业态与现代旅游生态系统之对比分析［N］．中国旅游报，2014－07－07（11）.

［12］高大帅，明庆忠，李庆雷．旅游产业生态化研究［J］．资源开发与市场，2009，25（9）：848－850.

［13］何军，刘晓云，汪怡．基于价值链的旅游景区电子商务生态系统研究［J］．科技和产业，2013，13（01）：38－42.

［14］林峰．特色小镇的"生命力"之产业的选择、培育与导入［J］．中国房地产，2017（8）：20－23.

［15］凌守兴．智慧旅游应用中的信息生态系统构建［J］．求索，2013（11）：38－40.

［16］刘志敏．旅游目的地营销生态系统构建初探［N］．中国旅游报，2007－12－14（7）.

［17］彭惠军，李晓琴，朱创业．组织生态学视角下的岩溶天坑旅游整合开发研究——以乐业大石围天坑群为例［J］．生态经济，2006（4）：106－109.

［18］易开刚，厉飞芹．基于价值网络理论的旅游空间开发机理与模式研究——以浙江省特色小镇为例［J］．商业经济与管理，2017（2）：80－87.

［19］余汝艺，梁留科，李德明，朱红兵，朱生东．旅游种群的入侵、继替与古村落空间秩序重组研究——以徽州古村落宏村为例［J］．经济地理，2013，33（8）：165－170.

［20］袁花，明庆忠，吕利军．循环经济视角下的旅游产业生态化研究［J］．环境科学与管理，2009，34（11）：161－163＋180.

［21］章家恩．旅游生态学［M］．北京：化学工业出版社，2005：212.

福州传统工艺美术的困局和发展策略

何　敏（女）

福州地处闽中，在漫长的社会发展和民间生活中，这里发展起丰富的传统工艺美术，如寿山石雕、脱胎漆器、软木画、藤编、草编、铁艺、木雕等。这些传统工艺品一度与福州民众的日常生活紧密相连，随后行销海外，是地方经济的重要内容。时至今日，传统工艺美术经济产值和出口贸易值仍在福州产业经济中有较高占比。此外，工艺美术的多种技艺和文化被列入国家、省市各级非物质文化遗产，其中寿山石雕、脱胎漆艺、软木画是国家级非物质文化遗产，成为城市文脉的重要传承。但随着社会现代化进程的加速，福州传统工艺美术越来越多地表现出与现代生活的隔膜，艰难应对着工业生产、市场经济竞争带来的种种冲击，诸多行业总体效益不佳，发展出现瓶颈。

一、困局

（一）现代消费市场的萎缩

工艺美术是指制作手工艺品的艺术，它产生于人们的实际生活要求，与物质生活密切相关，这也是其不同于其他艺术的一大特征。器用功能是传统手工艺品的核心功能之一。在手工艺品的制作和使用中，"由器入道"，它又被各阶层人们逐步加赋陈设、礼俗、赏玩、典藏等精神活动内容，形成另一核心功能：审美功能，正如马克思所指出的："工艺学会揭示出人对自然的能动关系、人的生活的直接生产过程，以及人的社会生活条件和由此产生的精神观念的直接生产过程。"传统农业经济下，手工艺品的这两大功能都能得到充分的发挥，器用构建了手工艺品广阔的市场需求，而审美则不断提升着手工艺的品质和价值。但是在现代社会里，工业化大生产导致生产模式、政治体制，文化观念和民众的生活形态都发生了层层转变。手工艺品材质单一、技艺繁复，手工效率低下，在日常生活中很容易被更质优价廉的工业品取代，导致其器用价值丧失。此外手工艺品的审美功能也逐步受限，它在造型、样式上仍以传统为主，创意设计保守，与现代审美存在差距，并且产品品类单一，现代市场接受范围较为有限。以福州漆艺为例，福州目前年产值千万上的漆艺企业多以脱胎佛像为主要产品；家装、漆器、漆画等产品销售多以海外市场为主，或对标特定消费群体，在国内大众消费市场中未能充分发挥产品和产业优势。

（二）传统生产模式的低效

传统手工艺在农业经济形态中形成了以家庭作坊为主体的小规模体量。20世纪中期，随着社会主义公有制的确立，在工艺美术行业也出现了以国有和集体经营为主体的规模型工厂和企业。但从 20 世纪 90 年代中期起，随着我国对外开放的进一步扩大和市场经济体制改革的不断深化，大批曾经辉煌一时的国营、集体工艺美术企业遭遇了前所未有的危机：传统产品销售不畅，新型产品开发缓慢，体制转型缺乏必要的市场经验，企业陷入经营困难的境地。随着国有大型企业的相继关停，传统工艺美术基本又重回传统的小作坊：生产主体主要以家庭作坊、个人工作室及小微型企业为主。小规模虽然符合传统手工艺最初的产业规则：小作坊和小企业"船小好掉头"，便于根据市场需求及时调整经营活动和规模；在技艺传承上继续保持口传身授模式，便于技法保护；手工艺人能较自由地发挥主体性，进行工艺创新和尝试。但是面对当下整个社会的工业生产背景，小体量容易导致生产和经营的因循守旧，缺乏技术和设备创新的资金投入，市场运作能力较弱，缺乏推广营销和品牌的建设能力，消费市场无法进一步扩大；就整个产业而言，缺乏引领型企业的带动和示范，技术创新能力弱，产业链条不完善，又会进一步降低市场竞争能力。

（三）人才流失和断层的限制

传统手工艺通常以"师傅带徒弟"模式或家庭传承进行艺人培养，在 20 世纪 80 年代，传统工艺美术产业规模大、效益好，也带动了更多人才培养的社会途径，高职院校、企业训练都培养过一批受过系统教育的手工艺人。但是随着 20 世纪 90 年代末起传统工艺美术规模企业的关闭，以及产业体量和产能的下降，人才培养的主要途径又回归传统。由于手工行业前景不明，工作苦、收入低，一般艺人自身已不愿从事原有工作；同时，由于小作坊的传统带徒模式所需时间长，方法单一，愿意了解和从事技艺的年轻人便更少了，造成人才流失流散现象严重，尤其是青年人才呈断层危机。如福州软木画行业，从鼎盛时期晋安区西园村整个村的村民 500 ~ 600 人从事软木画手工艺，发展到如今从业者不足百人，而且其中软木画大师和年轻手工艺人尤为稀少，人才缺失和结构失衡将直接造成软木画技艺的失传。

人才问题还突出表现在专业设计人才的缺乏。传统带徒模式讲究口传身授，师傅多注重手工技巧和个体经验的讲授，缺乏技艺的理论研究和阐释，更缺少提升学徒整体文化素养和艺术素养的教本内容，限制了手工艺人创新能力的培养和艺术内涵的表达。部分高职高校会结合地方需要，开设传统工艺专业或课程，但由于受到课堂时长和场地，甚至师资能力的制约，易偏于理论教学方式，缺少系统完整的工艺制作课程。因此，两种人才培养模式在"学"与"做"上各有不足，由此导致的传统手工艺设计、生产和研究的中高级人才的大量缺失，也使行业创新整体处于疲软状态。

（四）城市发展和行业集聚环境的破散

历史上，传统手工艺业一度会依据生产生活的需要和习惯，自发地形成行业集聚地。寿山石因"石出寿山，艺在鼓山"，在寿山、鼓山一代分别形成了原石和成品交易市场；漆艺行业主要分布在晋安、仓山等城区和闽侯、闽清近郊一带；软木画曾以其发源地晋安区西园村为中心。行业集聚会产生集聚效应和辐射效果，对整个行业规模的维持和扩大、资源共享、市场保有、生产协作和竞争都有积极意义。然而现代城市空间的规划和发展有时会打破行业集聚，使得已经小、弱的手工作坊因为"散"，更难以改变行业衰退趋势。木雕是福州代表性的传统手工艺之一，自清代起，在晋安象园村一带聚集了众多民间艺人，并产生象园、大阪、雁塔三大流派。1958 年，在象园王庄附近出现了福州第一木雕厂，也是福州第一家地方国营木雕厂。中国木雕界有着"中国木雕看福建，福建木雕看福州，福州木雕看象园"的说法。但是由于象园村的全面拆迁，木雕作坊或扩散到晋安、闽侯、长乐等区，或迁至外邑，象园木雕的行业品牌也就慢慢淡化了。

二、发展策略

要解决传统工艺美术发展的困局，实现传统产业的转型升级，需要协同行业、市场、政府三方力量，梳理好手工传统和工业生产，文化传统和现代审美、政策扶持和产业创新等诸多关系，重新激发产业发展的内生动力。

（一）重回初心，凝聚产业优势

在国民经济类别中，工艺美术原归口于工业制造业。20 世纪 90 年代，随着文化产业、创意产业在世界范围的勃兴，我国也开始了对"文化生产力"的确认，1993 年政府文化部门首次全面阐述了关于文化产业的政策性意见。工艺美术由于其制造经济产能性和文化消费性特征，成为一种中性产业。2000 年党的十五届五中全会将文化产业正式列入我国国民经济和社会发展战略的重要组成部分。在 2018 年国家统计局颁布的《文化及相关产业分类》中，02"内容创作生产"大类下，026 中类为"工艺美术制造"。综上，国家产业划分将"工艺美术制作"归口于 21 世纪最具活力的文化产业类别，是从政策面上指明，传统工艺美术的发展应该重回初心，重新以器用和审美功能融入现代日常生活场景，成为传统与现代对话的一种方式，成为人们文化精神消费的重要内容。

相较全国范围内工艺美术的普遍困局，福州传统工艺美术转型升级仍具有较好的产业基础。一是资源优势，包括自然资源、技艺资源和文化资源。例如寿山石是特产于福州晋安区北峰寿山及其周边地区的珍贵石料，属于国家地理标志产品。寿山石在 4000 多年前就被福州先民制成石头工具，后因"寿山贞珉""秀色可餐"，美石上被逐渐加赋了礼俗宗教、篆刻印石、皇家典藏等文化功能。寿山石文化由器入道，从器物审美到技艺工匠、民俗风情到皇家典故，具有非常丰厚的内涵和层次，同时在技艺上造就了门派纷呈、绚烂多姿的雕刻艺术。因此寿山石产业要打破原来单一的产品销售模式，以"文化"作为寿山石品牌新的增长点，充分挖掘和展示这些珍贵的文化审美元素，使"器""道"辉映，在现代生活中重入人们视野，显示其独特价值。二是产业配套和品牌优势。福州是全国工艺美术的重要产区，行业门类众多，不同行业在长期的共同发展中，相互渗透、融合和配套，形成上下游关联，并共同强化了闽派艺术的美学特征；行业内也基本形成供、产、销、研的完整链条，形成了一些较有影响力的区域品牌。产业规模虽以小体量为主，但是由于历史沉淀，福州拥有一批国家、省级工艺美术大师。大师工作室、大师品牌"小而精"为提高产能效益和人才培养提供了助益。

（二）设计营销，建立现代思维

传统工艺美术重返现代生活，提高与日常生活的关联度是产业转型的重要方向。首先在产品门类上，要逐步提升实用产品生产，利用新技术和手段，补足手工艺品材质单一、不便使用等短板，逐渐恢复其器用功能。其次要重视造型设计的现代创新，"文以物载"，设计出符合现代审美需求的新产品，使现代生活的新物象、新格调成为手工艺品内涵发展的方向。传统和现代相互融合和肯定，才能在真正意义上使传统得以延续，现代具有根基。最后要重视产业关联和跨界融合。软木画大师郑学智开发了与将水晶、有机玻璃等现代工艺材料相结合的新型软木画，解决了传统软木画怕水怕摔、不便携带等问题，成功将传统工艺品带入了当下时兴的旅游纪念品、时尚家居生活用品、文化办公用品等领域。因此提高传统工艺美术与旅游休闲、家居装潢、时尚服务、工业制造等产业关联度，有利于扩大手工艺品的呈现场域，增强产业活力。

现代市场形态已经从生产者市场转向消费者市场，传统工艺美术要建立"酒香更怕巷子深"新观念，除生产环节外，更向管理和营销环节要效益，从生产方式到商业模式上与现代市场接轨：增强产品营销中的传播意识、精品意识、品牌意识，甚至知识产权意识；积极利用数字科技和网络营销手段，搭建线上展示平台，畅通销售新渠道；积极申请博物馆、展览馆等公共文化资源，进行窗口展示和宣传，提高社会关注认知度。

（三）借力政策，抓准发展核心

福州市政府历来重视对地区传统工艺美术优势的保有和扶持，先后颁布了《福州市保护发展传统工艺美术实施意见》《福州市人民政府关于推进文化创意和设计服务与相关产业融合发展的实施意见》《福州市漆艺保护与产业发展规划》等，多以供给型政策，通过立法保护、税收减免、财政投入、人才土地优待来引导、协调传统工艺美术在市场中的困境。这些政策适时为一些濒临失传的技艺和衰落的行业提供了直接的"输血"，也形成了产业发展的优势环境。但是供给型政策也容易使产业形成政策依赖和惰性，失去市场竞争激发的动力。从长远来看，政府政策模式也将逐步转变为需求型政策，即通过需求侧的拉动刺激产业进行创新与生产，间接推动产业发展。这突出表现在政府的政策支持和投入将更多面对市场的需求侧，一方面将直接的注资生产扶持，转变为对产业发展中急需的平台搭建，如基础设施平台、人才引进与交流平台、信息流通平台、融资交易平台以及产品质量标准平台等，以优化产业发展环境；另一方面，则致力于对包括传统工艺美术在内的整个文化消费市场的建设，通过各类型的文化市场开发、传统文化传播、大众消费群体培育等方式，引导文化消费需求，通过消费市场来拉动文化产业的发展。因此在借力政府政策时，传统产业要始终坚持自己在市场中的主体性位置，抓准决定发展的核心要素，借助政府力量协调工艺创新、人才培养、交易平台搭建，甚至文化金融、版权服务等难以依靠行业自身解决的问题，找到市场突围的新出口；同时，欢迎政策的及时雨，也不能回避只有参与市场竞争，依靠内生动力才是产业最终生存发展之道。

参考文献

［1］黄晶晶．1980 年代前后福州脱胎漆器发展历史的再思考［J］．艺术探索，2009（4）：25 – 27

［2］晋安旅游（搜狐号）．象园木雕的前世今生．［EB/OL］．（2017 – 09 – 06）．https：//www．sohu．com/a/190205365_482317.

［3］潘冬东．福州工艺美术产业发展的新常态．［J］福州党校学报，2016（2）：66 – 68.

［4］翁宜汐．传统手工艺作坊发轫与传承选择．［J］南京艺术学院学报，2019（6）：109 – 113.

大数据视域下福建省农村
文化产业发展战略研究

陈　欢

摘要： 大数据和文化产业的融合发展给福建省农村文化产业的创新拓展了空间。当前，可结合福建省农村文化产业已有的资源，突破制约其发展的瓶颈，在数字化赋能、文化价值延展、农村文化产品品牌升级、创新区域联动模式等方面加大力度，促进福建省农村文化产业的转型升级。

关键词： 大数据；农村文化产业；发展

大数据开启了新时代农村文化产业转型的序章，触达农村文化产品研发、设计、生产、运营、消费等各个领域。从理论研究的角度看，大数据条件下农村文化产业的变化发展要求我们不断深化对产业发展转型等理论问题的认识。从实践的角度来看，大数据浪潮对农村文化产业的冲击要求我们必须高度关注新的农村文化业态的出现，要求我们必须深入研究大数据应用对农村文化产业的改变，要求我们必须认真探究大数据条件下农村文化产业发展中面临的诸多理论和现实问题。研究大数据时代福建省农村文化产业发展的路径，可以为福建省农村文化产业的发展提供一种新的理论范式，为推动福建地区的文化建设提供有益借鉴，为推动农村文化软实力全面升级、促进农村地区全面进步和农民全面发展做出一定的贡献。

一、相关概念界定和梳理

大数据时代，科技条件和产业结构以及产业发展的内生动力都具有与以往不同的特征。研究大数据时代福建省农村文化产业的发展问题需要对大数据技术和数字化赋能、产业集群、农村文化产业等相关概念进行界定和界定。

（一）大数据概念

全球知名咨询公司麦肯锡提宣称"数据，已经渗透到当今每一个行业和业务职能领域，成为重要的生产因素。人们对于海量数据的挖掘和运用，预示着新一波生产率增长和消费者盈余浪潮的到来"。"大数据"通过海量的来源搜集数据形成庞大数据组，具有实时性、多元性的特征。维克托·迈尔—舍恩伯格及肯尼思·库克耶认为"当数据处理技术已经发生了翻天覆地的变化时，需要的是所有的数据，样本＝总体，不是随机样本，而是全体数据"。当然，大数据的核心在于为客户挖掘数据中蕴藏的价值，而不是软硬件的堆砌。在内容生产与运营和传播过程中，运用各种技术手段（信息采集、数据分析/挖掘等）搜集目标消费者和潜在消费者的数据，进行消费者情感识别，并从已有的数据中获得有价值的商业洞察，再将其用于指导实践。大数据技术、大数据科学、大数据思维、大数据资源、大数据平台等成为大数据时代的重要元素。

（二）数字化赋能文化产业

以5G技术、人工智能、云计算、互联网、物联网、区块链为代表的数字技术创新是大数据时代的重要表征，也是数字经济驱动下的文化产业的核心动力。王学琴和陈雅认为"数字文化产业是文化产业与现代信息技术、数字化技术相结合而形成的"，着重强调数字技术在文化产业中的应用，认为数字经济与文化产业深度融合将是大势所趋。熊澄宇等分析了世界各国数字文化产业的发展特征与趋势，指出数字化的文化产业变革已经在世界范围内展开，英美等先发国家有很多关于产业促进和数字治理方面的经验值得借鉴。数字化赋能文化产业，记录与保存原有文化资源的原貌和内容，利用科技手段进行文化内容数字化生产与数字化传播，挖掘文化产业独有的文化、经济和社会价值并加以呈现。利用数字化虚拟技术，可多角度、多领域开发文化资源，实现文化资源行业化分工、产业化生产、规模化经营以及批量化管理。

（三）产业集群释义

产业集群指的是某一行业内的竞争性企业以及与这些企业互动关联的合作企业、专业化供应商、服务供应商、相关产业厂商和相关机构聚集在某特定地域的现象。波特将产业集群定义为"是一组在地理上靠近的相互联系的公司和关联的机构，它们同处或相关于一个特定的产业领域，由于具有共性和互补性而联系在一起"。这一概念有三个方面的重要含义：首先，地理上的接近是产业集群的基本特征，产业集群指某个特定地域上的产业集群，从整体出发挖掘特定区域特色优势以适应竞争；其次，组成产业集群的企业、机构之间必须有相互之间的关联性，这种关联性可以是分工关系、依附关系、合作关系，甚至是竞争关系，产业集群汇聚融合相关的产业和企业，使有竞合关系的组织机构产生互动；最后，构成产业集群主体的企业可以是同质也可以是异质的，但它们作为一个集群整体参与市场竞争。

（四）农村文化产业特征

农村文化产业是农村人群长期生产生活、实践的结晶，是农村文化的源头和根基，是以文化资源为基础生产文化产品或提供文化服务以满足社会精神文化需要的行业门类的总称。它是农村地区的区域精神、区域情感、区域历史、区域个性、区域凝聚力与区域向心力的有机组成和重要表征，是国家、民族文化软实力的"基因库"之一。农村文化产业具有多种特征，其中的资源依赖性、地域性、群众性、乡土性等特征尤其明显。农村的文化资源是农民在日常生产生活当中逐渐积累并世世代代传承下来的原生态农村文化，为发展农村文化产业提供了丰富的原料。地域性指的是农村文化资源是每个地域独有的、别具特色的，是特定区域范围内的人们自然形成的生产方式和生活方式，表现为唯一性和自然生成性。群众性表现为广大农民群众在一定的生存环境中普遍存在的一种文化心态，是农民生活方式、心理结构和行为方式的集中反映，呈现出文化认同感。农村文化的乡土性体现出来的是不经过修饰和加工的淳朴的农耕文化，是乡土文化真实性的再现。

二、福建省农村文化产业发展的现实背景

农村文化产业的高质量发展离不开明确的政策导向和丰富的农村文化资源的支撑。现有的文化产业政策以及福建省的传统文化与农村文化资源、旅游资源发挥出影响力，为福建省农村文化产业的发展提供了政策支持和资源的保障。

（一）明确的政策导向

2017 年文化部印发的《文化部"十三五"时期文化产业发展规划》指出，"加快发展以文化创意内容为核心，依托数字技术进行创作、生产、传播和服务的数字文化产业，培育形成文化产业发展新亮点。提升动漫、游戏、创意设计、

网络文化等新兴文化产业发展水平，大力培育基于大数据、云计算、物联网、人工智能等新技术的新型文化业态，形成文化产业新的增长点"。在大数据浪潮的推动下，被列为"国家数字经济创新发展试验区"的福建省持续有效地提升"数字福建"建设水平，不断加快推动大数据与各个行业的深度融合，逐步推进农村地区的数字建设。福建省高度重视文化产业的发展，制定了《福建文化强省建设纲要》《福建省"十二五"文化改革发展专项规划》《推进文化创意和设计服务与相关产业融合发展的八条措施》《加快发展对外文化贸易的实施意见》等政策，为福建省农村文化产业的发展提供了政策支持。

（二）丰富的农村文化资源支撑

福建省位于欧亚大陆东南边缘，东临太平洋，地处中国东南沿海，与我国台湾隔海相望。福建省有 5000 多年的文明史，民俗乡土文化、农耕饮食文化和乡村民间工艺等农村文化产业资源十分丰富。包含厦门蔡氏漆线雕、武夷岩茶（大红袍）传统工艺技能及习俗、福州软木画、建阳建本雕版印刷、寿宁木拱廊桥、连城四堡雕版、德化瓷、福建土楼建筑、泉州李尧宝刻纸、安溪蓝印花布、和华安玉雕、将乐龙池古砚、福安银器以及福鼎饼花等手工技艺；十番音乐、疍民渔歌（又称疍民盘诗）、畲族山歌、安南伬、梨园戏、高甲戏、莆仙戏、芗剧、闽剧、福州评话等优美独特的传统音乐和地域特色鲜明的戏剧曲艺；福州拗九节、武夷山柴头会、莆田妈祖节、畲族乌饭节、樟湖蛇节等展现传统风情的节庆庙会；仁山拉线狮、永泰虎尊拳、福清宗鹤拳、长乐琴江台阁、自然门武术、永泰椽板龙、高湖舞龙灯、新厝车鼓舞、洪塘高跷、咏春拳、香店拳、八井拳、畲家拳等民间体育竞技活动；鱼丸、太平燕、佛跳墙、高炉光饼、顺昌灌蛋、建瓯东游芋饺、东平小胳、邵武游浆豆腐、顺昌畲族竹筒饭、沙县小吃等美食类非物质文化遗产。丰富的文化资源为福建省农村文化产业发展提供了强有力的支撑。

三、福建省农村文化产业发展现状

在"文旅融合"文化产业政策的积极引导和文化体制改革的大力推动下，福建省农村文化产业已经由探索、起步、培育的初级阶段，开始步入与旅游产业融合的快速发展的新时期。

（一）文旅融合项目繁荣发展

旅游是文化最大的市场，文化是旅游最好的资源。文化促进旅游特色化、品质化、效益化的发展，而旅游可提高文化的吸引力、竞争力与影响力。福建重点推进以农村文化旅游休闲集镇、特色旅游村、田园综合体、农村文化旅游精品示范点、农村民宿为核心内容的农村文化旅游项目建设，致力于推出一批创客基地和研学旅行示范基地，支持志愿者、艺术和科技工作者驻村帮扶、创业就业。

例如福建省福州市启动规划聚焦乡村的"避暑文化、海丝文化、寿山石文化"，构建提升鼓岭旅游度假区、寿山石国家矿山公园、琅岐国际幸福欢乐岛等文化旅游地。在鼓岭核心区、鼓山片区、恩顶片区、鹅鼻片区以及东部旅游休闲区植入包括创意休闲、文化体验、温泉康养、艺术休闲、度假旅居等度假功能；以寿山村落为中心，以"寿"文化及寿山石文化为内涵，整合提升改造中国寿山石馆及周边村居，开展寿山石采矿、加工过程观光活动，开发以寿文化为主的运动康体产品，构建寿山石主题旅游产业集群和产业集聚地；依托琅岐岛良好的滨海资源、气候资源、人文资源，引进国际国内知名品牌投资商和开发运营商，构筑以山水六旗小镇为核心的国际幸福欢乐旅游岛。

福建省屏南县有258个传统古村落，通过廊桥文化、武术文化、戏曲文化、民俗文化、甘国宝文化勾连起文化和旅游。这些传统古村和历史文化名镇名村是镌刻着经典民间文化生态、折射着乡土历史的活化石，无不体现着当地的传统文化、建筑艺术和人居空间格局，反映着村落与周边自然环境的和谐关系。屏南县还以文创赋能乡村旅游产业，突出各乡镇相异的资源禀赋，打造长桥镇万安桥文化休闲小镇、棠口镇药膳养生小镇、双溪镇文创旅游小镇、甘棠乡甘国宝文旅小镇、代溪镇黄酒休闲小镇、岭下乡田园小镇等风格迥异的文旅特色小镇，挖掘开发特色的旅游产品，形成以主要景区为中心、特色旅游小镇共同发展的格局。文旅融合项目成为推动福建省农村文化产业更有力量地走出去的重要捷径和载体。

（二）农村文化产业集聚

随着"文旅融合"政策的提出，福建省将农村文化产业与旅游产业联系起来，进行集聚式的发展。如福建省福州市依托古厝、农业园、生态园、休闲农庄等发展休闲农业项目，以琅岐绿丰农业观光园、福建春伦茉莉花茶文化创意产业园、茂丰休闲农庄为重要示范区，发展生态农业观光、农业科普教育、农业休闲等旅游项目。发展产业集群带，如滨海渔业休闲带、闽江滨水田园风光带、大樟溪乡村养生带；沿罗源湾、连江晓澳至黄岐、苔菉一线，长乐梅花、古槐至江田一线及福清湾，开发集渔业美食、渔业观光、渔业休闲度假等为一体的渔业休闲带；依托沿江特有的农业自然景观，丰富的历史人文景观，开发"亲水"休闲农业带；依托大樟溪串联沿线乡村景区景点，形成集生态休闲、山水温泉、康体养生、古镇文化、节事运动等功能于一体的山水度假养生带。打造乡村生活体验五大集群：包含一都镇、后溪村、大山村、牛宅村、南宵村、一都村的福清梦乡生活体验集群；包含嵩口镇、大洋镇、梧桐镇、葛岭镇、月洲村、春光村、洋门村、溪洋村的永泰山乡温泉康体集群；包含青口镇、白沙镇、大湖乡、鸿尾乡、福田村、三溪乡、山墩村、下炉村、后垅村、新壶村的闽侯—闽清文化古厝体验集群；包含中房镇、飞竹镇、霍口乡、福湖村、八井村、大洋村、南洋村、水口洋村的罗源畲乡民俗体验集群；包含长龙镇、透堡镇、小沧畲族乡、定海村、天竹村、坂顶村、梅洋村、莰南村、长门村、建庄村的连江泉乡田园养生集群。主要目的是通过文化产业和旅游产业区域集聚形成市场竞争优势，构建专业化生产要素优化集聚洼地，以降低物流成本与信息交流成本，形成集聚效应、外部效应以及区域规模效应与区域竞争力。

四、福建省农村文化产业发展存在的问题

经过多年的发展，福建省农村文化产业总体向好，但由于各方面因素的制约，在发展过程中尚存在一定的困难与问题。

（一）开发流程待改造

现阶段福建省农村文化产业的开发流程属于"漏斗"式开发流程。所谓的"漏斗"式开发流程指的是根据消费者需求驱动创新文化产品开发。特点是在开发流程前期阶段设置消费者参与环节，经过层层过滤筛选消费者需求信息后，把存留下来的意见和建议融入产品的设计中。在文化消费不断升级、文化消费能力不断提升、对文化价值的审美追求日益递增的大数据时代，消费者对文化产品的品质提出了更高的要求，单纯的"漏斗"式开发流程已不能满足消费者的真正需求。大数据时代要求用数字化思维来发展产业，数字化思维的典型特征之一是用无线连接、交互的网状结构体系来分析和解决问题。分布式与去中心化的特点决定了"漏斗式"需要转型升级为新型的"网络节点式"生产方式，表现为个性化设计、数字生产、数字化产业链、智能运营、精准营销等全流程开发模式。

（二）集群关系未理顺

建设文化产业基地是农村文化产业布局管理的重要内容，其目的在于通过产业集群效应引导更多的资金、技术、人才等资源流向集群区域，在产业基地内产生集聚和规模效应，形成完整的产业链。在强调产业的区位优势的基础上，实现产业的合理优化布局，才能促进文化产业的快速发展。目前福建省虽规划了农村文旅集聚地，但尚未能根据各地资源禀赋和农村文化产品及消费需求结构的差异，形成独具特色的农村文化产业集群，以增强区域竞争力。文化产业与智能技术的融合程度不高，产业融合存在一定的障碍，部分产业门类与其他产业门类间的关联度较低，产业的价值增值仍有提升空间。农村文化产业集群关联组织之间的关联关系相对较弱，未能根据独具特色的定位来有效推动全产业链主体在空间分布上的集聚从而组建产业集群。尤其是传统农村文化产业企业与技术企业的有效融合不足，运营平台和企业之间业务联系和合作不足，产业链的协作关系尚未理顺，制约了产业集群整合效应的发挥。在促进集群区域内相关企业的协调合作、发挥协同和关联效应、提升产业竞争力与产业链的价值增值能力方面存在着很大的进步空间。

（三）技术创新动力不足

大数据时代，文化产品和服务的生产、传播、消费数字化以及网络化转型升级速度加快。大数据重构了文化生态，互动共生的生产、运营和传播的生态系统影响着农村文化产业的转型与变革。与发达地区的数字文化产业发展相比，福建省农村文化产业在技术创新和应用上仍有很大的提升空间。对于福建省农村文化产业的可持续发展而言，数字化转型升级势在必行。福建拥有丰富的农村文化资源和深厚的文明积淀，但尚未深度转化为产品和服务优势，农村数字文化产品开发与运营能力的突破亟待实现。多领域、多产业、多区域融合发展的技术创新动力不足。用数字化技术引领福建省农村文化产业科技创新、驱动发展的规划也尚未完善。这些因素，直接影响了福建省农村文化产业的高质量发展。

五、大数据时代福建省农村文化产业发展战略

基于以上方面的分析，福建省可以在数字化赋能、文化价值延展、农村文化产品品牌升级、创新区域联动模式等方面加大力度，促进福建省农村文化产业的

转型升级。

（一）数字化赋能

文化产业进入了数字化发展阶段，数字化经济催生了文化产业新模式和新业态。文化产业数字化的转型带来了生产者与消费者、供需双方、企业组织与外部生态、产业与产业、线上与线下的破界融合。在数字技术与数字经济的影响下，文化产业在生产和营销环节出现新的趋势：文化生产方面，产品和服务趋向于以数字形式呈现，传统的文化业态融入数字手段，文化产品形态产生丰富裂变；在营销方面，产业资源向大企业集中，营销环节的商业路径趋向平台化，文化产业变现渠道趋向多元化。数字化技术将助推福建省农村文化产业转向与变革，将文化艺术由传统的小作坊式的生产模式转向产业化、规模化的生产方式。通过数字化赋能农村文化资源，可以形成新的消费点和经济增长点。

（二）文化价值延展

在全球文化数字化和媒介化转型的大数据环境中，科技加速了资源和要素的流动与整合。文化价值始终处于被建构的过程中，技术成为文化生产、消费的场景和中介，文化产生情感转向，传统文化身份维度重申。农村文化产业良性发展的根本在于结合审美规制和文化情怀，不但要成为社会主流价值观的传播载体，还要成为时代文化的引领，成为文化及其价值创新的源泉。因此，探索多元化的福建省农村文化产业商业模式，需要加强文化思维。文化是经济价值和社会价值的来源和载体，文化价值和产业价值协同发展，高质量的文化产业内容成为文化产品企业和运营平台的核心竞争力，重构的生产经营和传播方式才能使得文化产业的内容的价值拓展，更具增值能力。同时，需要政府、市场和社会力量的支持，加强文化的价值观的传播和引领。使得正向主流文化价值观成为文化创新和社会主流价值观传播的主导方式。

（三）产品品牌升级

大数据时代，农村文化品牌需要实现从文化产品生产主体管控到生产主体赋能，从专注领军人物的思维到尊重分布式的内容生产主体个性化创意的转向。运用大数据技术分析消费者需求打造农村文化产品的故事化 IP，令消费者产生心理上的亲近感和安全感以及更高的情感黏性，从而使农村文化产品更具亲和力和吸引力。运用大数据进行跨界合作，拓展多元化的场景，开发产品的衍生品并形成长尾效应。将文创设计与 3D 打印、VR、物联网、云计算、大数据、人工智能、区块链等新型技术融合，引导设计服务链条向高端综合设计服务和提供系统解决方案方向延伸，实现福建省农村文化产品品牌的升级。

（四）创新集群联动模式

大数据为农村文化产业的发展带来新的契机，大数据的精细化开发与整合、完善加工与利用影响了产业集群化发展的宏观决策以及集群内部各组织之间协同共生，使得文化产业集群化的规模优势大幅提升。因此，应充分认识大数据对福建省农村文化产业集群的积极影响和推动机理，更好地应用大数据技术工具，建设智能化数据采集系统和集群绩效评价指标体系，挖掘和规划更具发展潜力的文化产业集群，形成多元的文化市场主体。在集群化发展的过程中，需要提炼福建各农村地区文化产业的鲜明特色，规避产业集群存在同类产业领域的资源重复配置的现象。提升产业基地的基础设施、优惠政策以及内部运作机制配套等相关配套设施建设、健全组织内部的信息沟通与共享机制以实现有效沟通协作、增强产业的核心竞争力。

六、结语与展望

大数据时代，要用智能科技赋能文化产品，运用数字化技术保护和开发农村文化遗产，进行内容和科技的融合创新；同时，用数字媒体运营推广，提供沉浸式场景体验。要在政府、行业与企业三方的共同努力下，加强对福建省农村文化产业的建设与管理，通过整合农村文化产业资源、渠道和技术，实现协同效应和规模经济效应，从而实现福建省农村文化产业全方位的数字化转型与升级。

参考文献

［1］Michael E. Porter. The Competitive Advantage of Nation ［M］. New York：The Free Press，1990.

［2］Porter，M. On Competition ［M］. Boston：Harvard Business School Press，1998.

［3］麦肯锡全球研究院. 大数据：创新、竞争和生产力的下一个新领域 ［EB/OL］.（2014 – 05 – 04）［2020 – 07 – 05］. http：//wenku. baidu. com/view/2e494d6d9b6648d7c1c746a7. html.

［4］王学琴，陈雅. 国内外公共文化服务绩效评估比较研究 ［J］. 情报资料工作，2014（6）：89 – 94.

［5］维克托·迈尔—舍恩伯格，肯尼思·库克耶 大数据时代［M］．杭州：浙江人民出版社，2013.

［6］文化部关于印发《文化部"十三五"时期文化产业发展规划》的通知［EB/OL］．（2017－04－20）［2020－03－13］．https：//www. mct. gov. cn/whzx/ggtz/201704/t20170420_695671. htm.

［7］熊澄宇，张铮，孔少华．世界数字文化产业发展现状与趋势［M］．北京：清华大学出版社，2016.

文化创意产业园发展对策研究

何　敏

摘要： 随着文化创意产业不断发展，各地都在创建开办文化创意产业园，帮助文化创意产业更好、更快地发展壮大。福州市大力扶持文化创意产业园发展，出台了一系列支持政策。本文详细分析福州文化创意产业园发展的现状及面临的问题，梳理了文化创意产业园发展的三种模型，以期为全国其他城市文化创意产业园提供参考。

关键词： 文化创意产业园；对策；发展

党的十九届五中全会提出繁荣发展文化事业和文化产业，提高国家文化软实力，要促进满足人民文化需求和增强人民精神力量相统一，推进社会主义文化强国建设。要提高社会文明程度，提升公共文化服务水平，健全现代文化产业体系。

作为第三产业的文化创意产业获得了党中央的高度关注，势必带动文化产业的快速增长。各地政府在"十四五"规划中也大力扶持文化产业，在地方政府各种扶持政策的支持下各地文化创意产业园如雨后春笋般快速增长。

文化创意产业园作为承载文化创意产业的新型经济园区，国内各地区在园区建设的过程中不断摸索、创新，因为区域特色和经济发展水平不同使得各地园区建设发展呈现出不同的特点。文化创意产业园从诞生到当下经历了快速扩张的阶段。福建省近年来积极抓住文化大发展的有利时机，推动区域特色文化创意园区建设，建成了一系列特色鲜明、定位合理、成绩显著、入驻企业认可的文化创意产业园区。

福州作为福建省会、海峡西岸经济区中心城市，同时也是闽台文化交流的重要阵地，对外展示的理想窗口，早在十年前就开始了文化创意产业园的建设，经过十余年的发展，福州在建设文化创意产业园的过程也遇到了很多困难，但也总结了不少教训，积累了宝贵经验，可以为其他地方文化创意产业园建设提供参考借鉴。福州文化创意产业园建设中还特别注重发挥对台区位优势，努力将文化产业园建成海峡两岸文化交流的重要平台，促进闽台文化融合交流，进而促进两岸经济发展，促进祖国和平统一。

一、文化创意产业园现状

一般而言，文化创意产业园指的是城市中的一个特定区域，相关的文化产业企业能在该区域形成合理的产业链，互相促进，整合发展，能够为当地及周边消费者提供多种文化产品和服务。

我国文化创意产业园区的出现相对欧美国家稍晚一些，主要出现在经济比较发达的东部地区，如环渤海、长三角、珠三角等地区。中西部的成都、重庆、西安等城市文化创意产业园也发展较为迅速。各地在发展文化创意产业园时注重结合地方文化特色，命名方式上也存在着一定的差异，文化产业园、艺术园区、创意园等都被用作文化创意产业园的代称。这些园区一般由某些与文化产业相关的产业链组成的产业组合，形成人才和技术的聚集，通过上下游资源整合、密切合作来推动文化产业的整体发展。

文化创意产业园在风靡全国各地的同时，也出现了一些形式主义的倾向。文化创意产业园建设的初衷是为了推动文化创意产业集群，通过集群优势来带动文化产业发展。但是很多文化创意产业园并没有发挥文化创意产业集群优势，仅仅是将相关产业聚集到了特定的区域，产业链建设落后，影响了文化创意产业园的持续发展，甚至还存在"挂羊头卖狗肉"的现象，以文化创意产业园的名义立项，却在实际运营中偏离了规划、定位，有的成了只收租金的类地产项目。

二、福州文化创意产业园现状

福州作为福建省省会，是国务院批复的海西经济区中心城市之一，同时福州也是国家历史文化名城、中国船政文化、漆文化、寿山石文化发源地。尤其是近现代，福州培养了大量的历史文化名人，使得福州具有丰富的历史文化资源。福州在文化创意产业园建设过程中积极挖掘福州特色文化，注重发挥对台两岸融合交流优势，围绕动漫、美术、文创、旅游、影视、软件等多个领域，加强海峡两岸文化交流深度，促进闽台文化的发展，推动福州文化企业发展，更好地提供文化产品和文化服务。

早在 2010 年福州市政府就出台了《福州市加快文化创意产业发展的意见》（榕政综〔2010〕82 号）。2017 年 10 月，福州市政府又进一步调整了文化产业发展的支持政策，出台了《关于进一步加快福州市文化产业发展若干政策》（榕政综〔2017〕1833 号）文件。福州市财政每年划拨文化产业发展专项资金 1000 万元，并根据实际情况逐年递增，用于文化产业园区建设。

福州文化创意产业园在政策的支持下呈现快速增长势头，截至目前已建成多家产业园区，产业聚集初步形成。福州建设有福州动漫产业基地、闽台文创产业园区、福州海峡（红坊）创意产业园、福州海峡工业设计创意园等。这些园区有的与台湾的动漫行业联合生产动漫产品，提升福州在动漫行业的影响力；有的通过公共文化事业如博物馆、图书馆来加强与台湾的文创交流；也有吸引两岸工业设计产品研发的园区。福州市在发展文化创意产业园的过程中形成了以下特点：

（一）结合福州地域特色布局文创产业园

福州历史文化悠久，地处闽江河口盆地，三面环山，可利用的土地面积有限，因此福州在发展文化创意产业园的过程中构建了"一核两带四组团"产业格局。

为落实福州市文化产业融合发展的要求，促进文化科技资源的有效整合，按照集约、集聚原则，优化"一核两带四组团"的产业空间格局，实现产业组团和协同发展。

"一核"即文化科技核心区。充分整合利用园区产业资源、科研资源和土地资源，依托福州软件园在 5G 技术、云服务、物联网、软件开发、动漫游戏、数字出版、广告传媒和文化创意领域的优势，重点引入文化科技高端智库、文化科技龙头企业、文化科技创意企业，建设 VR 产业园、动漫创意园、文化科技产业园、文化科技综合体验馆、文化科技主题公园等项目，打造集技术研发、创意创新、创意展示、交流体验和文化技术产业化为一体的文化科技核心区，成为带动高新区及全市文化科技发展的技术创新中心、产业促进中心、创意设计中心、展示交流中心。

"两带"即形成闽江沿岸的"文创产业升级示范带"、以海西和两园为主的"文化科技融合支撑带"。

（1）闽江沿岸"文创产业升级示范带"。以闽江福州市段为轴线，保护性开发历史遗迹，弘扬当地的历史文化，加强老城区文化园区开发整合。重点保护福建马尾船政文化遗址群、福州三坊七巷历史文化街区等历史文化遗址，通过 VR/

AR 技术、3D 视觉、全息投影等先进的技术手段,打造船政文化音乐剧、三坊七巷历史展等文化体验项目。

(2)海西和两园"文化科技融合支撑带"。以海西和两园为主,依托当地文化科技领域的基础,加强产学研融合,通过提升研发实力,做强龙头企业,扶持创新性企业,重点发展 LED 显示、电子白板、智能机器人、3D 打印等文化科技装备产业,优先布局电子商务、文化科技应用、互联网文化金融等文化服务产业。

"四组团"即文化旅游组团、文化装备组团、文化设计展示组团、文化数字内容组团。结合开发区现有文化科技资源分布特点,利用现有基础,突出专业特色,加强资源整合,推动产业集聚,促进文化科技融合,形成文化科技产业发展的新局面。

(1)文化旅游组团。以闽江沿岸的马尾船政文化遗址群为核心,发挥马尾园物联网产业优势,创造性开发马尾船政文化,构建线上线下结合,集票务、餐饮、住宿、教育、娱乐、文化物联网、广告媒体为一体的旅游产业链条,打造特色鲜明的文创旅游景区。

(2)文化装备组团。以光速达、星网锐捷、锐达数码、国化智能等高科技企业为重点,形成由智能终端、智能家居、视频应用、智能机器人等项目组成的文化科技产业群落,打造具有国际影响力的文化装备组团。

(3)文化设计展示组团。以大榕树文化创意园、怡山文化创意园、海峡文化艺术中心、海峡国际会展中心为重点依托,大力发展文化娱乐、广告设计、文创设计、艺术品展览等业态,打造集设计展示于一体的文化科技聚集区。

(4)文化数字内容组团。以网龙、神话时代、火龙文化、海峡出版发行集团为中心,重点发展网络游戏、在线教育、文化出版、原创动漫等产业,建设形成海西最重要的文化数字内容原创和出版聚集地。

(二)实施一批文化和科技融合项目

推动科技文化融合体验项目建设。加快推进中国船政文化城、海峡非物质遗产生态园、海西动漫创意之都等重点文化产业项目建设,加强对重大项目的专项资金支持。利用网络化、信息化技术构建新型演艺文化传播服务平台。打造一批包括游戏厅、电影院、科技馆、博物馆、主题公园等在内的虚拟现实体验平台。培育一批工业设计、创意设计与服务制造行业技术开发研究基地,推动行业技术平台加大新技术、新工艺、新材料、新设备研发应用的力度。

(三)打造文化科技融合专业化载体

建设专业化众创空间。支持星网锐捷等科技文化龙头企业建设文化领域专业化众创空间，重点招引动漫游戏、电子商务、数字经济等项目。挖掘园区闲置厂房、商业办公设施等，建设文化创意园、文创产业园，拓展创业发展空间。

激发孵化器创新活力。鼓励福州大学、福州师范大学等高校，联合高新区专业化孵化器，围绕广告、绘画、视觉、动漫等领域，推动高校人才与项目落地高新区。支持博思创业园、摩天之星等专业化载体发展，在软件服务、文化创意、人工智能等领域加速项目孵化与企业成长。

（四）营造文化科技融合新氛围

加大对孵化载体建设的支持力度，鼓励文化科技龙头企业、高校院所等研究机构共同参与，围绕文化科技融合重点领域建设市场化运营、专业化发展的创业孵化载体，组织开展文化科技领域创业大赛和专题研讨会等活动，营造开放包容的文化科技融合创新创业氛围。

（1）积极探索孵化器市场化运营模式。发挥区属专业化孵化器运营管理公司的专业服务能力，为园区载体发展及服务提供高质保障。链接创业黑马等孵化器管理公司，开展全链条创业服务。通过租金、税收优惠，吸引优客工场、创新工场等市场化孵化器平台。

（2）加大对孵化器的资金支持。联合区内孵化器设立"文化科技孵化专项资金"，加强对文化科技企业的资金扶持力度，增加对文化科技类项目的吸引。通过高新区创业投资引导基金、福建海峡文化产业投资基金等与专业投资机构合作，开展"投资＋孵化"服务，引导对文化科技类初创企业进行投资。

（五）不断提升文化产业集群竞争力

提升文化创意产业基地产业集聚水平。鼓励各类文化创意产业基地聚焦产业发展方向搭建专业化公共服务平台，为基地企业提供资源对接、项目众包和技术成果交易等服务。支持福建海西国家广告产业园区（福州园）搭建园区众包服务平台，鼓励龙头企业将界面设计、市场调查等产业细分环节外包给园区内小微企业或项目团队，推动园区广告企业组团发展。加快动漫游戏产业基地建设，由基地牵头搭建动漫全产业链集成平台，整合企业技术创新需求发布动漫游戏产业基地需求清单，吸引创业团队围绕创新需求开展创新创业，形成良好的产业发展生态。

三、福州发展文化创意产业园的经验

福州市在发展文化创意产业园的过程中积累了宝贵的经验，这些可以作为各地发展文化产业园的借鉴。首先是政策的扶持，福州市审时度势，陆续出台支持文化产业发展的规章，从而从政策层面保证了文化产业的发展，为文化企业的投资提供了保障。其次是特色文化的挖掘，福州作为闽台交流的窗口，积极发掘对台交流的优势，吸引台湾优秀文创企业和人员来榕创业，提升福州的文化竞争力。最后，积极拓展文化产业的产业链，形成文化产业聚集效应。文化产业园的创建不仅是为了把相关企业聚集到一起，更重要的是这些企业要形成产业链，有效地降低文化企业的运营成本，提高企业的效率。福州市在发展文化产业园的过程中将文化产业进行分类，针对动漫、工业设计、广告等不同领域建设不同的文化产业园，充分发挥产业聚集的功能。

四、福州文化创意产业园发展模式

福州市在文化创意产业园建设过程中积累的宝贵经验，可以为全国其他地方文化创意产业园建设提供参考借鉴。同时全国各地文化创意产业园的蓬勃发展也积累了大量成功案例。文化创意产业园发展模式总体而言可以总结为政策导向型、特色定位型、产业聚集型三种类型。

（一）政策导向型

任何资本的流动都会倾向政策支持力度较大的地方，文化产业企业，尤其是规模大的处于行业领先地位的企业，具备头部效应、行业标准话语权，他们会考察不同地方政府的产业政策，稳定的营商环境、优惠的招商政策，能够影响其投资和发展的决策。特别是文化创意产业园建设投入大、周期长，很多风险不可预估，建设初期会存在很多的困难，地方政府的作为与否某种意义来讲可能决定生死存亡，因此地方政府在文化产业园区开办前后以及持续运营中都要做好政策支持，如简化办证环节、提供融资担保等。另外，政府还可以帮助文创企业与相关研究机构、科研院所建立沟通渠道，实现科研与文创转化的无缝对接。地方政府还可以采取针对文创企业的税收优惠政策，吸引更多的文创企业到当地创业。

（二）特色定位型

定位的概念最早由里斯和特劳特提出，被用于广告活动，本意是指通过广告对消费者心智的诉求，让产品或品牌在消费者心中形成一个特定的位置。当今定位不再是广告的专属概念，而是已经被广泛应用在各个领域，文创行业、文化产业园区建设可以利用定位来塑造特色，向大众展示特色鲜明的文创园。

近年来各地文化创意产业园不断开办运营，大量的文创园纷纷上马，但是在文创园建设过程中同质化倾向越来越明显。以福州为例，三环路以内的旧城区产业升级，旧厂房改造，为文化产业园区建设提供大量的物理载体，福州市政府也大力鼓励改造运营文化产业园区，但是很多园区由于定位不清晰，运营主体专业度不够，开办动机不纯，最终沦为餐饮园区，甚至倒闭的数量也不少。所以各地区在创办文化创意产业园时要进行明确定位，深入挖掘本地文化特色，有领军文化企业深度参与运营。每座城市都有自己的独特优势，而文化创意产业园建设就要发挥这些独特优势，做到与众不同。地域文化是其他地方无法模仿的，因此在文化产业发展过程中深入挖掘本地文化，不仅可以做到特色定位，还可以提升当地文化的能见度，持续吸引当地更多的人关注、体验、消费这些特色文化的产品和服务。

（三）产业聚集型

文化创意产业园区建设的目的并不是简单地将文创企业集中在一个园区一起办公，而是要形成产业聚集，有完整的产业链，能够在上下游形成联动互补机制，整合人力、财力、智力、物力等各种资源。文化创意产业园要发挥行业聚集的优势，通过行业聚集吸引各类人才、企业到产业园，降低文创企业的成本，提升文创企业的竞争力。文化创意产业园并不是仅有文创企业，还有其他的配套企业比如网络服务、制作企业等，这些上下游的企业可以降低文创企业的物流、办公成本。产业聚集还可以形成人才优势，进而可发挥文创人才的优势，使文创企业可以实现人力资源共享。

五、结语

国内多数地方文化创意产业园在发展过程中主要面临重复建设、政策扶持弱、特色不明确、定位不清晰等突出问题，福州的文创产业园建设为其他地方的文创园提供了参考和借鉴，也提供了值得吸取的教训，国内其他地方政府在学习借鉴福州文创园成功经验的过程中也要注重吸收精髓，避免盲目跟风，要结合本地特色，结合本地经济发展现实开展园区建设。

参考文献

[1] 黄丽华．以新区建设为契机深化文化产业合作［N］．中国社会科学

报，2018 - 08 - 15（6）.

　　[2] 聂菁."蜂巢1981"文化创意产业园投资风险管理研究 [D]. 福州：福州大学，2014.

　　[3] 潘冬东. 福州文化产业的融合发展创新 [J]. 福州党校学报，2016（3）：60 - 64.

　　[4] 王沩男. 福建茶文化创意产业园模式构建的研究 [D]. 福州：福建农林大学，2013.

　　[5] 王若伊. 福州文化创意产业集群发展的若干问题分析 [J]. 福州：福建广播电视大学学报，2012（5）：92 - 96.

文化旅游产业发展对策研究[①]

景秀艳

摘要： 在总结福州市"十三五"文化旅游产业发展成效的基础上，对未来福州文化旅游产业发展的优势、劣势、机遇和挑战进行了 SWOT 分析。结合福州的具体情况，提出福州文化产业发展的基本思路和未来努力方向，并提出如下发展对策：强化文化资源保护与旅游开发的工作督查；打造"闽都古厝、数字文化、海丝文化、温泉养生、乡村文化体验"品牌体系；支持旅游产业通过产业融合、科技和创意赋能开展创新；统筹建设人本化的旅游公共服务体系；加强旅游人才队伍建设等。

关键词： 福州市；文化旅游业；发展对策

一、福州市文化旅游产业发展取得的成效

"十三五"期间，福州市旅游业取得较大进步，旅游产业规模稳步增长，旅游产品供给和旅游企业实力进一步增加和提高。

（一）福州旅游产业规模持续扩大，产业地位不断提高

"十三五"期间，福州市旅游总收入不断扩大，年均增长率达 33% 以上；游客人数快速增长，境外游客数年均增长率达 15% 以上，国内游客年均增长率达到 21% 以上；国内游客数远远超出境外游客数，国内市场成为旅游产业主导市场（见图 1）。旅游产业已成为福州拉动内需、优化结构的重要产业，产业地位不断提高。

[①] 文中的旅游发展目标等数据引自《福州市全域旅游发展专项规划（2020—2025 年）》。

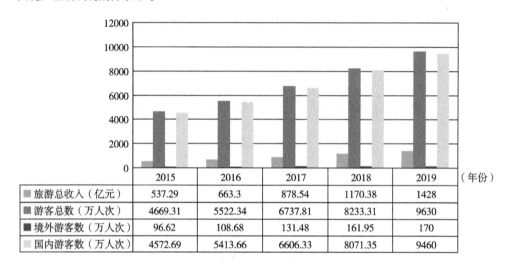

	2015	2016	2017	2018	2019	（年份）
■ 旅游总收入（亿元）	537.29	663.3	878.54	1170.38	1428	
■ 游客总数（万人次）	4669.31	5522.34	6737.81	8233.31	9630	
■ 境外游客数（万人次）	96.62	108.68	131.48	161.95	170	
□ 国内游客数（万人次）	4572.69	5413.66	6606.33	8071.35	9460	

图1　"十三五"期间福州市游客总量及旅游收入

（二）文化旅游产品结构进一步优化，行业持续发展

1. 文化旅游空间提质升级取得标志性成效

三坊七巷获评国家 AAAAA 级景区，实现 AAAAA 级景区零的突破。目前福州市各地区总计54家 A 级景区，其中 AA 级景区9家，占比为16%；AAA 级景区为30家，占比高达53%；AAAA 级景区14家，占比29%。AAAAA 级景区仅1家，占比2%。从空间分布看，鼓楼区4家，其中，三坊七巷为全市唯一的 AAAAA 级景区；晋安区数量达11家，数量最多，占比19.6%；福清市、长乐区次之，分别占比14.2%和12.5%。晋安区还拥有福州地区唯一的一家国家级旅游度假区。

"十三五"期间，福州市乡村旅游获得大发展，100 多个乡村经过建设发展，获得各种荣誉称号。其中，有 105 个乡村旅游特色村，12 个乡村旅游休闲集镇，11 个乡村旅游精品示范村，2 家三星级乡村旅游休闲集镇，6 家三星级乡村旅游特色村，3 个四星级旅游乡村集镇，5 家四星级乡村旅游特色村，3 家省级旅游金牌村。其中代表性的永泰月洲村获乡村旅游精品示范点、四星级乡村旅游村、省级金牌旅游村称号。

2. 文旅融合项目建设成效较显著

2018 年实施全域旅游三年行动计划以来，加快建设了一批文旅重点项目，实现总投资 490 亿元，欧乐堡海洋世界、水上乐园、福清永鸿文化城、瓷天下海丝精灵谷、佰翔海景酒店、坂顶文创休闲度假一期等 26 个文旅项目陆续建成开业。永泰县嵩口镇综合文化站等 3 个单位入选国家级文旅功能融合试点。涌现出一批文旅融合优秀作品，福州伬艺《血色鸡角弄》入选文旅部"百年百项"小型作品创作计划重点扶持作品项目；非遗主题微电影《囍》获"第八届亚洲微电影艺术节"优秀旅游作品奖。新购"闽江之星"号高端旅游船，提高闽江夜游运力规模，为游客提供多样化、个性化服务；达明路美食街、台江上下杭历史文化街区等成为"夜福州"旅游品牌。2019 年，福州市成功创建第三批国家公共文化服务体系示范区。2020 年福州获"全国夜间经济 20 强城市"称号，并成功入选第一批国家文化和旅游消费试点城市名单。目前全市已建成 5 个国家级文化产业园、2 个国家级文化产业示范基地、19 个省级文化产业示范基地、8 家市级文化产业示范基地。博物馆 28 家，美术馆 9 家，图书馆 16 家，文化馆 14 家，演出场所 11 家；影院 62 家，高品质步行街 15 条，其中国家示范步行街 1 条，文体商旅综合体 29 个。

随着文旅融合项目的不断丰富，走马观花、看山看水看古厝的单一旅游消费模式得到较为明显改变。文化旅游产业已成为城乡统筹发展、现代服务业提质升级的重要路径和关键产业之一。

（三）文化旅游企业结构进一步优化，行业持续发展

1. 旅行社业结构进一步优化

根据 2018 年第四次经济普查数据，目前福州市各地区总计 222 家旅行社，其中鼓楼区旅行社达 80 家，占比 36%；台江区 38 家与晋安区 32 家占比分别为 17%、14%；福州市的六个辖区旅行社为 185 家，占比 83%。总体呈现出相对密集、集中性高的现状。

就企业性质而言，多达 216 家旅行社属于民营企业，国有企业仅 6 家，占比不到 3%。从注册资本看，注册资本在 501~1000 万元的旅行社数量最多，占比达 37%；注册资本在 51~100 万元的旅行社有 47 家，占 21%。

从经营业务看，开展境内与入境旅游业务的旅行社有 184 家，占比 83%；在开展境内与入境旅游业务基础上，开展出境旅游业务的旅行社仅有 38 家，占比 17%。

随着携程（福建）国际旅行社有限公司、众信旅游集团股份有限公司福建分公司、同程国际旅行社有限公司福州分公司的成立，本地旅游新媒体企业如小丑鱼、亨享旅游、票付通公司等的涌现，福州市旅行社业快速融入了"互联网＋"旅游时代潮流。

2. 住宿业态发展呈现多元化格局

福州市现有五星级饭店 8 家、四星级饭店 21 家、三星级饭店 11 家。但近年新开业的中庚集团、泰禾集团、梅园集团等高档饭店实际上未参与评星,高档饭店规模数远超过统计数字。此外,主题酒店、民宿等适应现代人群文化消费需求的住宿接待设施发展迅猛,松口气客栈、岭里沐里成为福州住宿业网红代表。

3. 文化会展业获突破性增长

福州会议及展览业共有 344 家,其中规上企业 20 家,规下企业 324 家。"十三五"期间,会展经济获得稳步发展,2018 年举办国家级展会 9 个,展览总面积达 113 万平方米,获中国十大影响力会展城市。2019 年全市全年举办展会活动超 500 场,展会规模突破 130 万平方米。已培育出 5·18、6·18、中国数字峰会等品牌展会。会展业提升了福州的城市影响力。

4. 文化旅游公共设施取得阶段性成效

2015~2019 年,福州旅游公厕建设取得显著成效,已建成 A 级公厕 82 座,AA 级 100 座,AAA 级 79 座,2020 年计划新建旅游公厕 48 座。旅游景区和乡村旅游建设中,全市各类景区旅游导览设施、停车场等旅游服务设施建设也卓有成效。

5. 智慧旅游建设取得阶段性成效

福州是全国首批智慧旅游试点城市,福州致力于智慧景区建设及智慧旅游公共服务设施建设,通过福州欣欣旅游网、福州旅游集散中心、永泰旅游集散客运中心、永泰旅游线上综合服务平台、青云山旅游休闲驿站等一系列线上线下平台的建设,福州旅游公共服务能力得到显著提升。

6. 文化旅游资源修复保护工作成效显著

"十三五"期间,投入巨额资金和人力对三坊七巷、朱紫坊、上下杭、烟台山等历史文化街区古建筑进行修复与建设,加快完善基础设施、公共服务设施和旅游商品购物点配套设施建设。其他县区的古厝保护和开发也正有序开展。

二、未来福建文化旅游产业发展的 SWOT 分析

(一) 优势 (Strengths)

1. 对台区位优越,榕台渊源深厚

福州市位于中国东南沿海,福建省中部东端,地处长三角、珠三角之间,位于海峡西岸经济区的中心,东临台湾,是中国大陆离宝岛台湾最近的省会城市,与台湾有着人文、地理上的特殊联系,这是其他城市所不可比拟的自然、交通区

位优势，为东北亚与东南亚的海运中转站，地理区位得天独厚。同时，福州是中国著名侨乡，海外华侨遍布世界 110 多个国家和地区，侨务资源丰富，拥有巨大的国内旅游和入境旅游市场空间。并且独特的近台区位及"五缘"优势，造就了福州与台湾相近的文化习俗，民心相通的优势使榕台交流合作日益频繁，也有利于榕台旅游合作发展，如福州—马祖"小三通"旅游、环马祖澳旅游都是福州海峡旅游的重要组成部分。

2. 发达的内外交通体系已经形成，旅游可进入性好

近十年来，福州大力打造综合交通枢纽城市，初步形成了海陆空齐头并进、贯通南北、辐射中西部地区的立体交通网络。福州积极拓展国内及国际航线，已开通直达欧美、日本、东南亚、中国港澳台等多个国家和地区的航线。依托高铁、高速公路、机场等交通网络，结合福建省日益完善的大交通环境，外部可进入性强。

福州市内部交通已形成以高速公路、国道为骨架、省道、县道为支线的四通八达的交通运输体系，全域旅游交通基础已基本完善，内部交通便利，自驾游条件突出。

3. 文化旅游资源类型丰富，空间组合好

国家历史文化名城福州拥有长达 2200 多年的建城历史，形成了地域特色明显、文化内涵丰富的闽都文化。闽都文化兼备大陆性和海洋性特点，是一种复合型、综合性的地域文化，是中原文化和当地土著文化不断融合的产物，包括古厝文化、温泉文化、船政文化、昙石山文化、寿山石文化、海丝文化、侨乡文化等。福州各区县还拥有一批国家级和省级历史文化名镇、国家级历史文化名村、中国传统古村落等，古迹遗存众多，国家级文化遗产丰富。

4. 文旅融合发展具有资源基础和产业基础

福州温泉开发历史悠久，为全国三大温泉区之一，是首个获评"中国温泉之都"的省会城市。福州自然景观独具特色，山水相依，一方水土孕育了独具特色的闽都文化。

（二）劣势（Weaknesses）

1. 国内主要客源市场对闽都文化的认知有待提高

当前，国内旅游市场占主导地位。福州地处东南沿海，与黄河流域、长江流域文明及西南、西北少数民族文化相比，国内居民对闽越文化认知较少。福州作为闽都文化圈的核心地，文化旅游形象的确立需要经历较长的预热期，未来 IP 形象仍需付出大量努力。

2. 本地文化旅游消费市场规模较小

福州山、江、海资源兼备，但从资源单体看，自然景观的垄断性并不突出。

闽都文化文物古迹众多,古厝等文化遗产民间资本进入有一定的法规限制,且文化遗产转化成旅游产业资源前期保护须投入大量资金,收益周期长。

此外,福州长期为客源地,入榕外地客源相对较少,福州本地人口仅735万,较长的回收期使得大型旅游项目招商引资步伐较慢。

3. 文化旅游业本身具有脆弱性和敏感性

疾病流行、自然灾害、经济危机等都直接影响旅游产业。福州地处东南沿海,频繁的台风等异常天气直接影响旅游产业经营活动。与其他危机事件相比,流行性传染病对旅游行业损害最为严重,且流行期较长的疾病将导致大量骨干员工流失,从消费市场和供给市场两个方面冲击文化旅游产业。

(三)机遇(Opportunities)

1. "六区叠加"带来巨大政策红利

福州是21世纪海上丝绸之路核心区、国家级新区(福州新区)、中国(福建)自由贸易试验区福州片区、国家自主创新示范区、海洋经济发展示范区、中国邮轮旅游发展实验区,六区叠加为福州文化旅游产业发展提供了很好的政策条件。

2. 乡村振兴战略有利推动乡村文旅融合

中央财政将围绕支持乡村振兴进一步聚力增效,给农业农村这个广阔天地带来新的巨大机遇。乡村振兴战略将通过制度红利、资金支持等,改善农村基础设施条件和村容村貌,为发展乡村特色农业进而为乡村文化旅游带来机遇。

3. "三个福州"助力文化旅游产业创新升级

"数字福州"将推动实施数字经济领跑行动,全面推动数字产业化、产业数字化。"海上福州"将做大做强临港产业,大力发展涉海经济,努力建设海洋经济强市。"平台福州"将整合文化产业链、融合价值链,促进文化产业与旅游产业协同创新、融合发展。"三个福州"为福州旅游产业发展拓展了新技术、新产品和新业态,推动着福州文化旅游产业提质升级。

4. 文旅融合推进文化旅游大发展

闽都文化资源是福州最大的特色资源,文化部门强调的是保护修缮,而旅游部门强调的则是开发利用,这种行政隔阂与管理壁垒导致福州历史文化资源在保护与开发方面难以统筹考虑和协调运作。文化和旅游合为一家,打破体制障碍对推动文化、旅游产业的发展有重要意义。

(四)挑战(Challenges)

1. 顶层整合力不足

福州文旅局领导体制初步形成,工作联动性、落实性上有待加强。党政统筹须加强，跨部门联动性有待加强和深入。全域旅游工作需要各部门各行业统筹，但目前旅游工作未纳入市一级年度考核指标体系，旅游重要指标统计工作有待加强。

2. 业态竞争力不足

大文旅融合产业体系亟待构建，业态创新化、融合化、品牌化亟待提升。产业融合待提升，旅游产品业态待创新，特色餐饮、民宿、文创产品、旅游演艺等产品创新性及效益不尽如人意。

3. 公共服务配套不足

文化旅游服务设施的全域建设覆盖不足，专业化运营须下足功夫。城市节点至主要旅游景区（点）的无缝对接待有待完善、交通沿线旅游基础设施（服务区、厕所、营地驿站等）待完善；旅游公服专业化和市场化运营亟待突破创新；旅游大数据中心、智能化旅游服务系统等有待完善。

4. 品牌影响力不足

旅游品牌整合营销、形象识别度和国际影响力有待提高。旅游 IP 形象识别度、品牌影响力有待提高，与各县（市）区旅游品牌整合营销有待加强。

5. 入境客源不足

"十三五"期间，福州入境旅游人数和收入尽管正常时期逐年在增长，但在全国市场份额逐渐下降。福州入境旅游市场相对集中，我国台湾市场约占福州入境市场 25% ~ 30% 的份额，而远程的欧美市场尚不成熟。

三、福州文化旅游产业发展思路与努力方向

（一）发展思路

"十四五"期间，立足"大旅游、大休闲"视角，以全域旅游示范区创建为契机，推进全域旅游的领导体制机制改革，通过科技赋能和产业融合，推动文旅产品创新、业态创新，以大项目带动品牌建设，构建"闽都文化""蓝色滨海""温泉养生"等组成的旅游品牌体系，完善智慧型旅游公共服务系统和相关设施，升级旅游产业结构，优化旅游空间布局，打造"国际国内重要的休闲、养生、度假旅游目的地"。

（二）努力方向

努力方向主要包括机制活化、产业融合、产品创新、科技赋能、公服提质、

品牌升级六大方面。

1. 机制活化

以全域旅游示范区创建为契机，推进全域旅游的领导体制机制改革，设计针对性协调机制与综合管理机制，健全完善旅游统计制度与评价考核制度，搭建"多规合一"业务协同平台。

2. 产业融合

坚持资源保护和产业链创新开发，以涵盖各类文化的大闽都文化为基础，开展文化＋旅游融合。推行农业＋旅游、工业＋旅游、康养＋旅游的复合型开发模式，优化完善福州全域旅游吸引物、旅游要素及旅游新业态等供给体系，实现福州全域旅游产品和业态提质发展。

3. 产品创新

通过文旅融合，拓宽发展思路，着重以历史文化旅游村镇、现代主题乐园、文化休闲消费综合体、文化公园等多种空间，创新文化旅游体验的形式和内容，丰富旅游＋演艺、旅游＋文创、旅游＋博物馆等复合型文化旅游产品。

4. 科技赋能

以智慧旅游和互联网＋旅游为主题，引导福州智慧旅游城市建设，以信息化促进旅游业向现代服务业转变，提升旅游企业的管理水平和服务水平。

5. 公服提质

联动福州多部门、多主体共同高效推进全域公服体系的建设，重点落实福州旅游集散体系、智慧旅游及旅游标识系统、旅游厕所等公服系统建设，打造主客共享的旅游环境氛围。

6. 品牌升级

构建"闽都文化旅游"和"数字文化旅游"福州主文化旅游IP体系。以古厝文化、船政文化、温泉文化、寿山石文化、闽越文化、海丝文化等为子文化旅游品牌，重点打造闽都古厝文化遗产旅游、海丝文化旅游、船政文化旅游、温泉养生文化旅游、乡村文化旅游等文化旅游产品品牌。

四、福建旅游产业未来发展对策

（一）加强组织领导，完善考核机制，强化文化资源保护与旅游开发的工作督查

成立福州市全域旅游发展工作领导小组，由市长任组长，分管副市长任第一

常务副组长，各县区一把手任副组长，制定考核及奖惩条例，提高对重点县（市）区旅游发展指标的考核权重。完善工作机制，领导小组定期召开会议，把推进旅游项目招商及建设列入一线考察干部的重点，市政府督查室及市效能办定期开展专项督查，严格执行责任追究机制。设立《福州市全域旅游工作发展基金》，逐年增加旅游发展专项资金，在年度用地指标中优先支持文化旅游项目。

（二）产业融合，打造"闽都古厝、数字文化、海丝文化、温泉养生、乡村文化体验"几大系列世界级和国家级品牌体系

以闽都文化为支撑，以海岛、海湾、海滨、邮轮港为依托，打造国家蓝色旅游示范基地；以温泉水脉为核心，打造世界温泉之都；以生态福州为平台，打造国际花园城市。具体抓手和落脚点为：

（1）依托重大旅游项目和块状旅游集聚区建设，发挥旅游产业集聚区增长极作用，打造闽都文化系列文化旅游产品。

一是推动闽都文化历史文化街区、镇、村和古厝的保护与旅游开发工作。中心城区继续打造具有世界性影响力的闽都文化产品"两山两塔两街区"，推动上下杭、烟台山、南公园等历史街区的保护与修复和文旅项目运营工作，推进嵩口历史文化小镇、螺洲历史文化小镇、闽安小镇、和平街特色历史文化街区保护性改造和利桥特色历史文化街区、闽越水镇、昙石山文化遗址、代表性古厝等文旅项目建设与开发。二是加快滨海新城和高新区、软件园数字经济集聚区建设，丰富科技文化旅游产品，推进智慧旅游建设。三是开展船政文化马尾造船厂片区保护建设工程，加快马尾中国船政文化城的引资与建设。四是继续提升贵安桂湖温泉康养旅游集聚区，继续做精温泉公园周边温泉文化休闲康养板块。五是继续提升与丰富晋安区寿山石文化旅游集聚区，丰富特色文化旅游消费产品。六是进一步完善和提升永泰等周边乡村文化旅游，以文化旅游提升乡村旅游品质。七是完善和提升葛岭和罗源湾海洋文化休闲度假集聚区，加快福州邮轮旅游发展实验区建设，加快琅岐国际海岛度假综合园项目建设进度。

（2）发挥福州资源种类多的优势，整合温泉、江海、山林、乡村资源，打造与提升温泉养生文化、山水休闲文化、滨海度假文化等系列旅游产品。

加强闽江、乌龙江景区生态环境保护和景观控制及"夜游闽江"相关旅游项目开发，加快环南台岛最美风景带建设，提升鼓岭鼓山旅游度假区、打造永泰山水休闲区。继续推进旗山国家森林公园"生态森林小镇"、永泰大湖森林特色小镇等项目建设，推动特色山水文化旅游项目落地。推动滨海文化休闲乐游项目开发，进一步推动"两马"旅游深度合作和滨海度假游。持续推动螺洲温泉小镇、闽安村闽台乡村文化旅游建设项目、连江三落厝文创旅游度假街区、闽侯徐家村古村落风貌区启动区、福清东百利桥特色历史文化街等项目建设，培育乡村文化旅游精品。

（三）创意和科技赋能，支持旅游产业产品创新、业态创新，优化旅游产业结构

把握数字福州、平台福州的机遇，设立旅游产业创新发展基金。充分发挥"创意＋"和"科技＋"的功能，将高新技术产业园、互联网产业园、文化创意产业集聚区等建设成文化旅游产业提质升级的引领空间。整合大榕树文化创意园、怡山文化创意园、红坊海峡文化创意园，发展文化创意旅游集聚区。发挥以长乐数字经济示范区、高新区和软件园为主体的国家级文化和科技融合示范基地，以及飞客互联网小镇、马尾游戏产业园等各区县的现代高新技术产业集聚区的资源优势，鼓励旅游企业充分利用互联网、物联网、大数据、5G 技术、云计算、人工智能等新科技向"互联网＋旅游"及"数字＋旅游"等方向转型，建成 VR 沉浸式旅游体验馆、动漫创意园、文化科技旅游产业园、文化科技综合体验馆、文化科技主题公园等项目，打造集技术研发、创意创新、创意展示、交流体验和文化技术产业化为一体的文旅融合发展区，推动文化旅游产业产品供给市场的转型升级。

培育壮大在线旅游、数字文博等新业态，鼓励景区、酒店、旅行社、民宿等应用新技术推动旅游产品转型升级和改革创新。加强与携程、腾讯、百度等大型网络平台的战略合作，加大对新媒体、互联网创新型旅游企业尤其是平台型旅游企业的孵化培育和资金帮扶。鼓励旅游行业利用自身核心优势拓宽业务范围，开发互联网（新媒体）平台＋休闲服务＋旅游服务＋特色商品销售等复合型业务，推动文化旅游服务行业的升级转型。

（四）创新营销，提高国内外市场对闽都文化旅游主品牌的知晓度和认同感，提升文化旅游品牌知名度

（1）构建多元旅游营销体系。持续在中央电视台主要频道投放福州城市旅游形象广告；在省内外电视、报刊、户外广告屏、动车、高速公路等渠道通过专题节目、专栏、宣传片投放等方式开展全年福州旅游宣传。重视构建旅游新媒体营销矩阵，强化抖音等短视频平台、直播平台创新性营销，利用网络力量打造"网红福州"，开拓"80 后"旅游市场。

（2）大力实施精准营销。优化国内客源市场结构，发挥六区叠加优势，争取落地签证、邮轮过境免签、自贸区退税等方面的便利政策，加强与境外国家和地区的合作，提高境外市场份额。构建立足本市、辐射全省、面向全国的 5 小时旅游协作区：激发本地市场释放消费潜力，开展福州市民"爱福州、游福州、享福州"系列活动，增加本地人对福州旅游的认识；持续推进闽东北旅游协作，加强与闽西南的协作，形成"有福之州"旅游品牌；加强与长三角、珠三角、赣皖重点客源市场的旅游协作，增加福州"幸福之城"吸引力。

（五）加强管理，完善诚信经营奖惩制度、安全监督和应急救援体系，营造"放心游福州"市场环境

建立市县联动旅游投诉受理机制；推行"红黑名单"制度，加大对旅行社、酒店、景区违法失信行为的惩处力度和动态管理。提升行业安全管理水平，健全旅游应急救援方案，加强对旅游客运、大型游乐设施、索道等重点领域和设施设备的监管，落实游客密集场所的安全规范。

（六）全域推进，统筹建设人本化的旅游公共服务体系，打造便捷文化旅游目的地

（1）完善集散咨询服务体系。构建布局合理、功能完善的集散中心网络，在动车站、机场、高速公路出口等交通枢纽，以及主要景区周边等游客往来集散区域建设一批旅游集散中心和旅游服务中心，提升现有集散中心相关配套服务功能，构建福州市全域三级旅游集散中心体系。到2025年，全市主要城区和各县（市）区主要旅游节点实现集散和服务中心全覆盖。

（2）提高旅游景区的可进入性。推进干线公路与重要景区连接，优先建设及提升乡村旅游公路，强化旅游客运、城市公交对旅游景区、景点的运输服务保障。推进旅游直通车，覆盖全市AAAA级以上及大部分温泉景区，实现景区交通无缝连接。结合自驾游市场发展需求，加快推进自驾车营地建设。

（3）健全旅游公共引导标识体系。按照全域旅游建设标准，完善与提升机场、火车站、地铁站、水运码头、入城口主路段等重要节点交通指引标识；在通往全市AAAA级以上主要旅游景区的主干道、高速路上设置交通引导牌，2025年前实现主要景区和旅游乡村引导牌全覆盖。

（4）打造智慧旅游公共服务平台。建成福州市全域旅游大数据中心，形成集交通、气象、治安、客流信息等为一体的综合服务平台，实现与国家、福建等上级单位及福州下辖县（市）区的有效衔接；推出"一部手机游福州"智慧旅游服务系统，为游客提供咨询、导览、导游、分享等服务，满足自助游需求；优化智慧和信息化基础服务设施建设。到2025年末，国家AAAAA/AAAA级景区、国家级/省级旅游度假区、乡村旅游点等重要涉旅场所实现免费WiFi、通信信号、视频监控全覆盖，并实现在线预订、网上支付、智能导游、电子讲解、实时信息推送等功能。

（5）扎实推进厕所革命。全面完善 A 级景区、乡村旅游"百镇千村"和自驾车露营地旅游厕所建设，实现 A 级旅游公厕在 A 级景区和旅游精品示范村的全覆盖，完成 AAAA 级以上旅游景区第三卫生间设置。

（七）重视人才，加强旅游人才队伍建设，提升文化旅游服务整体水平

积极引进旅游专业技术人才和紧缺人才，加强国际化旅游人才和复合型旅游人才的培养。继续实施旅游英才"十百千"（十名金牌导游、百名管理人才、千名优秀导游员）培养计划，提升旅游从业人员素质。重视发挥旅游院校人才和文化创意人才培养基地作用，密切官、产、学合作，确保人才培养的规模和质量。积极调动各方资源和积极性，鼓励社会资本多元化、多渠道投入旅游人才建设。进一步优化旅游人才发展环境，尽快建设一支数量充足、结构优化、素质突出的旅游从业人员队伍。

我国数字文旅产业发展探讨

景秀艳

摘要： 在解读数字文旅及相关概念基础上，提出数字化提升文旅产业的公共治理与服务水平，激发文旅产业不断创新，为消费者带来更高质量体验。指出当前数字文旅产业存在市场热度较高但精品意识有待加强、相关领域的法律法规有待完善、政策扶持有待加强、支撑数字文旅运营的智慧设施和平台有待完善、文旅企业数字化升级面临资金和技术等压力、缺乏复合型数字文化专业人才等问题。为保障数字文旅未来可持续发展，提出完善数字文旅政策体系、加强数字文旅产业平台和管理平台的搭建、加强新型智慧基础设施和智慧接待设施建设、加快文旅融合产业的智能化转型和创新、建立数字文旅人才培养和投融资体系等对策。

关键词： 数字文旅产业；数字化；文旅融合；发展对策

2019年8月，国务院办公厅正式印发了《关于进一步激发文化和旅游消费潜力的意见》，明确提出"促进文化、旅游与现代技术相互融合，发展基于5G、超高清、增强现实、虚拟现实、人工智能等技术的新一代沉浸式体验型文化和旅游消费内容"。2020年3月，国家发展改革委、文化和旅游部等部门联合印发的《关于促进消费扩容提质加快形成强大国内市场的实施意见》明确提出，要推进文旅休闲消费提质升级，重点利用手机应用程序等方式，改善旅游和购物体验。要利用互联网、大数据、云计算、人工智能等新技术，提升"智慧景区"服务水平。2020年10月，文化和旅游部、国家发展改革委、教育部等十部门联合印发《关于深化"互联网+旅游"推动旅游业高质量发展的意见》。该意见提出到2025年，国家AAAA级及以上旅游景区、省级及以上旅游度假区基本实现智慧化转型升级，并提出旅游业要结合新时期"互联网+旅游"发展面临的新形势、新机遇和新挑战，同时提出加快建设智慧旅游景区、完善旅游信息基础设施、创新旅游公共服务模式、加大线上旅游营销力度、加强旅游监管服务、提升旅游治理能力、扶持旅游创新创业、保障旅游数据安全等八项重点任务，以及把科技创新作为未来五年旅游业高质量发展的动能，明确新发展阶段智慧旅游的产业数字化和消费场景化的战略导向。

2019 年，全国 5.8 万家规模以上文化及相关产业实现营业收入 86624 亿元，全国旅游及相关产业增加值为 44989 亿元。投融资方面，2019 年国家发展改革委核准发行的文化和旅游企业债券规模约 777 亿元，同比增长 5.34 倍。数字技术驱动产业消费端转型升级，提高了文化和旅游消费的便捷度、品质感和体验性，技术创新作用更加凸显。我国还在推动数字文化产业国际标准方面取得了重大突破。我国自主原创的"数字化艺术品显示系统的应用场景、框架和元数据"标准经国际电信联盟批准成为国际标准，为我国数字文旅产业创新发展打下了坚实基础。

一、数字文旅相关概念

"互联网＋旅游"是互联网相关科技在旅游业的具体表现和应用。针对"互联网＋旅游"的应用领域和形式，拥有了数字旅游、虚拟旅游、云旅游、智慧旅游、在线旅游等多种称谓。近几年，在文化和旅游部倡导文化产业和旅游产业"宜融则融、能融尽融"的形势下，结合"互联网＋"技术，又出现了"数字文旅"的提法。数字文旅早期专指文旅内容信息化，但逐渐泛指科技赋能下的文旅融合开发和应用形式。2020 年新冠肺炎疫情暴发，景区的"云旅游"、博物馆的"云直播"等进一步推动数字文旅成为理论研究和实践探索的热门议题。

与"数字文旅"关联密切的"在线旅游"，它主要指通过网络渠道查阅、订购旅游产品（包括交通、酒店、门票、线路等），并分享交流旅行体验的旅游产业新业态。自 1999 年以来，在线旅游领域相继诞生了携程、艺龙、同程、途牛、驴妈妈、马蜂窝、途家等著名企业，百度、阿里、腾讯、京东、美团、电信、联通等随后也跨界进入在线旅游领域，抖音、西瓜视频、哔哩哔哩、虎牙等新媒体逐步成为数字文旅产品推送发布的主要互联网平台。《2020 年度中国在线旅游市场数据报告》显示，2019 年，我国在线旅游用户规模达 4.13 亿人，同比增长 5.36%，在线旅游市场规模达 10059 亿元。

根据中国信息通信研究院预测，2025 年我国 5G 网络建设投资累计将达到 1.2 万亿元，5G 商用将带动超过 8 万亿元的信息消费，而文化旅游活动就是其中颇有前景的垂直行业应用场景。

二、科技赋能，推动文旅产业数字升级

智能制造和数据思维建构的新语境实现了数字文旅产业在技术变革下的范式转化，推动了文化旅游业产品创新、模式重构、产业升级，成为优化文化和旅游供给、推动文化产业和旅游产业融合并转型升级的重要引擎。

（一）数字技术赋能文旅产业的公共治理与服务

文旅产业的公益性、教育性、产业性决定了政府公共服务与治理在其中的不可取代性。信息技术特别是网络和数据技术的发展，会带来公共服务效率的提高和行业监管模式的改变。依托文旅产业运行的各类数据，如交通大数据、旅游大数据，有助于识别大众化的消费趋势，提高文旅产业的公共服务效率和市场监管水平，为政府和相关监管部门工作提供更好的保障。

（二）数字技术推动了文旅产业创新

VR、AR、5G 等数字技术在文旅产业的加快应用促使"强通用性、强交互性"为特征的数字时代激活了文旅产品资源，激发了文化和旅游要素的深度融合，重塑了文化和旅游产业赖以生存和发展的资源基础，如以地域文化为超级 IP 的文旅融合产业链实现了时空秩序下地域文化的再构，推动了文旅产业的产品创新。伴随着数据思维和智能制造嵌合生产生活方式，各类传统的文化资源和旅游资源借助数字技术得以"活起来"，如近年尤其是 2020 年疫情发生以来，诞生的诸如线上会展、云景区、数字博物馆、数字演艺等，将人们文化休闲、旅游的沉浸式和交互式的体验需求进行了即时有效的链接。新媒体高效有感的内容消费平台是旅游产品与服务分发渠道的新出口。数字技术的应用带来的产业边界模糊、产业渗透加剧和产业融合常态促成数字文旅新生态和数字化新型产业链。数字化技术让旅游业务边界趋于消失，基于"全域覆盖、主客共享、产业融合"全新理念的旅行服务得以重构，传统商业模式实现迭代升级。因此，科技加持的数字文旅不仅是一场产品创新，一场理念、生产关系、企业生产和经营模式的变革，更是旅游经济模式的创新。

三、数字时代文旅产业融合发展面临的若干问题

当前，数字时代也存在着一些限制文旅产业深度融合发展的问题，需要理性认识，以便精准发力，持续推动文旅产业高质量发展。

（一）数字文旅市场热度较高但精品意识有待加强

需要注意的是，数字化仅仅是手段和工具，而不是目的。当前尤其 2020 年以来，文旅产业数字化也存在着一定程度的过热倾向与非理性成分，认为只要加上"云旅游""数字文旅""区块链文旅"等新概念，就能战无不胜，导致数字文旅产品一哄而上，尤其是一些一味注重"大投资""大场面"且"炫技"成分高于文化内涵的演艺剧目，投入大，但同质性强，特色不突出，自主创新不足，收效甚微。

（二）数字文旅相关领域的法律法规有待完善

数字文旅对线下旅游时期的法律法规、网络安全和个人信息保护都带来新的挑战。数字文旅产品的知识产权保护、消费者个人隐私安全、企业对线上资源和数字文旅产品的使用权与范围等成了现实难题，已成为影响数字技术在文旅产业渗透的重要制约因素，也会进一步制约文旅产业向数字化转型的进程。

（三）数字文旅政策扶持有待加强

尽管政府出台的有关文化和旅游产业的文件多次提到推动文化、旅游和现代科技相互融合，也取得了一定的成效，但围绕着数字文旅产业的政策支持还有待进一步加强，主要表现在多数地方顶层设计上缺乏对数字文旅产业发展的战略规划、尚未形成适应数字文旅产业发展的相关技术标准与行业规范、财税和金融对数字文旅产业发展的支持力度不够等方面。此外，数字文旅产业的发展涉及多个监管部门和领域，但目前各部门与各行业的协同发展机制尚未形成，这也阻碍了文旅产业数字化进程的发展。

（四）支撑数字文旅运营的智慧设施和平台有待完善

新型智慧基础设施配套资金较大，成本高，一些地区尤其是乡村地区资金缺乏，信息基础设施建设滞后，对数字文旅产品的市场推广无法构成支撑，成为数

字文旅产品普及化的最大掣肘。智慧平台也成为数字文旅企业尤其是小型文旅企业发展的基础设施，目前的数字文旅多是由各个旅游景区与数字平台合作，形式多样、各具特色，但区域内文旅产品间缺乏关联。对于中小型的或数字化能力稍差的景区来说建立独立的平台难度大。

（五）文旅企业数字化升级面临资金和技术压力

数字旅游产业的发展先期投入较大，初期也看不到明显的成效，收回成本获得效益的时间较长。特别是数字旅游的发展，前期需要加强基础设施、网络设施的建设。需要全域内布局 GPS、RFID；需要建立数据库平台等。这都意味着互联网旅游企业在长时间内无法收回成本，造成企业有资金压力。以定制游为代表的小企业要求供给侧具备前所未有的在线服务能力，且小型的文旅企业往往依附于大平台，技术、资金等限制使得其向数字化新型供应链转型中面临较大压力。

（六）缺乏复合型数字文化专业人才

数字文化产业涉及文科、理科、工科和艺术类学科，各学科以培养专业化人才为主，而对数字文旅转型过程中的复合型跨界人才培养或重视不够，或不知如何着手。具有国际化视野、多元化知识的高水平数字创意人才十分匮乏，这也是高品质数字文旅项目少的根本原因。

四、数字文旅产业可持续发展的建议

数字技术不仅给文旅产业带来深远影响，也让大规模、跨越空间尺度的文旅消费成为可能。推动文旅产业数据化，既要发挥数字技术在文旅产业发展中的引领作用，也要通过产品的智能化和企业服务的在线化等新业态新模式，进一步提升文旅产品和服务的质量和效率，未来需把握以下六个着力点：

（一）完善数字文旅产业发展的政策体系

数字文旅产业的可持续发展离不开多层面的政策协同与配套，也需要形成推动数字化文旅产业发展的长效机制：一是加快建立保障数字文旅产业发展的法律法规、行业标准、规范、统计体系和考核体系等，为数字文旅产业发展营造良好的引导和监管环境；二是将文旅产业的数字化发展纳入"十四五"文化和旅游发展规划，明确数字文旅产业发展的方向和任务，建立文旅产业发展的长效机制；三是设立数字文旅产业专项资金，引导金融机构加大对数字文旅产业发展示范项目、重点项目的信贷投放；四是在用地、用能、用人、创新等方面给予数字文旅企业以重点支持。

（二）加强数字文旅产业平台和管理平台的搭建

可以探索建设综合的智慧管理服务平台，由区域文化旅游部门和企业填充隶属自身的功能模块。数字文旅模块或统一数字平台可分为两部分，一部分为客户应用模块，可置入旅游产品的宣传、营销以及游客导航、导游、评价模块等，可利用数字旅游的信息技术优势，开发电子地图、数字文旅信息库、藏品信息在线检索平台等新型数字信息并共享；另一部分为管理平台，包括管理、监督、预测、分析等模块。同时还要重视网络、哔哩哔哩、微博、微信、抖音等新媒体渠道的运用，实现数字文旅产品多平台推送。

（三）加强新型智慧基础设施和智慧接待设施建设

加快建成泛在通用、智能协同、开放共享的新型基础设施。加快布局云计算、人工智能等基础设施，实现智能评估、智能告警、智能分析和辅助决策等功能。建立连接景区、文旅场馆的专用宽带网络。促进云计算、大数据、人工智能等新一代信息技术、智能技术在文旅场馆的应用，实现在线预约、实时客流监测、入馆无感通行等功能。

（四）加快文旅融合产业的智能化转型和创新

依照"内容为王、产品为后"原则，同步跟进多媒体内容知识化加工处理、VR&AR虚拟制作的研发应用，实现对域内文化和旅游资源的创意开发。各地要以特色地域文化为素材，打造数字文旅超级IP。加快新数字技术引领文旅行业，丰富生产要素、生产技术，创新生产方式、运营模式，培育新业态、新产品、新服务。以优秀地域文化和时代精神为主要特征，推动数字文旅内容制作细分化、专业化、品质化发展，创作更多具有时代气息的精品力作。注重文旅产业与地方发展一体布局、一体建设，推动文旅产业分类集聚。运用新科技手段培育文旅消费形态、拓展消费链条、畅通消费渠道。鼓励各类文化创意企业、高新技术企业协同文旅行业研发"云观展览""云赏景艺"等沉浸式文旅服务互动体验。

（五）建立数字文旅人才培养体系

在文化和旅游产业深度融合发展过程中，须围绕数字文旅产业大力发展文科、理科、工科和艺术类多学科人才。发展数字文旅产业，需要在地方上选择一批高校试点，在其人才培养中加入培养数字化与数字技术应用的课程，并推动职业院校与文旅企业共建实训基地，提升数字化技能实训能力。地方要出台相关政策，吸引一线大城市数字化人才投身地方文旅产业。此外，还要发挥行业协会、培训机构、咨询公司等第三方组织在文旅产业数字化人才培养中的作用，提升从业者的数字化素养。

（六）完善数字文旅产业投融资体系

建议将数字旅游作为产业来发展，扩大融资渠道，支持数字文化企业开展债券融资，推进设立数字文化产业投资基金，鼓励利用多渠道资本市场融资。引导符合条件的各类社会资本规范采用政府和社会资本合作（PPP）模式参与数字文化产业项目。吸引国内外投资进入数字旅游市场，鼓励景点及旅游商户以多种形式参与投资，形成以政府投资为主导、第三方投资为辅助、文旅企业共同参与的数字旅游产业投资体系。

参考文献

［1］陈滢．数字旅游产业发展的机遇与路径探析［J］．中国经贸导刊（中），2020（11）：52-53.

［2］戴斌．数字时代文旅融合新格局的塑造与建构［J］．人民论坛，2020（Z1）：152-155.

［3］国家统计局．2019年全国规模以上文化及相关产业企业营业收入增长7.0%［EB/OL］．（2020-12-15）．http：//www.gov.cn/xinwen/2020-02/15/content_5479165.htm.

［4］国家统计局．2019年全国旅游及相关产业增加值44989亿元［EB/OL］．（2021-01-08）．http：//www.gov.cn/xinwen/2020-12/31/content_5575774.htm.

［5］国家文化和旅游部．我国数字文化产业国际标准的又一重要突破［EB/OL］．（2019-12-30）．https：//www.mct.gov.cn/whzx/whyw/201911/t20191130_849228.htm.

［6］金思扬．"云旅游"赋能旅游业创新发展［N］．中国社会科学报，2020-12-18（5）.

［7］经济参考报．"互联网+旅游"发展提速［EB/OL］．（2020-12-02）．http：//m.cnr.cn/chanjing/travel/20201202/t20201202_525349321.html.

［8］李桦．智慧文化旅游——"互联网+文化旅游"的发展新趋势［J］．商，2016（12）：265.

［9］刘洋，杨兰．技术融合·功能融合·市场融合：文化旅游产业链优化策

略——基于"多彩贵州"的典型经验 [J]. 企业经济, 2019 (8): 125 - 131.

[10] 前瞻产业研究院.2020 年中国在线旅游行业市场现状及竞争格局分析 [EB/OL]. (2020 - 09 - 04). https: //www. sohu. com/a/416296150_473133.

[11] 钱建伟, Rob Law. "互联网+"时代的旅游业巨变 [J]. 旅游学刊, 2016, 31 (6): 2 - 4.

[12] 夏杰长, 贺少军, 徐金海. 数字化: 文旅产业融合发展的新方向 [J]. 黑龙江社会科学, 2020 (2): 51 - 55 + 159.

[13] 肖宇, 夏杰长. 我国数字文化产业发展现状、问题与国际比较研究 [J]. 全球化, 2018 (8): 70 - 86 + 134.

[14] 尹立杰, 崔忠强. 旅游科技重构旅游发展的新格局 [J]. 河北广播电视大学学报, 2019, 24 (4): 69 - 72.

[15] 中国经济网.2019 年文化和旅游企业债券规模约 777 亿元, 同比增长 5. 34 倍 [EB/OL]. (2020 - 12 - 15). http: //www. ce. cn/culture/gd/201912/25/t20191225_33979400. shtml.

[16] 中国旅游研究院.2019 数字文旅融合创新发展大会暨《2019 中国文旅融合数字创新发展报告》在晋发布 [EB/OL]. (2019 - 10 - 15). http: //www. ctaweb. org/html/2019 - 10/2019 - 10 - 15 - 9 - 57 - 42523. html.

[17] 中国政府网. 关于促进消费扩容提质加快形成强大国内市场的实施意见 [EB/OL]. (2020 - 03 - 13). http: //www. gov. cn/zhengce/zhengceku/2020 - 03/13/content_5490797. htm.

[18] 中国政府网. 国务院办公厅关于进一步激发文化和旅游消费潜力的意见 [EB/OL]. (2020 - 10 - 23). http: //www. gov. cn/xinwen/2019 - 08/23/content_5423828. htm.

[19] 中国政府网. 文化和旅游部、国家发展改革委等十部门联合印发《关于深化"互联网+旅游"推动旅游业高质量发展的意见》 [EB/OL]. (2020 - 12 - 30). http: //www. gov. cn/xinwen/2020 - 11/30/content_5566041. htm.

电子竞技产业发展对策研究

——以福州为例

高鹏飞

一、电子竞技的蓬勃发展

（一）电竞经济强势崛起

近年来，电子竞技作为一项风靡全球的体育运动，在中国得到了蓬勃发展。《2020年中国电竞行业研究报告》称，2019年我国电竞终端用户已近5亿，是世界上大型电子竞技市场之一。阿里巴巴集团旗下的阿里体育，在2016年打造了一项世界级电竞盛会：WESG（World Electronic Sports Games），该赛事拥有每年超过1.5亿人民币的投资总额，和包含超过550万美元的联赛奖金。近年来我国各类电竞赛事的兴办标志着我国已成为国际上最具电竞发展潜力的市场之一。

（二）电竞产业迅猛发展

目前，我国主流电竞市场正呈现出寡头趋势，如腾讯公司运营的《英雄联盟》《王者荣耀》，网易公司运营的《魔兽世界》《炉石传说》等网络游戏，在我国乃至世界电子竞技市场中都占据了重要地位。资料显示，在2020年，《王者荣耀》手游在春节当日的单日峰值流水逼近20亿人民币，同比增长50%以上，2020年，第一季度移动游戏市场收入再创历史新高，同比增长率超49%；《魔兽世界》的最新资料片《暗影国度》更是在2020年11月创造了首日发售350万份的惊人业绩。权威分析显示，2020年电子竞技直接市场规模已经超过200亿元，其中，电竞核心市场规模已达到 135.4 亿元，衍生品市场规模达到 116.5 亿元。

由此可见，电子竞技的现有市场十分广阔，同时还具有惊人的发展空间。

二、数字福建带来发展机遇

（一）政策土壤培育电竞萌芽

WCG（World Cyber Games）是电子竞技行业的盛会之一，自 2000 年创办以来，曾多次激发电子游戏产业的转型升级，随着 20 年的不断发展，世界性赛事实现了从无到有的突破，如雨后春笋纷纷涌现。2016 年，《关于印发促进消费带动转型升级行动方案的通知》由国家发展改革委正式发布，通知中指出："在做好知识产权保护和对青少年引导的前提下，以企业为主体，举办全国性或国际性电子竞技游戏游艺赛事活动。"这表明，在政策层面上，电竞的种子已经生根发芽。

立足福州市本地而言，福州市已经初步具备了在"十四五"期间发展电竞产业的一些关键因素。电子竞技产业随着互联网内容的走红而大放异彩，引领了电竞数字经济的猛增。作为数字福州发展战略的重要重要环节，数字经济建设将继续成为"十四五"期间福州市发展规划的重点。

福州市首个数字服务产业园在 2019 年于福州软件园连江分园落地，该产业园将举办电竞行业相关赛事，引进以新媒体产业、数字音乐、游戏动漫、网络文学、数字电影和数字出版等为主体内容的数字娱乐项目，引进新文创、新协会、新联盟等相关的新兴行业，打造电竞行业产业生态链，培育数字娱乐产业，可见福州市已经开始逐步布局数字娱乐产业。

（二）地缘优势吸引国际目光

福州市作为福建省的省会城市，是数字中国战略发展规划布局的重点城市。福州市拥有诸多知名互联网娱乐公司，其中，网龙公司更是中国网络游戏行业的领军者之一，网龙公司已成功开发了多款互联网游戏，如《魔域》《征服》《英雄无敌在线》等，其中多款游戏具备电竞化、职业化的潜力，《魔域》是一款全球注册用户超过 6000 万的网络游戏，是中国精品网游的代表之一。以此为核心的网络游戏企业，为福州市发展电子竞技产业提供了一片沃土。

此外，从用户层面讲，福州市具有良好的电子竞技观众基础，具有一定的电竞周边消费能力，电竞赛事的观众主体为年轻人，以 35 岁及以下人群为主，其中大学生群体占主导性地位，福州市拥有众多高校，且相对集中，有着十分广阔的潜在用户基础。电子竞技游戏具有高度的黏着性，年轻人通过主动参与享受游戏过程，同时也会通过各种渠道观看游戏赛事，他们构成了电竞周边消费的主力。

从地理位置上看，福建省地处东南沿海，临近中国港澳台地区，并与韩国、日本等电竞高度发达国家距离较近，具有十分便利的交通环境，这为进一步引进国际大型赛事、洲际大型赛事提供了有力的保障。此外，福建省是海上丝绸之路的起点省份，福州市更是 21 世纪海上丝绸之路的门户城市。在此背景下引入国际大型电子竞技赛事，将为促进国际友好交流、繁荣地方经济起到积极作用。

三、奠定福州电竞发展新模式

（一）后发优势

上海是我国电子竞技产业的先行者。2020 年，《英雄联盟》联赛 S10 全球总决赛在上海成功举办。"S10"是全球最受瞩目的电子竞技联赛，赛事期间，我国共有 247 个城市、2000 余场线下观赛活动次第展开；在比赛现场，全场 6312 个观赛席位则是由来自全球的 300 万人中摇号产生。赛事持续的时间内，"S10"长期占据了热搜榜，各大平台的相关话题量达到 8318 亿。上海为期三年的持续努力交出了一份令人满意的答卷，最终使得上海市成为名副其实的"电竞之都"。

上海市在 2017 年的"文创 50 条"中首次提出"电竞之都"的概念，而后在 2019 年出台了"电竞 20 条"专项扶持政策，立项电竞项目 24 个，带动社会资金亿元以上。在此政策激励下，仅 2019 年上海市便成功举办赛事 1500 余场，吸引电竞战队 250 余家。

然而，福州市目前尚处于电子竞技发展的真空期。但是，福州拥有良好的电子竞技产业发展的外部环境，在 2019 年发布的《中国电竞城市发展指数》中，福建省有两座城市入选，其中福州市排名第 30 位。中研网在今年发布的《2020—2025 年中国电子竞技行业全景调研与发展战略研究咨询报告》中指出，未来 5 年是我国电竞市场的"黄金 5 年"，电竞产业经过近年来的爆发式增长，其市场还将继续突破，预计到 2025 年，全球电竞市场规模可达 3050.6 亿元以上。

因此，福州市在发展电子竞技产业时，应充分发挥"后发优势"，充分吸收上海市在打造"电竞都市"中所积累的成功经验，利用福建独特的产业优势和地理优势，大胆布局、全力以赴，打造具有福建特色的电竞新产业。

（二）产学结合解决人才供给问题

在 2016 年教育部新增补的 13 个专业中，"电子竞技运动与管理专业"出现在了公众视野中。电子竞技运动是以电子信息设备为载体，以竞技类电子游戏为基础、信息技术为核心、软硬件设备为器械，在信息技术营造的虚拟环境中，在竞赛规则以及在规则保障下公平进行的对抗性电子游戏比赛。电子竞技产业是一个高度学科融合的复合型产业，除电子竞技运动与管理专业外，电竞行业还需要大量的跨学科型人才，如电竞赛事解说、电竞裁判、电竞舞美、电竞策划、公共关系、营销推广等。培养传统行业与电竞产业融合岗位所匹配的人才，是一个城市发展电竞产业的重中之重。

电竞是以青年为核心的产业，在高校群体内具有良好的接受度，这为高校开展电竞方面的专业教学提供了便利条件。电子竞技作为新兴产业，其专业方面的认知教学必将与电子竞技行业紧密相关，其双师型教师资源相对而言较为匮乏，所以若想成规模的培育电子竞技人才，大力发展产业化教育将是一个可行之路。其有效途径可以考虑如下四个方面：

（1）大力发展电竞产业学院，加大电竞相关产学研相互结合力度，实现电竞产业的人才供给改革，综合实现电子竞技选手、电子竞技裁判、电子竞技传播营销、电子竞技服务等稀缺岗位人才的培养力度，改变电子竞技产业无人可用的尴尬局面。

（2）完善电子竞技"学历证书 + 若干职业技能等级证书"体系，在提高人才层次深度的同时，从职业教育的角度提高电子竞技产业人才供给的广度，加大高质量、复合型人才，一专多能型人才的综合培养力度，为电子竞技产业提供踏实、肯干、创新、勤奋的一线产业人才。

（3）加大电竞双师型技能培训，综合提高高校教师的技术技能水平，鼓励高校教师参与到一线电子竞技产业、赛事等活动中，积累贴合实际的产业技能，建成懂专业、精理论、重实践的双师型教师团队，为大规模培养具有行业认知的高校毕业生，提供有效的师资保障。

（4）扶持电竞创新创业，鼓励高校师生从电子竞技的角度出发，实现大学生创新创业实践。同时，大力孵化热门电子竞技相关产业。

电竞产业建设的核心是人才的全方位供给，源源不断的新鲜血液才是产业持续进步的基本保障。以上四大举措的顺利实施，将在 5 ~ 10 年内为福建省的电子竞技发展提供源源不断的发展动力。

（三）福州特色的电子竞技新道路

近年来，电子竞技携带的产业机遇和经济效益已被诸多城市预见。以上海为代表的诸多城市，如成都、西安、杭州等，纷纷拿出优惠政策引导电子竞技产业，扶持电竞企业发展。福州市目前虽已具备一定的产业发展条件，但在主观上尚处于电子竞技发展的筹备阶段，所以同类城市的发展经验对于福州市而言便尤为重要。然而，考虑到不同城市之间的产业特色与基本条件，福州市并不具备完全复制"上海模式"或其他城市模式的先决条件，故而发展具有福州特色的电子竞技产业才是福州市在电竞产业之海中扬帆远航的明智之举。

建设具有福建特色的电子竞技产业，可从以下四个方面入手：

（1）深挖福州特色电子竞技项目，成为电竞规则的制定者；

（2）扶持电竞产业集群，成为国际赛事的主办者；

（3）大力发展电竞相关育人项目，成为中国电竞人才的培养者；

（4）拓展电竞商业模式，成为电子竞技产业的研究者。

电竞产业以电竞游戏为基础，以电竞比赛为中心，包括游戏开发商、直播媒体平台和电竞俱乐部三大主体，涉及比赛制作、直播营销、游戏周边等诸多内容。其泛娱乐化特性已经逐步成为其核心卖点。相比于其他的竞赛类项目，电子竞技的规范性其实是难以保证的，同时就目前电竞市场而言，其资本构成相对比较复杂，竞争较为激烈，这也为电竞市场的发展带来了许多的不确定因素。所以来自政府层面的顶层引导，在推动电竞产业的稳步发展过程中尤为重要。

电子竞技作为一项新兴的体育竞技运动，首先要获得公众的认可，人民群众对电子竞技运动的态度是造成各城市间电竞产业发展差距的重要因素。在这一点上政府的作用则显得十分重要，然而在我国的绝大多数城市中，地方政府对于电子竞技的产业引领尚处于缺位状态，自 2004 年电子竞技被广电总局封杀以来，我国电竞产业发展错失先机，从而转入"地下"发展，这在产业与观众两侧无疑对电竞产业给予了重创。

故而相对于其他要素，如何扭转政府及民众对电竞的态度可以被看作地方发展电子竞技产业的核心要素。尤其在"后疫情"时代，消费习惯与娱乐形式正逐步向线上转变，这个影响将持续三年到五年。福州市能否在众多线上经济的竞争者中脱颖而出，政府及政策的良性引导必不可少。在推动中国传统产业转型升级的过程中，地方政府应发挥职能，加强监管，提供政策支持，积极参与产业建设，做到不越位、不失位，站在政策的高地上为我国特色电子竞技产业指明方向，创造出具有中国特色的电竞发展之路。

参考文献

［1］陈冰．电竞，上海成超级玩家？［J］．新民周刊，2020（42）：66－69．

［2］刘芷萱，马昕娜，陈敏佳，李澄群．我国电竞产业国际竞争力比较与影响因素分析——基于波特钻石模型［J］．现代商贸工业，2021，42（1）：3－8．

［3］潘诗帆．对电子竞技行业发展的乐观前景与悲观忧虑的剖析［J］．体育科技文献通报，2020，28（12）：120＋136．

［4］杨帅．我国产业融合创新发展趋势及其政策支持体系［J］．中州学刊，2016，38（4）：27－32．

［5］尹珩．休闲体育幅度下新兴产业的发展境况——以电子竞技为例［J］．当代体育科技，2016，6（18）：17－18．

［6］赵彦云，李静萍．当代国际竞争力理论及其应用［J］．中国人民大学学报，1998，12（5）：18－23．

［7］郑泽毅．关于打造城市电子竞技文化实践的研究［J］．当代体育科技，2020，10（24）：189－191．

融媒体时代地方广电节目的
精准传播研究

——以福州方言节目《攀讲》为例

陈思达　张　晶

摘要：《攀讲》是全国第一档福州话方言杂志类电视栏目，凭借精准传播成为当地电视栏目的收视明星。《攀讲》贴近本地需求、聚焦特色，通过明确的节目定位、独特的内容、亲民的主持风格、有效的互动活动以及多元的传播渠道等手段，让节目实现了精准传播。融媒体时代给地方广电节目的精准传播提供了更多的提升空间。面对跨屏传播的挑战，电视依然有其优势。通过推行移动优先战略、运用人工智能技术、发挥口碑传播作用、推动深度传播、结合大众传播等有助于进一步提升精准传播的效果。

关键词：媒介融合；地方广电节目；精准传播；攀讲

随着传播环境的变化，尤其是融媒体时代的到来，原本整体实力就相对薄弱的地方电视台无疑面临着更加严峻的生存压力。一方面在央视和省级卫视的强势挤压下，地方台的生存空间日益逼仄。另一方面由于各类新媒体的冲击，作为传统媒体的电视，受众流失分化严重，开机率和节目收视率均出现明显下滑，节目影响力开始急剧下降。如何找到有效途径顺利突围，成为摆在地方广电节目面前的一个重大现实课题。

福州电视台生活频道于 2008 年 3 月开播的《攀讲》在 12 年的经营过程中不断改版创新，已成为该频道的王牌节目。《攀讲》在福州方言中意为"海阔天空地聊天"，是全国第一档福州话方言杂志类电视栏目。该节目立足本土特色，用福州话谈天说地，涉及民生、新闻、娱乐等内容，具有浓厚的福州市井生活和文化气息。因节目内容丰富接地气、充满趣味性和互动性而深受当地老百姓的喜爱。曾连续七年成为福州地面电视栏目的收视冠军，为地方广电节目建设树立了一个成功范例。

一、贴近本土、强化特色是地方广电节目破局的重要前提

资源相对有限的地方广电节目要想在激烈的传媒市场竞争中抢占一席之地，就需要立足自身情况寻找一个适合的主攻方向，并逐步建立和强化自身的核心竞争力。正如《孙子兵法》所云，"并敌一向，千里杀将"。本质上是集中优势兵力于主攻方向上进行重点突破，从而巧妙地成就大事。

相比于央视和省级卫视，地方广电的独特优势在于节目通常更贴近本土，能够更方便快捷地满足当地民众的信息需求，实现零距离服务。方言类节目就是一个可供选择的理想突破口。与普通话的电视节目相比，方言电视节目根植于本地观众，以乡音为交流媒介，富有生活气息，具有独特的区域文化认同感和归属感，更容易吸引有方言背景的受众。语言的亲近感不仅能够拉近目标受众的心理距离，有利于情感的传递，而且能强化对自我和本土文化的认同。

二、依托精准传播构建《攀讲》节目竞争优势

《攀讲》成功的关键在于贯穿了精准传播的理念。所谓精准传播，就是在精准定位的基础上，依托现代传播手段，将信息准确地推送给目标受众，建立起个性化的受众沟通服务体系，从而既能降低传播成本，又能实现传播效果的最大化。精准的价值在于能让有限的资源有明确的投入方向，得到更为有效的整合利用，由此获得更大的回报。

(一) 以明确的节目定位精准聚集人气

精准传播的背后体现的是市场细分的营销逻辑。作为市场营销学的概念，市场细分是指企业为了寻找目标市场，按照某种标准，例如从地理因素到人口统计学因素，从行为因素到消费心理因素等，将市场上的顾客逐步划分成若干个顾客群的过程。每一个顾客群构成一个子市场或亚市场，不同的子市场之间，需求存在着明显差别。市场细分理论的每一个细分依据都是为了进一步精确锁定目标受众，它以不断聚焦、缩小范围、明确边界为导向。

福建由于山地丘陵众多，自古交通不便，"八山一水一分田"的特殊地理环境使其成为"十里不同音，百里不同俗"的方言大省。福州话是闽江下游的旧福州府"十邑"的共通语，是闽东语的代表方言，也是福州民系所使用的母语，在福建方言中占有重要的地位。本地人把福州话称为平话，意为"日常生活中所使用的语言"，雅称晋安语。作为福州市首批市级非物质文化遗产项目，福州话的总使用人数超过1000万。《攀讲》通过市场细分，锁定目标客户群，确定方言杂志类电视栏目的市场定位，将福州方言区的观众作为沟通传播的对象，为自己划定了一个清晰的市场定位。独一无二的语言形式构成了《攀讲》的独特优势，也奠定了精准传播的基础。

（二）以接地气的独特内容精准提高吸引力

无论传播环境、传播技术和传播方式如何变化，一档电视节目的根本还在于内容是否吸引受众。《攀讲》从创办之初就一直致力于提升节目内在品质，加强节目内容建设，走精品化道路。特别是能站在受众的角度思考，并及时根据市场的反馈，不断改版，推陈出新。节目以"讲天讲地，讲这讲那"为口号，用方言和街坊邻里一起畅谈家事、国事、天下事，先后推出"攀讲话民俗""攀讲茶馆""攀讲一家人""攀讲名医馆"等许多有影响力的节目版块。节目素材多源自福州当地百姓的日常生活，聚焦当地普通民众关心的衣食住行等家常话题，内容以人为本。整体风格贯穿着平民视角，凸显平民精神。节目还特别注重挖掘地域文化，重视传统文化的传承，说好福州故事，传播福州声音。如特色版块"福州好好玩"里重点介绍福州传统风味小吃、历史名胜、传统技艺、民间传说等，让当地百姓倍感亲切，能够引起强烈的共鸣和认同。

（三）以亲民的主持风格精准拉近受众距离

与《攀讲》亲民的节目定位相匹配，主持人的风格类型也做了精心设定，走"邻家小妹"和"邻家大哥"的路线。在选拔标准上并不要求男女主持人具有多么出众的外形长相，但必须要有方言功底，而且语言要诙谐幽默，通俗生动，个性鲜明。相比那些正襟危坐、宏大叙事、字正腔圆、让人多少有些审美疲劳的节目，《攀讲》的主持人具有突出的亲和力，能将自己置于和观众平等的地位，用方言和嘉宾唠嗑拉家常，以"地瓜腔"的口音和观众进行自然的交流和互动，充分展现了地域特色。他们犹如一股清流，让人倍感亲切，没有心理压力，很好地拉近了观众与节目的心理距离。

（四）以有效的互动活动精准增强节目黏性

与观众进行精准的互动是节目扩大知名度和提升影响力、提高传播效果的重要手段。《攀讲》通过开展各种互动活动推广节目，融入人际传播交互性的优点，在节目和观众之间产生有效的联动，不仅给节目带来了活力，也极大地提升了观众观看的兴趣和积极性，突破了传统大众媒体单向传播的局限，避免了孤芳自赏自娱自乐的尴尬境地。例如节目针对观众反映的主持人福州话不够纯正地道的问题，专门开设了"你挑错我送礼"的互动版块，在提高节目收视率、促进节目质量提升的同时，也拉近了与观众的距离。此外节目还先后策划举办了有奖谜语竞猜、福州话主持人海选、"你消费我买单"超市闯关、《攀讲》主题歌欢乐大家唱、喜娘大赛、福州十邑春节联欢晚会等形式多样的活动。总体上，《攀讲》活动的特点是强调深入社区、贴近群众，向着品牌化、系列化、常态化、市场化的方向发展。精准的互动活动不仅为节目聚集了人气，有效增强了观众和节目之间的黏性，也极大提升了节目的品牌价值。

（五）以多元化的传播渠道精准触达受众

尽管当前传统电视端的收视群体还是以中老年人为主，但《攀讲》并未因此而忽视对年轻收视群体的开拓。《攀讲》高度重视新媒体端的传播优势，积极利用各种线上渠道与年轻人进行更精准的沟通，扩大节目影响力。例如，早期通过当地知名的福州家园网开通主题论坛，努力改变"福州话很土，上不了台面"的印象，让讲福州话变成一种时尚，在网上掀起了一股"福州话热"，为节目争取到了大量的年轻观众。同时栏目的主持人及采编人员还通过 QQ、微博、微信等平台与观众进行在线交流互动，汲取观众的意见和建议。

随着短视频的勃兴，《攀讲》为满足电视观众个性化和碎片化的收视需求，采用短视频的制作理念对新闻素材进行编排剪辑，实现了节目短平快的传播。例如，在录制完"2019 世界福州十邑春节晚会"后，对其进行分段式编排播出，同时以短视频形式在全网进行"我最喜爱的春晚节目"的评选，仅十多天就有超过 200 万人通过微信公众号和 APP 观看、点播和分享了节目的内容，并产生了20 余万张的选票，取得了很好的传播效果。

三、媒体融合给地方广电节目精准传播带来新机遇

传统时代的媒体在经营理念上其实很早就具有精准传播的意识，也采取了一些相应的措施和手段。例如，少儿节目对应少年儿童群体，养生节目对应中老人，体育节目对应体育爱好者等，都是精准传播的体现。但这种简单对应的所谓

精准传播无疑还停留在较为初级的阶段，因为现实情况是相同的受众会有不同的需求，不同的受众也会有相同的需求，例如少年儿童和中老年也可能喜爱观看体育节目。而如何让同一种节目精准触达不同人群满足相似的需求，实现更大范围和更实效的传播则是精准传播更为高级的阶段。只不过在传统媒体时代，要实现这样的精准传播缺乏进一步的手段。因此，虽然《攀讲》在精准传播的路上已取得不俗的成绩，但在以传统媒体为主的时代，仍然有较大的提升空间，节目实现精准传播的技术和手段相对而言还是比较粗放和简陋的。融媒体时代的到来给电视节目的精准传播提供了更多可能。

所谓融媒体即融合媒体，就是充分利用媒介载体，把广播、电视、报纸、互联网、新媒体等既有共同点又存在互补性的不同媒介，在人力、内容、宣传等方面进行全面整合，实现"资源通融、内容兼融、宣传互融、利益共融"的新型媒体。融媒体首先是一种理念，它并非一种独立的实体媒体，而是将广播、电视、报刊等传统媒体与基于互联网的新媒体加以整合，将各自的优势发挥到极致，使单一媒体的竞争力变为多媒体共同的竞争力。融合的前提在于各类媒体之间存在共同点，又有互补性。它是一种使媒体整体的功能、手段、价值等得以全面提升的一种方法和运作模式。在数字化的推动下，依托互联网思维，使各媒介的优势彼此得以互为利用，催生出全新的媒介生态群。各类媒介之间的边界变得日益模糊，在内容、机制、用户、技术、功能、平台、宣传等方面实现融会、融通。

四、对地方广电节目精准传播的思考与建议

（一）在多屏传播时代继续保持电视媒体的优势

多屏传播时代，人们的注意力不再局限于电视屏幕，而是在各种终端屏幕间游走，受众获取信息的渠道更加多元，拥有了更多的主动权。但总体而言，电视观众的规模仍远高于网络用户，电视媒体目前仍是人们获取信息的一个主要渠道。收视中国数据显示，2017 年，我国电视观众占全国 4 岁以上人口的 97.5%，在众多媒介中的依然占有较大优势。此外近年来观众收视时间虽呈递减趋势，但实际收看时间变化不大。

因此在精准传播上，电视媒体面对多屏的挑战，要保持定力，它依然具有不可替代的优势。要善于将传统媒体内容方面的优势与新媒体技术层面的优势进行

有机结合，不必自乱阵脚。相比网络等新媒体，电视媒体在内容上更长于深加工，更具权威性；在节目制作上对画面编辑和逻辑具有更好的处理方式，电视语言的运用更具专业性和表现力；在视听效果上，画质更高清，声音更逼真，能提供更高质量的视听享受。另外，多屏传播对促进电视媒体的精准传播也有积极的价值。节目的跨屏传播有助于形成传播合力，只要各媒体传播目标指向一致，殊途同归，将极大提高精准传播的力度和质量。

（二）推动移动优先战略

融媒体时代，信息传播渠道呈现多元化，互联网平台化、移动化和智能化是媒介融合的基本趋势。融媒体时代原先由传统媒体主导的传播格局正被快速重塑。以社交媒体为代表的各种新兴媒体拥有更为快捷灵活的传播手段和海量的数据处理能力，网络直播、短视频等各种新兴传播形式不断涌现，在传播形态和传播方式上极大超越了传统媒体。移动传播已成为主流。"互联网＋"是融媒体的先决条件，聚焦移动互联网的应用场景，把传统媒体垂直化转型为新媒体与自媒体，这是媒介融合的发展方向。因此，地方广电节目在传播渠道建设方面应重点推动移动传播。在保持电视渠道的传统特色和优势的基础上，一方面要充分重视和利用现代移动传播技术和网络平台，进一步整合优化微博、微信公众号、APP、抖音等各类移动终端，充分发挥现有移动端的传播优势；另一方面要做好移动端与电视媒体的深度融合，推动双方在信息资源、体制机制等层面上的共通共融，做到优势互补，不同平台协同发力，实现一体化运行。此外也要不断搭建新的传播平台，拓展新的互动模式，构建新的传播渠道，以更精准地提高节目的传播效率。

（三）充分挖掘人工智能的技术优势

移动化带来了一场新的传播革命。而要将海量信息与特定个体需求相匹配，实现精准传播，人工智能则是破题的关键。作为大数据技术和算法技术结合的产物，它是融媒体时代精准传播的技术核心。海量的用户数据和内容数据是人工智能技术运用于精准传播的基础，大数据满足了大量用户千人千面、个性化信息需求，依托大数据技术，实现了用户画像从整体到个体的转变。而算法技术的普及和进步，则为大数据的应用提供了有力的支持，实现了个性化的内容推荐，成为人工智能运用的必要条件。依托这两类技术，人工智能为精准传播提供了可能。借助人工智能，节目可对收集到的用户的海量行为数据进行分析，找到适合他们的内容进行推荐，和他们的需求对接，从而实现精准传播，让广电的价值得到进一步提升。

（四）发挥口碑传播的蝴蝶效应

口碑是早已有之的营销和传播方式。传统时代的口碑主要通过口口相传的模式将信息传播开来，由此形成强大的效应。它是一种非正式的人际传播，被视为一种廉价但又具有高可信度的信息传播形式，在影响受众态度和行为中能产生重要作用。受众是一切传播和营销的中心，口碑传播也不例外。在媒介融合时代，口碑传播借助网络，具有了更为快捷的传播速度，成本极低，效果明显。用户体验是传播的依据，电视节目在树立良好口碑的过程中要将满足观众的需求作为重中之重，为其提供良好的节目内容和观看体验，他们才会对节目产生好感，从而传播这种优质体验，形成口碑。这些口碑通过微信、微博等互联网平台进行传播，就能在目标群体中引发蝴蝶效应，实现精准传播。

（五）以深度传播提高精准传播的有效性

精准并不等于有效。仅强调针对精准用户的传播，并不是真正意义上的精准传播，因为有时即便节目精准触达目标受众，但他可能并不会看，即没有形成转化。因此，针对目标用户的精准传播，还需在触达的基础上进一步开展深度传播，例如通过亲友或 KOL 的推荐、兴趣社群议论、受众信任的媒介的推广等，吸引受众真正去关注节目，实现有效传播。在目标受众的认知范围内，要善于发挥不同媒体的协同作用，有的侧重内容曝光，有的侧重交流互动，有的侧重转化等。但不论采用何种手段，主要目的还是通过提高个体感知来提高传播的深度，使其印象深刻，对节目的认知更清晰，凝聚力更强。

（六）不忽视大众传播对精准传播的增效作用

在融媒体时代，面对精准传播的挑战，大众传播依然有其不可替代的重要价值。要提高电视节目对目标受众精准传播的有效性，还要充分发挥大众传播的作用。现代的消费除了满足人们功能性需求，越来越多是为了满足精神上的需求。精准传播的一个局限性在于仅针对特定目标受众传播，即只有自己知道，而其他人都不知道，犹如锦衣夜行。而大众传播恰好能弥补这一缺憾。它虽然不以精准为导向，却能让节目通过让更多的人知晓而创造舆论感知，带来更大的知名度。它能产生某种社会效应，让目标受众获得社会认同下的自我心理满足。通过看似不精准的面的曝光一则可辅助垂直的精准传播，巩固精准受众的个体感知，增强对节目的忠诚度，达到更高效的精准传播，二则有助于激发广大年轻观众群体的关注和兴趣。在这方面，大众传播依然是最为有效的渠道。

参考文献

［1］福州微生活．关于福州话，一文全知晓［EB/OL］．（2018－10－25）．https：//xw. qq. com/amphtml/20181025A1G7YG00.

［2］李霖华．（收视中国）多屏时代电视媒体的精准传播［EB/OL］．（2018－11－05）．https：//mp. weixin. qq. com/s/NM1vaxtzp2qyGahxmkZnDA.

［3］刘义萍．浅析城市台方言类节目的勃兴——以福州电视台《攀讲》为例［J］．当代电视，2011（12）：37.

［4］王宏．融媒体实务［M］．北京：中国传媒大学出版社，2020.

［5］杨沙．浅析《攀讲》节目缘何能够成功［J］．今传媒，2015（1）：105.

［6］赵桢．新媒体背景下电视方言节目的突破——以福州台方言品牌节目《攀讲》运作为例［J］．东南传播，2019（11）：117－118.

县级融媒体中心建设的典型误区与路径重构

——以福清市融媒体中心为例

甄伟锋

摘要：县级融媒体中心建设在顶层设计的助推呈现爆发式增长，但是建设的水平参差不齐。本文以福清市融媒体中心建设为分析对象，认为媒介融合存在的误区主要表现为：媒介融合基本逻辑错位，凸显为用户思维的缺失；盲目追求高科技配置，资源整合力度不全面；对媒介融合的主旨要义理解疏浅，导致实质性落地措施力度不够；忽视广大农村用户信息需求，不利于融媒体中心长效发展。因此需要我们在深刻理解县级融媒体中心建设主旨要义的基础上，重构县级融媒体中心建设路径：再造福清市县级媒体公信力，推动媒介融合走向纵深化；融媒体建设聚焦"政务＋民生"，大力拓展农村用户和信息市场；"整合＋营销"现有多元化资源，打通信息传播的"最后一公里"。

关键词：县级融媒体；媒介融合；误区；核心路径；舆论引导

一、顶层设计助推下的县级融媒体中心建设总体轨迹

（一）县级融媒体中心建设的起步：总体设计蓝图和典型经验推广

2014年8月，中央全面深化改革委员会第四次会议审议通过了《关于推动传统媒体和新兴媒体融合发展的指导意见》，把媒介融合上升为国家战略，开启了国家级层面上的媒体大融合。伴随着技术的加持以及政策的助推，在过去的几

年中，中央和国家级包括部分省级媒体的融合进度较快，并出现了一些相对成熟的"××模式"。随着媒介生态环境的不断变化，基层媒体日益受到关注。2018年8月召开的全国宣传思想工作会议上，习近平总书记提出要抓好县级融媒体中心建设，更好引导群众、服务群众，首次把媒介融合进一步下沉到县级融媒体层面。在具体部署上，2018年9月中宣部在浙江长兴融媒体中心召开县级融媒体中心建设现场推进会，强调要在2020年底基本实现在全国的全覆盖。县级融媒体中心建设实践需要总体规划和指导，因此11月中央全面深化改革委员会第五次会议审议通过了《关于加强县级融媒体中心建设的意见》，提出县级融媒体中心建设的重要使命和建设的总体规划。

（二）县级融媒体中心建设的深化：多项国标的落地和地方标准的面世

随着县级融媒体中心建设的逐渐推动，日益需要有个统一的建设标准进行总体指导，2019年1月15日，中宣部联合国家广播电视总局公布《县级融媒体中心省级技术平台规范要求》和《县级融媒体中心建设规范》，从省一级的融媒体中心到县级融媒体中心进行了详细的规范和要求，为实现省市县联动，在宏观和微观层面，为做好县级融媒体中心建设提供技术、设备等多方面的规范标准，大力促进了县级融媒体中心建设的总体步伐。1月25日，中央政治局在《人民日报》新媒体大厦举行了第十二次集体学习，习近平总书记对全媒体时代媒体融合进行了总体部署，提出要构建"全媒体传播体系"，进一步深化"现代传播体系"，并提出了要实现"全程媒体、全息媒体、全员媒体和全效媒体"的重要论述，这些重要的指导思路为我们建设县级融媒体中心，把握媒体发展趋向，有着重要的启发和指导意义。为了进一步推动媒介融合发展，尽快建成习近平总书记期待的媒体格局。2月25日，在北京召开了一次专门针对媒体深度融合的会议，强调要大力推动媒介融合，适应全媒体时代发展的大趋势。经过前期的建设标准的实施。4月11日，国家广播电视总局发布了《县级融媒体中心网络安全规范》《县级融媒体中心运行维护规范》和《县级融媒体中心监测监管规范》，这些更加详细的规范为县级融媒体中心建设提供了全方位的安全、维护和监管标准，相比之前建设层面的技术标准，本次三个文件的发布是立足于建成之后县级融媒体中心的维护和长效发展的问题，因此算是县级融媒体中心建设和发展的持续化和深入化阶段。随着县级融媒体中心建设发展的持续推动。10月14日，湖州市发布了国内首个县级融媒体中心建设的地方标准——《县级融媒体中心管理与服务规范》。接下来，高标准、符合未来传媒发展趋势的县级融媒体中心蔚然成风。

（三）县级融媒体中心建设上升为国家战略：纳入"十四五"规划和总体发展战略

进入 2020 年，国家政策层面对县级融媒体中心建设的总体谋划和扶持力度再次加大。9 月，中共中央办公厅、国务院办公厅印发了《关于加快推进媒体深度融合发展的意见》，明确提出要完善中央级媒体、省级媒体、市级媒体和县级融媒体中心四级融合发展的布局，为我们科学布局县级融媒体中心建设，顺势融入省市级媒体提供了强大的外在推力。如果说上述布局是对县级融媒体中心建设的一种新推动的话，那么上升到"十四五"规划的县级融媒体中心建设则更凸显其自身的战略意义。11 月 10 日，《中共中央关于制定国民经济和社会发展第十四个五年规划和二〇三五年远景目标的建议》发布，其中明确提到"推进媒体深度融合，实施全媒体传播工程，做强新型主流媒体，建强用好县级融媒体中心"，这是把县级融媒体中心建设提高到国家级规划层面并纳入国家总体发展战略的阶段性部署和安排，属于国家总体发展战略的重要有机构成部分。

二、福清市县级融媒体中心建设的典型误区分析

按照 2018 年福建省县级融媒体中心建设推进会的日程安排，在 2020 年底前，县级融媒体中心建设要实现全省全覆盖并完成验收，截至 2019 年 3 月 10 日，福建已完成全省 84 个县区融媒体中心的挂牌工作。其中 2018 年 11 月福清市融媒体中心正式揭牌成立，正式迈出县级融媒体中心建设步伐。截至目前，福清县级融媒体中心福清融媒体中心拥有 2 个官方微信公众号——"壹福清""福清哥"，2 个官方微博，1 个手机客户端——"壹福清 APP"，1 个手机网——"壹福清 WAP"等传播平台以及 10 个主流网络媒体，形成共计 20 余个全媒体平台的融媒体宣传矩阵。总体来看，福清县级融媒体中心已经形成相对科学的媒体传播矩阵，还有少量传播平台跻身福建省前列，在体制机制创新方面，形成了相对科学的"六部三中心"的大部制架构。但是总体来看，福清县级融媒体中心建设过程中依然存在一定的弊端，主要表现如下：

（一）媒介融合基本逻辑错位，凸显为用户思维的缺失

媒介融合的关键在于实现从"相加"到"相融"，在于实现观念、技术、人员、流程等多方面的重构和再造，绝不是简单的建立多媒体矩阵，多个渠道发

声，而无重点突击的方向和渠道。也就是从总体上来说，并未形成习近平总书记所说的"全媒体格局"。在大数据时代，媒介必须面向用户，这就涉及一个思维的转化，要把受众变为用户。《互联网思维独孤九剑》作者赵大伟提出用户思维，即站在用户的角度去重构传统媒介生态。但福清市县级融媒体中心的建设过程中，对于用户的处理看待，还是习惯于从媒介或传播者的角度去构建，倒置了媒介融合的基本逻辑，导致当下的县级融媒体中心建设成为众多技术、资金、旧观念的集中营。比如，投入重金研发的"壹福清APP"，虽然在刚开始的时候有过较快的下载量和用户活跃度的增长，但是后续由于缺少数据营销、服务营销和事件营销意识，下载量和活跃度下降较快。同时福清市县级融媒体中心过分重视媒介形式的新颖化和种类多样化，大力构建新媒体矩阵，今日头条、百家号、大鱼号、抖音、微信、微博、客户端、网站、报刊、广播、电视等全线出击，追炒直播卖货等形式，虽然在特殊的时间段数据相对漂亮，但是形不成拳头产品，眉毛胡子一把抓，一味地追求大而全。重视媒介信息的无缝覆盖，而不强调效果监测、舆情应对和测评，仅仅是信号覆盖和到达，而不是内容到达和影响到达，因而对群众的引导力和服务力难以形成合力。

（二）盲目追求高科技配置，资源整合力度不全面

当前福清市县级融媒体建设过程中耗费将近 3000 万元购买高清数字电视大屏幕，开创了全省县级广播电视台建设无线高清数字图片传输系统的先例，并且相续升级了信息采编平台等技术平台，新建了多个全媒体指挥、调度、采编、分发、舆情分析中心等，在实景传输、虚拟成像等新闻产品方面确实有所行动。但是总体来看福清市县级融媒体中心建设过于依赖高科技的堆砌，大幅度资本投入，缺少对本地区经济发展、财政收支、用户基数、媒介消费和使用行为等因素的系统规划，追求数据上的漂亮，忽视了真正服务群众、引导群众的根本任务。未经系统调研与科学分析就重金上马"中央厨房"及相关配套设施，盲目追求宏大的办公场地、齐全的高端设备，上档次的各种"云"、"库"和"中央厨房"，引进诸多所谓的专家学者坐镇。过分强调一县一融合中心，强调要用自己的人、自己的物来搭建自己的融媒体中心，低效对接上级省市级既有平台，媒体资源的整合力度和水平欠佳。与福清市融媒体建设情况类似的还有山东广播电视台的融媒体中心建设耗资 1.38 亿元，河南大象融媒体集团"新闻岛"投资 1.6 亿元，而这仅仅是前期硬件投入，后续还有不菲的维护和服务支出费用，这不仅会让本就捉襟见肘的县级财政难以支撑，还将不利于县级融媒体中心的长效发展和"引导群众、服务群众"目标的实现。

（三）对媒介融合的主旨要义理解疏浅，导致实质性落地措施力度不够

当我们如火如荼大力推进县级融媒体中心建设之时，是否应该深度思考媒介融合的主旨要义，即媒介融合是什么这一核心问题。媒介融合，是内容和形式的融合，思维和行动的融合，技术和产品的融合，新闻、信息与服务的融合，媒体与群众的融合。但是在融媒体中心建设的实际过程中出现了忽视融合本质，把融合简单化、粗暴化，甚至直接照搬"长兴模式""项城模式"等现象，对外依赖程度较高，不利于县级融媒体中心自身健康发展。比如福清市县级融媒体中心建设就存在着照搬照抄某一模式，按照人家的标准和方案进行自我嫁接，试图通过资金和政策的红利，来完成所谓的"县级融媒体中心建设的引导群众和服务群众"的使命的现象。因此当我们现在回看很多区县级融媒体中心建设成效的时候，剩下的除了光鲜的硬件设备，软件方面的创新和提升并不明显，也就意味着融媒体中心建设的宣告失败。所谓的媒介融合成败的标准，正如朱春阳教授所指出的：媒介融合是否充分的试金石之一就是能否在事件发生的第一时间抵达现场，并在移动端通过多种途径传播真相，挤占谣言和谎言的滋生空间。福清县级融媒体中心建设的努力方向就应该是朝着发现真相和提供服务方面努力，要真正实现传统媒体和新兴媒体的融合，发挥引导群众，服务群众的基本任务，就要充分发挥其新闻性、真实性和服务性，第一时间到达新闻现场，带给观众和用户最新、最全的信息，这也是县级媒体重造公信力的重要步骤。总而言之，只有充分理解了县级融媒体中心建设的主旨要义，我们才能在行动上不跑偏、不掉队，才能强化"引导群众和服务群众"的使命感。

（四）忽视广大农村用户信息需求，不利于融媒体中心长效发展

随着移动智能手机的普及，农村移动手机用户已经占据绝大多数。第44次《中国互联网络发展状况统计报告》显示，截至2019年6月，我国农村网民规模为2.25亿，而通过手机APP、微信公众号等浏览信息的农村用户超过8亿人，而这些人口基本上分布在全国2862个县（县、自治县、旗、自治旗、特区、林区、县级市）中，因此县级融媒体中心建设绝不能忽视这一数量庞大的用户群体，这是区县级融媒体中心建设的核心服务对象。同时在融媒体建设过程中，因为对媒介融合理解不到位，导致信息推送千篇一律，信息推送频次没有规律，推送时间不符合用户媒体使用习惯，官样文章、领导工作依然占据首位，事关百姓切实利益的，如惠民政策、车辆违章查询、天气、交通信息、农业信息……涉及很少，网络谣言回应不及时，迷信、诈骗、传销等信息关注度不够，舆情监控不到位，缺少优质用户沉淀，远期垂直细分行业经济效益无从谈起，进而使得福清市县融媒体的建设进入了一种怪圈，表面看似繁花似锦，但内在酸甜苦辣只有自己知道。凡此种种均不利于福清县级融媒体中心的长效发展，因此需要重点突破和应对。

三、福清市县级融媒体中心建设的路径重构

（一）再造福清市县级媒体公信力，推动媒介融合走向纵深化

首先是要启动福清市县级媒体公信力再造计划，重建百姓对当地媒体的信任。由于福清市县级媒体受到市场的压力和体制机制的制约，为了能够生存下去，在市场化的过程中走了一些弯路。比如，为了广告和企业赞助而降低了对新闻信息真实程度的科学谨慎把关，久而久之福清当地媒体的公信力受到严重挑战，当地百姓越来越不相信本地媒体。再加上外部 BAT、央媒、发达省份的卫视等多种多样的强势媒体的介入，福清市县级媒体的收视率、影响力极度弱化，处于"弱存在感"。所以媒介融合中心建设的首要前提是重建普通百姓对当地媒体的信心和信任。只有相信你说的，才可能会接纳你说的，进而做你所说的。破解之道在于打造老百姓离不开的政府服务体系（违章查询、医院挂号等）和对接专业服务平台（外卖、电商），要充分发挥舆论监督作用，及时澄清谣言和播报百姓身边的事件，逐渐培养用户对当地媒体的使用频次和信任度，构建用户和媒体的良性对话。在公信力重构的基础上，县级融媒体中心建设要努力通过体制机制创新，以技术为驱动，实现媒体在管理和平台上的革新；以内容提升和渠道拓展为基点，打造内容、渠道和服务生态闭环，打造本地强势的百姓服务型平台，进而实现平台用户的积累、变现，以及媒介经营和管理上的创新，把县级媒介融合推向纵深。

（二）融媒体建设聚焦"政务+民生"，大力拓展农村用户和信息市场

十九大报告提出"要转变政府职能，深化简政放权，建设人民满意的服务性政府"。从政务角度来说，福清市县级融媒体的建设可以利用本次县级融媒体中心建设的契机，大胆改革，切实推动政府服务体系的串联，以当地现有的媒介为平台，集合政府多个部门和重点企业、民生工程为一体，实现老百姓真正跑一次的科学服务，重点在"政务和民生"上突击，打造老百姓离不开的平台。同时要适当嵌入部分直播卖货、外卖预定、违章查询、交通信息、招聘求职、生活缴

费等功能，在探索中实现新的媒介功能的延伸。可以参考浙江安吉 APP，通过大力整合新闻发布和各项其他服务，打造成为老百姓每天必使用的 APP，现在日活跃用户 20 多万。这是互联网思维之"用户思维"的重要体现。

第 44 次《中国互联网络发展状况统计报告》数据显示，农村地区互联网普及率为 38.2%，93% 的家庭拥有手机，96% 的网民使用微信，因此农村用户不可忽视。县级融媒体公信力的打造在农村，引导力成败很大程度上也取决于农村，服务的绝大多数用户也在农村。当前农村百姓的信息需求还处于市场空白点，这个时候福清市县级融媒体中心的重点突击方向就是深入农村和百姓，发掘农村新鲜事，及时反映百姓呼声，及时传达政府声音，急百姓之所急，想百姓之所想，这样才算是为后续"引导群众和服务群众"奠定用户基础。

（三）"整合＋营销"现有多元化资源，打通信息传播的"最后一公里"

"整合营销传播理论"源于世界级营销学家唐·E. 舒尔茨，即重视消费者的需求，充分调动企业资源为实现企业传播目标而进行的整合的系统营销传播行为，目的是使企业能够将统一的传播资讯传达给消费者。在福清市县级融媒体中心建设中，我们同样需要重视用户的信息需求。通过整合信息、媒介（福清侨乡报、福清广播电视台、福清新闻网）以及现有的人财物等资源，在打造本地主流舆论媒体的总目标下，把拳头媒介推向市场，实现整合营销传播、精准营销传播、智能营销传播和服务优化升级，整合市属"一报一台一网"媒体主阵地及其所属 1 个广播频率（FM880）、2 个官方微信公众号、2 个官方微博、1 个手机客户端、1 个手机网及 10 个主流网络媒体入驻头条号或直播平台，形成共计包含 20 余个全媒体宣传平台的融媒体宣传矩阵。福清的融媒体建设，要敢于打破狭隘的本地思维，善于借力头部区域媒体集团既有的"中央厨房""×××云"等资源，借力周边区县媒介生态圈，通过资源共享来降低成本，实现区县级媒体形态和生态的再造。当然可行路径还有与其他媒体、高校和专家建立智库联盟，与中央、省、市媒体展开渠道合作，在中央、省、市媒体的帮助下承建。福清市县融媒体中心建设要大力借助"福建广电网络县级融媒体云平台"，解决县级融媒体中心建设的周期长、资金少、技术薄、人员少等问题，减少重复低效的建设和浪费的弊端。此外，要通过打造"一次采集、多种生成、多元发布、全方位覆盖、科学评价、高效应用"的生产流程和模式，打通传统的生产、传输、编辑、分发环节之间的隔阂，打通基层信息传播的"最后一公里"。

习近平总书记在全国宣传思想工作会议上强调"要扎实抓好县级融媒体中心建设，更好引导群众，服务群众"，这是以福清市县级融媒体中心建设为代表的全国县级融媒体中心建设所面临的根本任务和行动指南。当务之急，是破除实践误区，在重建媒体公信力和权威力的基础上，结合实际有效整合自身、周边资源，选择最契合自身媒体生态发展的建设模式，进而打造福清市县级新型主流媒体矩阵和平台，提高福清市县级媒体的传播力、引导力、影响力和公信力，精准承担"引导群众和服务群众"的媒介使命。

参考文献

［1］CNNIC 发布第 44 次《中国互联网络发展状况统计报》［EB/OL］.（2019 - 08 - 30）. http：//www. cnnic. net. cn/hlwfzyj/hlwxzbg/hlwtjbg/201908/t20190830_70800. htm.

［2］中国网信网：看福建福州县级媒体融合的"福清探索"［EB/OL］.（2020 - 08 - 12）. http：//www. cac. gov. cn/2020 - 08/12/c_1598792794386215. htm.

［3］朱春阳. 县级融媒体中心建设：经验坐标、发展机遇与路径创新［J］. 新闻界，2018（9）：21 - 27.

如何实现福州元素的市场表达

戴程 刘敬 李群 于潇

一、福州城市元素与城市资源

（一）自然资源

福州自然资源丰富多彩，其核心要素为"山""海""江""泉""榕""石"，其中以"泉""榕""石"最为突出。

1. 山

福州是一个典型的河口盆地，盆地四周被群山峻岭环抱，这些山的海拔多在600~1000米，适合游人登高。福州市东有鼓山，西有旗山，南有五虎山，北有莲花峰，多山的地貌特征为城市景观增色不少。福州市民间谚语"三山隐，三山现，还有三山看不见"就是其形象的真实写照。

2. 海

福州市位于闽江入海口，海岸线长达1137千米，占福建省的三分之一，沿海多天然港湾，著名的马尾港自古以来就是我国与东洋、南洋海上交通的重要港口。此外，福州市还拥有被称为全国第五大岛屿的海坛岛。优质的滨海旅游资源与丰富的海洋文化共同构成了福州市海滨旅游城市的重要特色。

3. 江

福州市境内河网密布，淡水资源十分丰富，闽江穿城而过，形成了福州市独特的滨江都市景观。福州市滨江地段的成功改造已使闽江沿岸成为福州市都市旅游形象的重要展示窗口，吸引了众多市内居民和外地游客休闲观光。

4. 泉

福州市是我国最具代表性的温泉之城。同时它也是全国三大温泉集中地之一。在面积约 9 平方千米的都市核心区蕴藏了极为丰富的温泉旅游资源。福州市温泉水温较高，多在 60 摄氏度左右，内含丰富的矿物质及多种微量元素，非常适于洗浴和疗养，福州市民日常休闲的一个重要方式就是泡温泉。因而，福州市作为温泉之都的品牌已经深入人心。

5. 榕

福州市种植榕树的历史，可以一直上溯到公元 1064 年，宋太守张伯玉导植榕，以至于全城"绿荫满城，暑不张盖"。福州市城内有许多百年乃至千年的古榕树，其中位于北郊森林公园的千年榕树王，更是吸引了无数的中外旅游者。另外，从种植面积来看，比国内其他将榕树作为市树的城市要大得多，是名副其实的"榕城"。

6. 石

福州盛产寿山石，寿山石雕取材于脂润如玉、灿烂多彩的寿山石，田黄石是寿山石中的罕见珍品，人称"石中之王"，价超黄金，乾隆太上皇石印，就是用田黄石雕刻的印章。许多关于寿山石的诗词、游记、传记、论著、书法、篆刻、绘画、摄影应时而生，使其文化内涵日益丰富。文化部已将寿山石雕刻技艺列入全国第一批非物质文化遗产名录的"美术"类之中。寿山石雕已成为中国民间工艺百花园"文雅""精美""凝重""睿智"的象征，并成为榕城民间工艺"三宝"中的典型代表。

（二）人文资源

1. 人文资源汇总

福州作为国家历史文化名城，是"海上丝绸之路"的重要门户。福州沿海外向的区域特色和渊远流长的历史底蕴，孕育了以三坊七巷文化、船政文化、昙石山文化、寿山石文化为代表的闽都文化和多元化的宗教文化，并创造出了多姿多彩的民间工艺、戏曲艺术、饮食及民俗文化，形成了"海纳百川、有容乃大"的城市精神。

目前福州拥有国家级历史文化名城 1 个（福州市）、历史文化名镇 1 个（永泰县嵩口镇）、国家 5A 级景区历史文化名街 1 个（三坊七巷）、国家生态旅游示范区 2 个，全国重点文物保护单位 17 处、省级历史文化名镇 2 个、历史文化名村 6 个、省级文物保护单位 94 处、国家级风景名胜区 3 个、省级风景名胜区 3 个、国家 AAAA 级景区 13 个、温泉之乡 2 个。

2. 福州市影视宣传中的人文资源

（1）景观建筑。综观 7 部形象片，比较连贯一致地突出了"外围为山海福州，内部为山水江城"的景观特征；此外，榕树、白塔乌塔、罗星塔、镇海楼、鼓山风景、马尾船政等景观元素也是传播重点。新的景观，如海峡会展中心、福道、福州港等逐渐进入了新福州城市品牌符号体系中。

（2）风俗文化。突出了闽剧、寿山石、脱胎漆画、软木画等，此外也涉及了油纸伞、摩崖石刻。但被人们津津乐道的"福州三宝"没有作为整体形象出现，其中三宝之一的角梳没有出现。此外，风俗文化的展现只突出了具体的工艺品，没有概括出"闽越文化"（参看《杭州》城市宣传片，除了涉猎具体的工艺品，也有概括出吴越文化）。

（3）饮食特产。仅仅突出了茉莉花茶、肉燕两大类，对其他饮食特产的介绍比较笼统，略显单薄，不够重视。

（4）人物特征。文化名人方面，林则徐和郑和是反复出现的代表性名人，但两人均为历史名人，缺少近现代的名人。符号性人物方面，茶艺女和古筝女的多次出现代表了福州清新温婉的城市风格。而最美普通人缺乏辨识度，建议增加一些接地气的福州本土、新移民、海外华侨等有特点的普通人形象。

（5）经济产业。突出了海港、枢纽城市的特点，突出了VR产业，其他的产业呈现比较宽泛。

（6）视觉象征。

城市LOGO：从2017年起，影片《世界华文传媒论坛宣传片》中开始出现了福州城市LOGO，其主体形象的图案源自三坊七巷建筑的上翘屋檐，下方则是"中国福州"汉字和拼音的结合。整个LOGO形象简洁大方，但是同杭州城市LOGO雷同，且没有将福州的核心文字意象"福"字融入图片形象中。

"福"文字意象：突出"福"文字意象应该是一个传播的热点和重点，但关于"福"文字意象仅在2015年《福天福地福州游》通过烛光和玫瑰花瓣的造型进行渲染后，就没有在其他形象片中再次出现。

"船政文化"意象：船政文化意象曾多次通过三维动画的形式出现在影片中，如能照顾到连续性，识别性则更好。因为出海航行的海船意象比较常见，不具备辨识性。可以突出造船科技、海军培养等更有特点的元素进行提炼。

（7）历史人文。深度挖掘和整理福州的历史脉络发现，有一条主线贯穿了福州的地理和历史。无论是从地理上还是从历史上来看，鼓屏路和八一七路所构成的是福州的中轴线（见图1）。以该中轴线为脉络我们发现，从福建省政府出发一直走到烟台山，整整走了上千年：第一站是屏山、冶山的神秘闽越文化，过了冶山就是宋文化，此处体现的是福州的政治文明；再继续往南走到三坊七巷就到了以明清时期为主的贵族士大夫历史文化，该处反映的是坊巷中的制度文化；沿八一七路继续向南就走到以上下杭为代表的商贾文化，该处反映的是福州历史上的经济文化；终点到达烟台山，其中的十七国领事馆所代表的是近代福州的殖民文化。

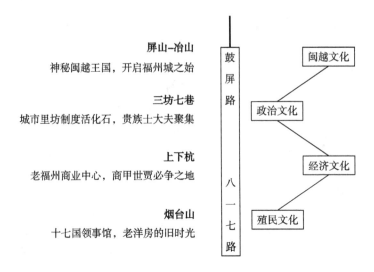

图1 福州历史人文资源主线脉络

丰富的历史文化资源沿着中轴线展开，带给了福州一条天然的文化创意产业街区布局图。中轴线的周边不乏西汉遗址、乌塔白塔、欧冶池、鼓楼、文庙、摩崖石刻、明城墙、鼓楼遗址等重要历史文化资源，更充实了这条历史文脉的核心内涵。从自然、历史、文化的动静结合来看，该中轴线很好地将历史文化的动感与自然遗址的静感融入在了一起，是福州文化创意与城市更新、发展、建设的亮丽风景线。

（三）福州城市元素资源列表

1. 资源列表及资源整合与技术

如表1和图2所示。

表1 福州城市元素资源

山、海、江	福州港	古筝女
榕树	海峡国际会展中心	最美普通人
三坊七巷	福州海陆空交通枢纽	文化名人
榕树	福州市市民服务中心	两岸枢纽城市
乌塔、白塔	茉莉花茶	长乐 VR
西湖公园、左海公园	肉燕	五大支柱产业
闽江口湿地公园	荔枝肉	新兴产业
闽江公园、乌龙江公园	安泰酒楼福州小吃	福字

山、海、江	福州港	古筝女
镇海楼	闽剧	福州 LOGO
西禅寺	寿山石	福州海域图
五一广场	脱胎漆器	坊巷文化
罗星塔	摩崖石刻	海上新丝路
马尾船政	软木画	茉莉茶艺女
鼓山景区	油纸伞	福道
青云山景区	林则徐雕像	长乐海滩
平潭岛风景	郑和雕像	昙石山文化
船政文化		

注：深色标注的部分是最具代表性的福州元素符号。

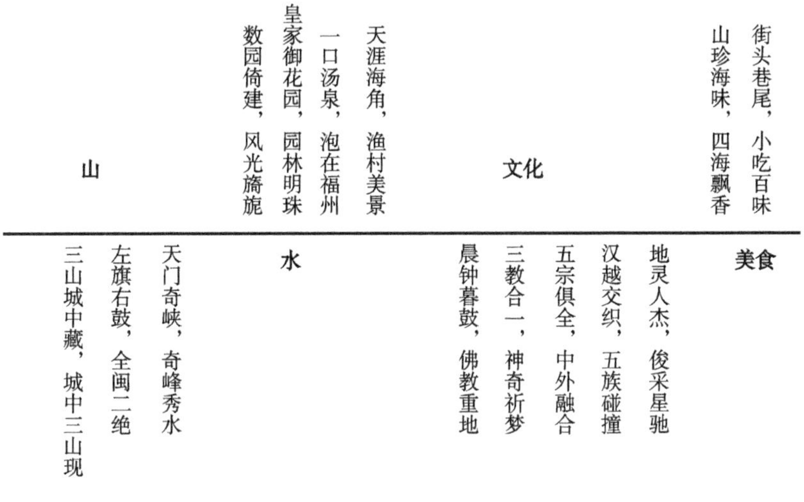

山
数园倚建，风光旖旎
皇家御花园，园林明珠
一口汤泉，泡在福州
天涯海角，渔村美景

水
三山城中藏，城中三山现
左旗右鼓，全闽二绝
天门奇峡，奇峰秀水

文化
街头巷尾，小吃百味
山珍海味，四海飘香
地灵人杰，俊采星驰
汉越交织，五族碰撞
五宗俱全，中外融合
三教合一，神奇祈梦
晨钟暮鼓，佛教重地

美食

图 2　福州资源整合与描述

2. 资源综述

综上，将福州城市资源进行归类整理后发现，自然资源的核心是以"树、山、海、江"为主体的"幸福资源"，该资源与居民的生活环境息息相关，从气候、温度、景观、设施等角度体现出来；人文资源是基于古代史和近现代史出现的以"坊巷与船政文化"为核心，以手工业、商业等为立体延伸的人文历史资源。幸福资源是人文资源的铺垫与基石，以坊巷文化与船政文化为代表的历史文化资源是幸福资源的拉伸与提升。从横向比较来看，其独特性和重要性程度如图 3 所示。

图3　福州城市资源星状

从图3可见，福州人文历史资源中的船政、名人、坊巷等文化及其设施的核心是坊巷文化，也就是说，坊巷文化折射出的明清文明及其附属设施是福州人文历史资源的核心。而从自然资源及代表性民俗等资源来看，是以榕树为核心产生出来的。榕树之所以被定位为其自然资源及代表性民俗等资源的核心，一方面是在进行全国性城市间横向比较后，提炼出的具备一定具象功能的形象资源，另一方面虽然赣州、温州等城市也将榕树作为市树，但从种植覆盖面和代表性象征看，福州覆盖面更大，代表性更强，极具区域象征。

目前，福州城市元素表达方式众多，建筑外立面、少数城市雕塑、公益广告牌、部分公共服务人员附属物、公共服务设施或场所等，所体现的内容以表1为主。从表1可知，在所有的媒体或介质上体现的福州元素丰富繁杂，不能统一形象，亦不能以统一的声音和图像说话，没有进行整合营销传播。虽然以榕树、林则徐、三坊七巷、茉莉花茶、闽剧、乌塔白塔、软木画、船政文化等为代表的福州元素断断续续见诸各种媒体，不断强化消费者对福州城市形象的认知，但是，由于缺乏整合营销，缺乏标志性形象的统一传播，很难在消费者中留下深刻的城市精神的综合感受，这种状况亟待解决。具体来说，可考虑从以下两方面着手解决该问题：

（1）做"活""坊巷里"。当我们从纷繁的福州人文历史文化中挑选出坊巷文化作为核心文化的时候，就应该客观审视"坊巷"的内涵和外延。目前，三坊七巷所代表的福州坊巷文化的主题宣传和核心口号通常是"明清建筑博物馆"等，然而，三坊七巷所代表的坊巷文化内涵应该是其坊巷中的名人、市井、故事、手艺、牌坊、邻里等。要想让一个冰冷的建筑变得更有人情味、更有内涵、更让人挂念，应该做活建筑群里的人、物、事。

意欲做活人、物、事应首先提炼坊巷文化的核心内涵，寻找核心内涵的着力点，也就是说坊巷文化应该虚实结合、动静相宜，但落脚点和着力点应该是具象的。其次，坊巷内映射的人、物、事都应该萦绕在这个着力点周围。当需要将坊巷文化具象的时候就必须考虑相关文化表现和内涵建设，如坊巷中的人与故事的演绎，将冰心故居产生的故事、林觉民在三坊七巷演绎的故事现代化、艺术化、电影化、动漫化等，用现代艺术进行再现和再创作，在故居中除了保留或复原当年原貌的环境，更应该加入绘画、艺术品、衍生品、电影、动漫等产业的场景再现、文化产品开发等内容。除此之外，还应该将坊巷中的所有故居的故事、人进行整理，寻找内在联系，变成故事或绘本。所有故事和人进行场景再现，这样就能明确找到具象表现内容。让坊巷不再是冰冷的建筑，而是有故事的建筑，且里面的几乎所有的名人关系、社交状况、环境建设等都能跃然于新媒体之中，让每个置身坊巷中的人都能从各个角度和各个地方感受到来自明清时期的社区氛围。还应注意的是，这种氛围和文化必须有利于传播，方便用现代媒体拍摄、制作与转发。同时，为营造文化氛围，每个坊、巷的街区中还少不了手工艺人的吆喝、工艺的再现、定期化的文化活动展演与互动等。只有整合营造文化氛围，才能使消费者感受到来自明清文化的坊巷内涵。

（2）做"全""榕树下"。福州植榕，古风传承。尤其在北宋时期，太守张伯玉倡导"编户植榕"，使得全城"满城绿荫，暑不张盖"，彼时的福州就有了"榕城"之美誉。目前福州城区的古榕树达千株之多，而城市道路、学校、机关单位、医院等场所散布的榕树更是数不胜数。榕树之常青常绿、根须庞大、积淀悠远、荫庇壮观等特征正是福州城市精神的最佳体现，因此被确定为市树。福州榕树的特别之处还在于其承载的故事之丰富，如位于福州森林公园内的千年古榕，树冠投影面积达1330多平方米，该树相传是北宋冶平年间的三位武官练武时植下的。从此意义出发，福州的榕树不仅是自然景观，更应该是承载了历史文化的自然符号，做好榕树文化和"榕环境"至关重要。因此，我们提出要"做全榕树下"。

意欲做全榕树下，应本着自然资源优先的原则，在城市环境上着力打造全榕树的大榕城。从城市景观、市容市貌、立面墙体、教育机构、医疗卫生、公共设施、服务机构、公务用车等硬环境到城市服务人员、志愿服务人员、公共机构人员 BI 一致化、VI 一致化等软环境都要做到榕树概念的统一贯穿。不仅在外在表现上要做全榕树下，而且在内涵建设上要注重榕树话题和概念的深入人心。为此，应开展全方位的线上线下活动，将榕树概念、VI、精神融入每个福州人的心中，做好内部营销与沟通。例如，每月一次大活动、每周一次小活动，通过开展以榕树为主题的类似"城市家具""绿色跑道""艺术设计""雕刻竞赛""榕树住区""榕树角落"等的活动，不断输送榕树理念，让以榕树为背景或主题的互动活动见诸媒体或亲近民众，达到人与树的有机融合，形成良好的宣传推广效果。

在未来的城市 LOGO 设计中，应尽量将榕树元素融进去，结合坊巷文化，让榕树的元素符号分布于城市之中。同时，为扩大榕树概念的外延，政府还需强化榕树概念符号在对外宣传和交流中的展现，如强化宣传媒体中榕树符号和榕树活动的展现次数，增强以榕树为题材的文创产品的开发力度，增加对外交流中以榕树为题材的礼品或工艺品种类和数量等。

二、福州城市形象定位与城市旅游现状分析

（一）福州城市形象定位现状

2016 年，福州市旅游文化市场发展虽然取得了良好的成绩，却处于由低水平供需平衡向高水平供需平衡提升的过程中。本次研究通过问卷星网站以发放调查问卷的形式进行市场调研，共 103 位去过福州的人填写问卷，其中有效问卷 99 份，回收率为 96.1%。有效问卷中福州当地居民 20 位，去过福州的外地游客 79 位。

根据 20 位福州当地居民调查结果，发现最认可的福州旅游形象定位前三位为"有福之州""榕城""海滨邹鲁"，这些都是传统的福州形象定位，也是人人皆知的常识性描述。而 79 位去过福州的外地游客，最认可的福州旅游形象定位前三位为"温泉之都""海西榕城""南方休闲之都"。而目前政府主推的定位符号和广告语为"温泉古都有福之州"。从调查结果来看，本地人和外地人在"榕城"的定位上是重合的，温泉之都在福州人心目中印象并不深刻，这也从另一个角度映射了"温泉"文化之于福州城市形象定位并非最佳选择。

1. "温泉古都"不适宜作为福州城市形象定位或口号

综观联合国教科文组织有关"全球创意城市网络"城市会员的定位，虽林林总总，但总有一些标志性称号或类别性特征。如设计之都：柏林、神户、名古屋、首尔、上海、格拉茨、圣埃蒂安等；民间艺术之都：阿斯旺、金泽、仁川、杭州等；文学之都：爱丁堡、艾奥瓦城、诺里奇等；电影之都：悉尼、博拉德福德等；美食之都：波帕扬、成都、厄斯特松得等；音乐之都：博洛尼亚、塞维利亚、波哥大等；媒体艺术之都：里昂、札幌等（见表2）。从联合国教科文组织的分类来看，通常消费者会习惯于将城市进行归类定位，因此，各种"……之都"便应运而生。然而，如果这种定位不是极具代表性或特殊性，其定位就变得模糊不清，无法形成消费者的"铭刻性记忆"。

表2 联合国教科文组织认定的文化产业之都

音乐之都	意大利博洛尼亚、西班牙塞维利亚、英国格拉斯哥、比利时根特、哥伦比亚波哥大、中国哈尔滨
设计之都	德国柏林、阿根廷布宜诺斯艾利斯、日本神户、日本名古屋、加拿大蒙特利尔、中国深圳、韩国首尔、中国上海、奥地利格拉茨、法国圣埃蒂安、中国北京
文学之都	英国爱丁堡、美国艾奥瓦城、澳大利亚墨尔本、爱尔兰都柏林、冰岛雷克雅未克、英国诺里奇、波兰克拉科夫
电影之都	英国博拉德福德、澳大利亚悉尼
美食之都	哥伦比亚波帕扬、中国成都、瑞典厄斯特松得、韩国全州、黎巴嫩扎赫勒
媒体艺术之都	法国里昂、法国昂吉安莱班、日本札幌
民间艺术之都	埃及阿斯旺、日本金泽、美国圣塔菲、韩国仁川、中国杭州

2. 定位缺乏独特性

"温泉古都"之定位属模糊性定位。即使是在中国，"温泉之都""温泉之城"或"温泉之乡"称号的就不乏济南、天津、重庆、葫芦岛、内蒙古自治区克什克腾旗、南京浦口区、广东龙门、四川广元、山东临沂、陕西咸阳、湖南郴州等几十个城市。甚至有的城市为了强调其优势或特点，从温泉水质或成分含量上找区别。然而，无论如何区别，仅凭"温泉之都"或"温泉之乡"的定位都很难从众多温泉城中脱颖而出。

这一方面是因为"温泉"仅关于地质条件和水质条件，一般来说都不是某地独有资源，没有唯一性，也就缺乏铭刻性记忆的基础。同时，定位元素中，无论从功能定位、反传统定位、成分区别定位、精神定位等定位方法或角度，都很难让温泉的定位概念产生较强的区别性。这是以"温泉"作为定位和口号的最大软肋。

另一方面，从文化创意的角度和产业发展空间来看，温泉文化创意产业的产业链不够长，其延伸产业和周边的衍生品开发深度不够丰富，很难形成较长的产业链，也很难带动其他周边产业的共同发展。而一般来说，城市最佳定位方法和口号的生成应考虑其区域总体产业布局，即由城市定位产生的主题定位或宣传语能否成为地区文化创意产业的发动机，能否带动更多周边产业的整体发展，能否形成区域产业集聚业态和形态。

成都市提出的"四态合一"值得参考与借鉴。所谓"四态合一"，即指城市建设中有机融合了现代化的城市形态、高端化的城市业态、特色化的城市文态和优美化的城市生态。该理念对文创产业的空间布局规划起到了良好的促进作用，其中对高端化城市产业状态的关注，成为成都市持续推动文创产业发展的重要基础；而对特色城市文态的关注，对于传承成都市的历史文化，营造丰富的城市创意文化氛围也起到了重要的促进作用。为此成都市形成了 13 个功能区和 7 个文创产业集聚区，并以此支撑着"四态合一"的概念。13 个功能区分别为：高新技术、金融总部、东部新城文化创意产业、北部新城现代商贸、西部新城现代服务业、环城生态区及现代服务业、龙门山龙泉山生态旅游、汽车产业、新能源产业、新材料产业、石化产业、国际航空枢纽、国际铁路物流枢纽，7 个文创产业集聚区为：高新区（文化科技为主）、锦江区（创意设计为主）、成华区（数字音乐为主）、双流区（动漫设计为主）、青羊区（文博旅游为主）、都江堰区（文博旅游为主）、大邑县（文博旅游为主）。

福州市提出的"五区叠加"，五区即海丝核心区、福州新区、自贸试验区、生态文明试验区、自主创新试验区。尽管从布局看与成都市的四态合一有不谋而合之处，但五区叠加更多的是从政策层面上进行的城市解读，并未将福州市的优势与特点进行总结与传承，难以形成消费者关注和市民关心的共识话题。在空间布局和文化产业区块组团的总体设计中，应充分考虑市民在其中的参与感和归属感，因此，政府在进行文化产业格局规划和导入文化产业项目的时候也应将消费者的参与充分考虑进去。总之，"温泉"文化可以作为文创产业链中支撑的一角或功能区的一部分，但不宜将其放在"定位"或城市宣传口号的高度来传播。

3. 缺乏产业链支撑

根据斯科特（Scott）"创意场"的解释，一个城市的核心应该是其文化经济，而文化经济应是围绕城市核心定位所营造的文化氛围或文化创意场，即围绕核心定位营造的文化产业群，且产业群每个产业链的关节都应与主体定位存在高度相关关系。其中，斯科特将产业链分为三层，每个层级都与核心部分息息相关：第一层次为相关手工业、时尚和时尚活动；第二层次为当地劳动力市场结构和进程；第三层次为休闲选择、居住邻里、教育与培训活动、视觉景观、社交活动、传统规范和场所记忆等。从此方面理解，若城市定位为"温泉之都"，核心部分应为温泉文化与经济，第一层级应为温泉文化所产生的相关衍生品行业、温泉文化承载的时尚元素与时尚活动；第二层级应为福州温泉产业服务的劳动力市场结构和进程，如人才引进、人才流动与管理等；第三层级应为以温泉为核心的视觉景观、以温泉为内容的社交活动、以温泉为文化符号的传统规范和场所记忆（如福州澡堂等）。福州打造温泉文化已久，也基本形成了温泉博物馆、温泉养生、温泉公园、温泉文化节等相关配套的活动与设施，亦可谓福州的一大特色，然而，温泉文化相关衍生品较少、辐射范围不广等弱点显露无遗。

综上所述，福州定位于"温泉古都"既不能彰显自然环境的独特性，更无法体现人文历史环境的优势与特点，因此，其不适合作为城市定位或宣传口号使用。

城市宣传口号的定位角度通常有：内涵式（如合肥：两个胖胖欢迎你）、大气式（如台湾：The Heart of Asia）、引用经典式（如太原：唐风晋韵，锦绣龙城）、景点导向式（如扬州：诗画瘦西湖，人文古扬州）、城市导向式（如井冈山：中国革命的摇篮）等。其中，尤以引用经典式为最多，而该形式的创作通常取材于当地息息相关的历史文化名句或传说，有一定的借鉴价值。但从新生代主流消费人群出发，内涵式创作更贴近消费者的文化审美观。

总的来说，福州城市定位之表述值得商榷。至于是否可以从以上分析所得的"榕""坊巷"为核心进行城市更新中的再定位，研究认为可以通过社会征集与消费者调查综合判断，最终明确新的城市定位。在本文的第三部分：福州城市元素的表达与传播中，将以榕、坊巷为例，用意象式表达方式形象的说明福州城市内部的部分视觉元素表达。

（二）福州城市旅游现状分析

1. 总体概况

2016 年，福州旅游总人数 5522.34 万人次，同比增长 18.3%，增速较上年提升 4.8 个百分点；累计实现旅游总收入 663.30 亿元，同比增长 23.5%，增速较上年提升 8.7 个百分点（见表3）。2016 年，福州市累计接待国内游客 5413.66 万人次，其中接待过夜游客 2342.14 万人次，同比增长 14.1%，占全市接待国内游客总量的 43.2%（见表4）。

表3　2016 年全市旅游经济主要指标情况

	经济指标	规模	增长（%）	增速同比变动（百分点）
总体市场	旅游总人数（万人次）	5522.34	18.3	4.8
	旅游总收入（亿元）	663.30	23.5	8.7
国内市场	国内旅游人数（万人次）	5413.66	18.4	4.7
	国内旅游收入（亿元）	573.87	23.9	5.6
入境市场	入境旅游人数（万人次）	108.68	12.5	6.0
	旅游外汇收入（亿美元）	13.47	12.2	15.8

数据来源：中国国家旅游局。

表4　2016 年国内游客接待情况

	规模（万人次）	增长（%）	占比（%）
过夜游客人数	2342.14	14.1	43.2
一日游客人数	3071.52	21.9	56.8

数据来源：中国国家旅游局。

从旅游总人数增速来看，随着福州城市基础建设和旅游资源投入的不断整合，旅游人数继续呈现上升趋势，增长势头良好。国内旅游较国外旅游增速更高，说明国内福州城市旅游形象宣传收效更高，但对国外旅游人群的吸引力相对较低。从旅游人群的消费习惯来看，一日游游客规模超过过夜游客人数，这相对福州旅游形象宣传投入来说，并不是一张最满意的答卷。福州城市形象建设投入不可谓不多，三坊七巷景区及相关文化产业的不断投入、福州市旅发委对福州城市形象的对外宣传等都为福州城市形象宣传做出了重要贡献，然而由于并未对内部城市形象定位和整合传播进行统筹管理与执行，无法从全国众多旅游城市中脱颖而出，形成"不得不来的一场旅行"目的地的消费者印象。同时，从旅游消费方式看，一日游消费者占比超过过夜人群，原因可能有以下三点：第一，品牌旅游景点欠缺，不能形成消费目标合力；第二，文化创意产业的产业链不够丰富，无法满足消费者的更多需求；第三，福州城市品牌的形象魅力没有真正的展现出来，无法形成留住消费者的理由。因此，为提高旅游收入和提升产业增长速度，下一步要做的应该是在政策层面上整合旅游形象，从内外部全面导入新的城市品牌形象。

2. 入境游市场

2016 年，全市累计接待入境游客 108.68 万人次，同比增长 12.5%；实现旅游外汇收入 13.47 亿美元，同比增长 12.2%，分客源市场看，中国港澳台客源市场均实现两位数以上增长，澳门市场增速更是接近四成，外国人市场增速也在 10% 以上。全市接待港澳台同胞 46.02 万人次，同比增长 12.2%；其中，接待台湾同胞 31.04 万人次，占比接近三成，同比增长 10.4%；接待香港、澳门同胞 13.60 万人次和 1.38 万人次，同比增长 14.4% 和 37.5%；外国人市场比增为 12.7%（见表5）。

表5　2016 年全市入境旅游市场发展情况

	规模（万人次）	比增（%）	占比（%）
入境旅游人数	108.68	12.5	100.0
台湾同胞	31.04	10.4	28.5
澳门同胞	1.38	37.5	1.3
香港同胞	13.60	14.4	12.5
外国人	62.66	12.7	57.7

数据来源：中国国家旅游局。

福州入境游客增速低于国内游客，且从分类来看，入境游游客的增速明显低于国内游游客。造成这种结果的原因可能有以下三个方面：第一，福州城市旅游品牌营销在境外投入较少。第二，境外福州城市品牌形象宣传过程中并未真正从境外游客的需求出发，无论是城市形象定位还是品牌宣传内容都无法较好地适应境外消费者需求，若用国内游宣传方式和内容在境外直接宣传显然是不合适的。第三，缺乏整合营销传播思维，城市形象优势与支撑的有机融合不够，无法形成对境外游客的综合性吸引力。境外游客了解城市形象信息的最重要途径是网络，若在互联网上没有用富于独特性的城市形象、没有选用该国国民常用的网络媒体、没有整合当地居民最常用的媒体资源就很难建立起福州城市品牌形象。

三、福州城市元素的表达与传播

（一）城市元素的视觉表达

凯文·林奇对人的"城市感知"意象要素进行了较深入的研究，他说："一个可读的城市，它的街区、标志或是道路，应该容易认明，进而组成一个完整的形态"，其城市表达的五种元素为道路、边界、区域、节点和标志物，这五个要素在城市研究领域有较大的影响。

城市的边界构成要素既有自然的界线，如山、沟壑、河湖、森林等，也有人工界线，如高速公路、铁路线、桥梁、港口和约定俗成的人造标志物等。在一条不断变化的景观道路上行走，在相对意义上不觉得路很长，而且有预期感。

城市标志物是点状参照物。城市标志物最重要的特点是"在某些方面具有唯一性"，在整个环境中"令人难忘"。

（1）城市节点是城市结构空间及主要要素的联结点，可能是一个广场，也可能是一个城市中心区，城市节点是城市结构与功能的转换处。单纯从城市空间来说，建筑的立面、顶部、体量、色彩都关系到城市的象征意义。建筑设计及其相关空间环境的形成，不但在于成就自身的完整性，而且在于其是否能对所在地段产生积极的环境影响。在建筑设计中应该关注与周边的环境或街景一起，共同形成整体环境特色。如重庆市渝中区的 CBD 商务圈，解放碑周边的建筑不论是立面、顶部、体量、色彩还是裙房高度都做了相应的协调，所以整体风格看起来很一致，与其公共空间所要体现的现代、高速、时尚相协调。在现代建筑设计中，由于强调室内外空间的互相渗透，所以空间的限定方法很多，但不论怎样限定，都属于建筑空间构成的范畴。

（2）街道。如何将城市街道空间处理得更精巧、细致，如何使街道空间更具整体性、连续性和节奏感是设计者追求的目标。欧洲习惯于将街道和广场作为一定的交往和生活空间，我国则采用比较内向的"合院"式，社会的发展、文化的交流，缩短了东西方的差距，街道和广场在城市中的作用日益显著，这就需要更新街道观念，在其单一的交通功能之外注入新的意义。街道和道路是一种基本的城市线形公共空间，它既承担了交通运输任务，同时又为城市居民提供了公共活动场所。城市街道空间是城市公共空间的重要组成部分，是城市最公有化的空间之一。街道空间设计时，要从街道的重要角度，特别是人经常停留的角度，以及人流运动过程中的视线去精心组织街景构图，应通过道路，把场所的建筑、广场、绿地、水面等组织起来，形成整体空间面貌，使主要街道更具有宏伟的气派，小街更充满亲切温暖的气氛。可以说，街道是城市中最富有特色，最吸引人的空间环境。

（3）广场。包括了所有在城市生活中与人们交往及观赏感受最密切的地方，功能上适合公共活动、社交活动、集合等的开放性场所。广场作为城市空间的焦点，是一种能帮助人们组织方向和距离感的场所，也是具备城市象征的符号之一。现代城市广场不再仅是市政广场，商业广场已成为城市的主要广场，较大的建筑庭院、建筑之间的开阔地等也具有广场的性质，城市广场作为开放空间，其作用进一步贴近人的生活。如重庆沙平坝三峡广场，既是该区重要的商业中心，又是人们休闲娱乐的好去处。

（4）绿地系统。面积较小，设计简洁的小花园、小绿地以及面积较大、衬托高大建筑的植被等。绿化本身的内涵是丰富的，既可以是陪衬，起烘托主题的作用，又可以成为空间的主体，控制整个空间。作为软质景观，绿化是城市空间的柔化剂。现代高层建筑比比皆是，街道越发显得狭窄，由于绿化的屏障作用减弱了高层建筑给人的压迫感，还可以适当地掩蔽建筑与地面及建筑与建筑之间不容易处理好的部位。从远处看，建筑处于绿色怀抱之中，建筑下方被虚化，越发显得建筑宏伟高大，且树的自然柔和的曲线与建筑理性刚硬的直线形成对比，越发显得建筑本身的阳刚之美。树木本身还具有表示方位和引导的作用。面积较小，设计简洁的小花园、小绿地给人们提供了休息和娱乐的小空间，在现代城市中起着重要的作用。更重要的是，这种软植可以将城市元素很好地表达出来，是城市元素表达不可或缺的传播阵地。

就福州而言，城市元素视觉表达方式可呈现以下方向：

（1）道路。闽越文化的道路风格，人文与自然相结合。让道路的内涵不仅局限在其功能性上，还要呈现在其营造的城市形象的综合性氛围上。在道路的两侧、道路路面、井盖、路灯灯杆、路灯灯罩、道旗、灯笼、花圃等方面都深度植入闽越风格的 LOGO 或其他视觉表达元素。

（2）建筑。坊巷文化的深度融合，将三坊七巷的建筑要素，如飞檐、雕梁、砖瓦、色彩或者具有闽越古风的建筑元素等贯穿到所有外体建筑上。同时，按照第二部分内容，在对福州城市形象品牌进行再定位后所确定的视觉形象也应结合三坊七巷的特点进行重新创作，并贯彻到建筑物上。

（3）广场。现代自然或商业广场与闽越文化的结合体，如将林则徐、冰心等三坊七巷名人的气息带入广场中，而不仅仅是发展商业广场。广场的改造与更新不一定是颠覆性的，仅需将具备闽越文化风格的城市元素深植进去，用活泼或大众艺术的形式体现出来即可。例如，福州五一广场就缺乏了闽越风格的特色元素，应在地面、雕塑、立牌、绿化、宣传体等方面做相应的改造与更新，从整体上营造"闽越风"的现代化城市广场。

（4）雕塑。闽越文化和名人文化以及明确出来的城市 VI 系统中吉祥物的雕塑应在城市节点中获得大量体现。福州的城市雕塑切忌一成不变，形象相似。应从名人文化、历史文化、美食文化、手工工艺、传统习俗、闽剧等具备闽越特色的文化内涵中寻找灵感进行创作，亦应在雕塑的风格、摆放位置、大小规模、材料与色彩等方面进行整体布局，全面营造"闽越风"的城市雕塑群。

（5）标志。含各种标识性标志。城市形象 LOGO 一旦确定下来，应长期坚持下去，并在城市元素的各个表现形式上得到全面体现。按照第二部分分析可知，福州城市形象 LOGO 应贯彻"榕"、"坊巷"以及"闽越风"三个方面的特色，统一提炼。同时，在城市标志的传播上，既要全面覆盖城市媒体或传播介质，又要从传播执行力度上加以把控，以期获得最佳传播效果。

（6）城市 VI 系统。城市标准色、城市吉祥物、市旗、纪念品、文创品、灯杆、垃圾桶、志愿者或道路清洁工服装、城市清扫车、公车、公交系统、地铁、动画片等。在接下来的分析中，本文会以"榕""坊巷"为例展示相关的形象传播媒介。由于该展示仅作为示意性表达，所以，设计感和美观度无法和专业的设计公司相比。

城市元素的视觉表达从另一个层面来看，属于公共设计领域。公共设计指的是公共机关引导、制作、设置及管理公共的空间、设施、用品、信息等行为。这种设计不仅可以提升环境价值，还有助于提供居民生活品质和创造新的先进文化，它与公共艺术、城市规划、景观、建筑、室内设计等多个领域和谐互动（金世镛，2010）。欧洲的国家公共艺术变迁经历了从"建筑"到"公共场所"再到"城市"最后到"新体裁"四个阶段的演变，欧美最新的城市公共艺术设计充分考虑市民的集体参与感和公共精神，这已成为国际城市定位与发展的新趋势。此外，公共设计能够强化城市居民的文化自信。早在 1933 年的时候美国就设立过"公共工程艺术"项目，用 7 个月的时间，政府组织近 4000 名艺术家创作了 1.5万多件公共艺术作品，这对大萧条时期美国人民的经济文化自信提振不少，也为美国走出大萧条起到了很好的推动作用（中国美术馆，2007）。

韩国甘川洞项目也是很一个通过导入公共设计提升城市文化竞争力的成功案例。自 2004 年开始，韩国先后出台"加强利用视觉艺术公共性"政策，并紧锣密鼓的成立"公共艺术促进委员会"，导入"艺术城市""村落艺术"项目等。以政府主导的方式，通过整合与导入市场机制，为城市设计做整体规划与执行。

福州城市设计的发展有必要借鉴相关经验。首先，应该成立福州市城市设计或城市艺术相关的专委会，专委会成员由市委、市政府、市旅发委、市财政局、市文化局、市教育局、市建设局、市政与公路等机构或部门的相关人员组成，从顶层设计和组织架构上保障城市设计等工作的顺利开展。其次，专委会组成后，由专委会制定一系列城市设计的政策、项目，从制度和措施方面保障城市设计工作的顺利执行。再次，引入市场机制，政府主导、市场参与和执行，双方有机配合才能有效解决执行力和效率的问题。政府负责制定政策、项目立项和对企业进行绩效考核，企业负责项目落地与实施，在实施过程中提出改进意见，并在某些项目上负责引入市场资金或其他市场资源。最后，政府应制定和强化实施进度。大部分项目的执行过程应严控进度，争取以大规模运作模式、高效紧迫的时间进度安排完成城市设计的落地工作。还应注意的是，按照国际经验单体项目不宜过大、持续时间不宜太长、参与人数不宜太少，因此操作过程中应秉持大化小、长化短的项目操作模式。

（二）对城市元素——标志的思考

每个城市都有自己的特点和文化，好的城市形象设计不但可以完美地表现出该城市的特点，更能让生活在这座城里的人们具有很强的归属感，比如杭州的"杭"，武汉的"黄鹤楼"都让人过目难忘。从标志的整体情况来看，国内国外城市标识设计中多偏重具象化、历史景点的应用，也有完全抽象化的图案应用，但应用最多的采用文字、拼音和景点进行勾勒。这可以作为福州标识设计中的参考指标。三坊七巷、榕以及人文环境中的其他因素都可以成为创作元素，可将"闽越风"的人文风格贯穿到自然历史题材的勾勒图中，寻找最合适福州的城市LOGO。

1. 以榕树为主题的简单视觉表达示意图

（1）城市建筑的外立面。

（2）公共设施。

（3）公共服务。

（4）旅游景区。

（5）附属设施与设备。

2. 以坊巷为主题的简单视觉表达示意图

（1）城市建筑的外立面。

（2）公共设施。

（3）公共服务。

（4）旅游景区。

（5）附属设施与设备。

（三）全面深化内部传播

　　强化内部传播，将福州的城市形象和城市精神通过城市艺术、人文关怀、互动活动等形式与市民进行持续不断的深度互动，最大程度地建立市民的归属感和认同感。城市精神不能仅是一个口号，城市 LOGO 不能仅是一个图像，而应成为市民关心的话题，变成市民自发参与的协同平台。政府应通过打造志愿服务、公共资源的免费开放、文化广场宣传、线上线下互动活动等形式的城市形象宣传，深入开展市民互动活动，通过 VI 导入、公共媒体宣传等方式，在福州市民中形成认识、了解、关心、共推福州新形象的热潮。

首先，规划、建设城市形象硬件设施过程中广泛征集社会大众的意见，先形成舆论再进行建设，让更多市民感受到身边正在进行的形象建设。既吸引市场的参与，又重视舆论的引导，从而形成人人共建、家家参与的新局面。

其次，长期举办以城市形象和城市精神为内涵的系列大型活动。以活动带人气，以参与造自信，以互动促和谐，通过类似"美好迷路"项目（白英杰，2012）等富于创造性的互动活动，引发市民关注，通过市民手中的媒体主动转发等形式，放大活动的实际效果。

再次，适度引导市民自发性的活动，打造具有"闽越风"风格的特色民间活动。一方面政府可以主导主流文化活动，另一方面要重视民间自发活动，通过正确引导，使其具备闽越风格，对影响力大、波及面广的还可以将其打造成福州的品牌民间活动。

最后，在政府机关单位导入视觉系统并开展宣传教育工作。一方面，注重在视觉传达方面将机关单位的公共区域、公车、办公用品、建筑物、地面、通勤车辆或企业的运输车辆等介质上全面导入城市形象的视觉形象；另一方面，通过讲座、公益宣传、参观、举办活动等形式，向机关单位工作人员解读福州城市形象和城市精神，形成讨论、参与、服务的良好氛围。

（四）做热国内营销推广

首先，推广过程中应坚持"立足散客、扩展团队、巩固省内、拓展周边、开辟远程"的市场定位，加大在京津冀、长三角、珠三角、华中等地区的品牌推广力度，培育西南、西北、东北等机会市场，不断做大旅游客源总量。但值得关注的是，目前主流消费人群以"80 后""90 后"为主，他们对于旅游产品的需求、消费能力以及接触媒体的习惯等都与上一代消费人群有着本质区别，既然要在国内进行营销推广，就需要抛弃传统媒体宣传思维，创建属于自己的独特销售模式。

西澳大利亚通过长期营造音乐节打造音乐城市形象。该城市的发展经历了一个比较漫长的过程，但从发展模式看，该城市始终坚持营销环节中对"西澳大利亚"音乐城市定位的营造。从 1998 年只有一个"松林之中"音乐节，到 2009 年的 7 大音乐节（见表 6），无不是始终坚持一个定位、一个理念、一个核心，那就是音乐，其所有活动都是围绕着音乐诞生的。因此，福州在进行国内市场营销过程中，必须先要界定城市发展定位，进而再沿着定位方向充实内涵。

表6 西澳大利亚音乐节部分

年份	节日
1998	松林之中音乐节（In the Pines）
1999	重要之日（Big Day Out）音乐节；松林之中（In the Pines）音乐节；摇滚音乐节（Rock – It）
2000	重要之日（Big Day Out）音乐节；松林之中（In the Pines）音乐节；摇滚音乐节（Rock – It）
2001	重要之日（Big Day Out）音乐节；松林之中（In the Pines）音乐节；摇滚音乐节（Rock – It）
2002	重要之日（Big Day Out）音乐节；松林之中（In the Pines）音乐节；摇滚音乐节（Rock – It）
2003	重要之日（Big Day Out）音乐节；松林之中（In the Pines）音乐节；摇滚音乐节（Rock – It）
2004	重要之日（Big Day Out）音乐节；松林之中（In the Pines）音乐节；摇滚音乐节（Rock – It）；西海岸布鲁斯n生根音乐节（West Coast Blues n Roots）
2005	重要之日（Big Day Out）音乐节；松林之中（In the Pines）音乐节；摇滚音乐节（Rock – It）；西海岸布鲁斯n生根音乐节（West Coast Blues n Roots）；海岸摇滚者（Rollercoast）音乐节；南界（Southbound）音乐节
2006	重要之日（Big Day Out）音乐节；松林之中（In the Pines）音乐节；摇滚音乐节（Rock – It）；西海岸布鲁斯n生根音乐节（West Coast Blues n Roots）；海岸摇滚者（Rollercoast）音乐节；南界（Southbound）音乐节；海岸摇滚周末终结者（Wave Rock Weekender）
2007	重要之日（Big Day Out）音乐节；松林之中（In the Pines）音乐节；西海岸布鲁斯n生根音乐节（West Coast Blues n Roots）；海岸摇滚者（Rollercoast）音乐节；南界（Southbound）音乐节；海岸摇滚周末终结者（Wave Rock Weekender）；黑杰克（Blackjack）音乐节
2008	重要之日（Big Day Out）音乐节；松林之中（In the Pines）音乐节；西海岸布鲁斯n生根音乐节（West Coast Blues n Roots）；海岸摇滚者（Rollercoast）音乐节；南界（Southbound）音乐节；海岸摇滚周末终结者（Wave Rock Weekender）
2009	重要之日（Big Day Out）音乐节；松林之中（In the Pines）音乐节；摇滚音乐节（Rock – It）；西海岸布鲁斯n生根音乐节（West Coast Blues n Roots）；南界（Southbound）音乐节；海岸摇滚周末终结者（Wave Rock Weekender）；圣·杰罗米大道（St Jerome's Laneway Festival）音乐节

其次，创新高铁旅游营销。加强旅游行业和铁路部门的合作，依托合福、向莆、厦深、赣龙等高铁线路，打造福州最美高铁线路旅游产品，全面开展高铁沿线节点城市营销宣传。在营销方式上要打破传统的"动车命名＋车厢内媒体宣传组合"方式，辅之以动漫（见图4）、文创衍生品展示与销售、站台立体展示空间、直播等新型宣传形态，通过立体化、新媒体、展示与销售相融合等全面传播福州旅游品牌形象。

图4 冰心、林则徐卡通形象

再次，深化新媒体营销。创新营销方式，以搜索引擎、微博、微信、在线旅行商、航空公司、线上线下平台、图片视频社交媒体平台、移动终端等为抓手，推进"互联网＋"旅游营销宣传。充分利用 12301 旅游服务热线平台，加强旅游信息推送和旅游产品营销。需要特别注意的是，渠道和形式仅是外延，内容营销的内涵才是最重要的，应该全面整合营销资源，立足核心定位，倚重新媒体营销渠道，针对不同渠道创作相应的营销内容。既要避免千篇一律，也要避免千人千面，应在统一形象和精神引领下，从不同角度、不同方向进行内容创作。

又次，优化传统媒体营销。注重平面媒体和户外媒体相结合、硬广告与软广告相结合、专题与新闻相结合，不断优化传统媒体宣传模式。以央视等主流传统媒体为主，优化电视、报刊的广告投放力度。在北京、上海、浙江、广东等重点市场的机场大型路牌、广告牌、公交车身、车站广告等界面上有选择性地进行形象广告投放。同时，在全国各地的巡展过程中特别要重视 B2B 客户的深耕，强化 B 端客户在销售过程中的作用。利用传统媒体的影响力和公信力，联合打造线上线下品牌活动，发挥传统媒体作用的同时，充分开发其公信优势，力图做到融媒体宣传效果。

最后，打造品牌节庆赛事。办好海上丝绸之路国际旅游节，引导全市各区县开展丰富的地方节庆活动。进一步加强旅游与文化、体育等相关产业的节事互动，并培育一批文旅节庆活动。加强事件营销策划。采取线上线下同步推进模式，策划开展"寻访海上丝绸之路起点""清新代言人""两岸名嘴奇葩说""世界名人游福建"等事件营销，放大话题效应，取得最优传播效果。当然，在打造品牌节庆赛事过程中，政府应提前规划好相应的区县优势文化产业，根据各区县优势产业进行品牌节庆和赛事的营造，切忌多而杂。

（五）加强海外营销推广

落实"一带一路"倡议，明确"海上丝绸之路"营销主线，以凸显福州深厚文化内涵和浓郁生活气息为目的，加强日韩、东南亚、欧美、澳新等主要海外市场的海外营销推广，实现福州品牌全球化之路。强化"一带一路"旅游营销。对接国家2016年"美丽中国——丝绸之路旅游年"年度宣传主题，利用国家、省级外事活动、旅游推介会等平台加强境外宣传推广，扩大福州旅游品牌影响力。举办"海上丝绸之路国际旅游节""海上丝绸之路国际艺术节"等重大节庆活动，举办"顽石之春""茉莉之夏""闽食之秋""温泉之冬"等系列代表性特色节日，打造福州人自己的、有全国影响力的旅游节日。在此过程中，可以考虑从海外市场消费者需求出发，专门开发相关节庆或赛事活动，以期吸引更多境外游客。

深化海外市场推广。增强海丝主题交融合作，拓展东南亚海丝沿线国家游客市场；依托中国港澳台地区及海外华人华侨资源进行旅游品牌宣传，巩固中国港澳台市场和华侨市场；以榕、坊巷、闽越风、茶、美食特色及自然风光为核心吸引物，重点拓展欧美、日韩市场。坚持核心定位不变的情况下，适当对品牌形象进行微调，以适应境外游客的需求。同时做大B端市场，在海外线上线下推广过程中应强化与B端市场的合作，共同开发境外游客。

加强境外媒体营销。注重线上、线下媒体投放与活动执行。利用好境外旅游网站、国家旅游局对外推广网站等平台，加大与境外搜索引擎、网络旅行商、社交平台、视频分享网站的合作力度，实现海外营销广告的精准投放。深度整合媒体资源，优化海外电视台、广播、杂志、报纸、车体、户外广告等硬广告投放比例，积极开辟境外官方媒介平台上的旅游推广专区。拓展与客源国旅行社、海外中间运营商的合作渠道，举办系列"走出去"旅游推介会。

四、结语

福州元素的市场表达应从内部和外部两个层面进行思考。内部层面，应先整合分析所有代表性城市元素符号，再从符号中进行整合提炼，找到最适合的元素，并进行标志等方面的融合设计。本文发现，"榕""坊巷""闽越风"乃是福州最具代表性的元素符号，城市形象的代表性介质中应以此三大元素为核心，也就是说，福州市应重新为自己的品牌形象进行再定位。但对于核心元素的认同和坚持，并不是说要丢弃所有其他城市符号，如船政文化、寿山石、美食文化等，而是应该以核心主体形象为背景，从视觉、听觉、味觉等各个方面对城市形象进行全面打造。将所有应用型口号、标志、雕塑等在福州市民中进行立体化传播覆盖，进行全面内部营销。成立城市形象或城市艺术方面的专委会，从制度、项目、组织结构等各方面保障城市品牌建设的顺利进行。将再定位所诞生的城市宣传口号、标识等内容全面应用于城市道路、建筑外立面、广场、城市节点、公共设施、公共空间等。通过自上而下或自下而上的方式打造市民积极参与的各种品牌文化创意活动，并在市民中形成人人参与、人人转发的新局面，从而达到舆论与实践的有机结合，增强市民归属感和参与度。外部层面，将整合出的形象符号（视觉与文字等）向全国和全球两个领域进行针对性传播，尤其要在新媒体传播中加大事件传播力度。在核心内涵不变的情况下，应在国内和国外传播过程中对相应传播内容进行适当调整，以适应不同消费者的个性化需求。

参考文献

[1] Anne Gadwa. How Artist Space Matters: Impacts and Insights form Artspace Project's Developments [R]. Metris Arts Consulting, 2010.

[2] Ellis M, Barff R, Markusen A R. Defense Spending and Interregional Labor Migration [J]. Economic Geography, 1993, 69 (2): 182 - 203.

[3] Florida R. The Rise of the Creative Class [J]. Washington Monthly, 2002, 35 (5): 593 - 596.

[4] Grodach C, Seman M. The Cultural Economy in Recession: Examining the US Experience [J]. Cities, 2013 (33): 15 - 28.

[5] Nakagawa I, Charles Landry. The Creative City: A Toolkit for Urban Innovators [J]. Bunkakeizaigakkai Nihon Ronbunshu, 2004 (4): 69 - 70.

[6] Scott A. Entrepreneurship, Innovation and Industrial Development: Geography and the Creative Field Revisited [J]. Small Business Economics, 2006 (1): 1 - 24.

[7] 白英杰. 通过公共艺术的艺术体验特征及效果: 以甘川洞文化村委中心 [C]. 韩国文化教育学会论文集, 2012.

[8] 成都市人民政府. 成都市文化创意产业发展规划（成办发〔2009〕64号）[R]. 2009.

[9] 褚劲风. 上海创意产业空间集聚的影响因素分析 [J]. 经济地理, 2009 (1): 102 - 107.

[10] 顾允涛. 产业集群网络性风险及其规避研究 [D]. 蚌埠: 安徽财经

大学，2012：58.

[11] 黄江，胡晓鸣. 创意产业企业空间分布研究——以杭州为例 [J]. 经济地理，2011（11）：1851 – 1856.

[12] 金世镛. 公共设计政策的问题既盖上方向 [C]. 大韩建筑学会论文集，2010.

[13] 刘博英，黄靖. 成都宽窄巷子历史文化保护区的保护策略 [J]. 建筑学报，2010（2）：44 – 49.

[14] 宋捷，周波. 历史街区文化创意产业发展路径初探——以成都宽窄巷子为例 [J]. 四川建筑科学研究，2011（3）：259 – 262.

[15] 周向频，唐静云. 历史街区的商业开发模式及其规划方法研究 [J]. 城市规划学刊，2009（5）：107 – 113.

保护和传承畲族服饰
非物质文化遗产的对策与建议

陈　栩

摘要： 畲族是一个人口众多的少数民族，畲族服饰、畲族彩带编织、畲族婚俗、畲族山歌、畲族银器锻制技艺等被列入国家级非物质文化遗产名录，文化资源十分丰富。文化的保护和传承一直以来是国家的工作重点，党的十九大报告提出"推动中华优秀传统文化创造性转化和创新性发展"，作为福建地域特色的畲族文化是少数民族文化中璀璨的一支，一直以来受到政府的重视。近年来年青一代对畲族文化所知甚少，畲族文化传承岌岌可危，畲族文化存在保护模式单一、发展后劲不足的问题。须从政府—乡村—学界三方面构建畲族服饰非物质文化遗产保护和传承的发展矩阵。

关键词： 畲族文化；保护传承；发展矩阵

一、存在问题

（一）畲族文化出现"断层、碎片"现状

1. 畲族是一个有语言没有文字的民族，它的文化传承主要靠口口相传和传承人手把手的传授。畲族群众只是每年"三月三"在村落或村落之间举办小型的歌会，畲族服饰也只是在婚嫁时才可见到。

2. 民族教育忽视了畲族文化知识与技能的普及推广。许多畲族儿童未能从学校课堂上了解到本民族文化精髓，以致远离本民族文化，更谈不上传承和发展。

（二）畲族传统语言和文化面临传承危机

1. 畲族语言面临失传

大部分畲族群众能讲畲族语，但交流时绝大多数说汉语方言，这种"双语制"现象一直延续至今。由于居住地自然条件的制约和经济发展项目的缺乏，大多数畲族年轻人外出打工，孩子跟随父母外出生活、求学，接受汉语的教育，大部分不会讲畲语。畲族年青一代，对本民族极为典型的祭祖、婚俗、丧事习俗茫然不知，导致对保护畲族文化遗产无从下手。

2. 畲族头式、服饰逐步消失

畲族头式的梳理方式麻烦且费时，传统的"凤凰装"式样陈旧，参与调查的福州罗源竹里村 100 名畲族村民中 68% 的村民几乎不穿畲族服饰，23% 的人在传统节日时穿戴畲族服饰，10% 的人偶尔穿，而且只有部分老人会梳畲族头式。

制作畲族服饰的裁缝一直以来以男性为主，女性在参与服饰制作、服饰设计、绣花图样等传承中角色缺失，无法成为畲族服饰传承的主体。现代裁缝为了求快，运用电脑绣花和机制花边，传统服饰已经丧失了畲族独特的韵味，市场上充斥着大量的畲族舞台服装，实用功能性差，欠缺美感难以传承。

3. 畲族山歌难以传唱

随着大量畲族年轻人外出打工，留守老年人先后去世，而且传统畲歌的歌调与当代音乐差距较大，导致现在畲族村几乎听不到畲歌，只有偶尔在老人去世进行丧事仪式过程中的一些礼节必须要唱畲歌。在对福州民族中学 98 名学生进行的调查问卷结果显示，30 名学生从没看过畲族歌会，66 名学生没有见到村里"三月三"歌会，只有两名学生会唱畲歌。30 名学生的父亲会唱山歌，40 名学生的母亲会唱山歌，而祖辈会唱山歌的学生高达 87 名。在开展"三月三"等歌会活动还要政府拿钱请畲女穿畲服，对唱山歌也需要补贴，对畲歌的传唱缺乏主动性。

4. 畲族婚俗已被汉化或现代化

畲族婚俗以山歌为线，贯穿十多道礼仪程序。畲族姑娘离开娘家的前一夜，夫妻进行长夜盘歌，不论是不是亲戚朋友，尽可参加听（唱）歌取乐，主人还会邀请歌手专门唱歌助兴，这一日子也是畲族群众展现畲歌水平的最好机会。畲族传统婚礼是研究畲族民俗文化典型的、具有独特魅力的"活标本"，但随着时代变迁，畲族的传统习俗受到严重冲击。

（三）对畲族文化的保护和传承认识不足

1. 对畲族文化的保护和传承重展览轻挖掘

政府对畲族文化发展的保护一刀切，各乡镇拿资金搭建一个畲族展览馆或建设一下村容村貌，对畲族文化缺乏深度挖掘、介绍和展示，畲族服饰制作、畲族竺布染织、畲族彩带编织等非物质文化的内涵缺乏深刻挖掘、整理和宣传。

2. 畲族文化产业相对劣势

面对已经形成产业化、集团化的寿山石雕、软木画、脱胎漆器等行业，畲族文化缺乏整体化的保护和市场化企业的介入。

二、对策建议

（一）政府层面

1. 发挥政府的引导作用

（1）搭建畲族"非遗"展示平台

保护畲族"非遗"首先要提高畲族"非遗"的知名度和影响力，在福州罗源、连江、三坊七巷景区构建畲族"非遗"的展示平台。三坊七巷畲族馆联合"盈盛号"畲族银器制作馆共同展示畲族"非遗"文化、传授畲族"非遗"技艺。传习的内容以服饰文化传播、服饰制作技艺传授、服饰穿戴体验为主，邀请畲族服饰"非遗"传承人、畲族研究专家学者面向公众做相关讲座，或开设互动学习工作坊。利用三坊七巷 AAAAA 级景区的影响力展示畲族服饰文化，提高畲族"非遗"的知名度。

（2）构建非物质文化遗产教育传承体系

云南少数民族非物质文化遗产的保护和传承，除家庭、社会和学校教育外，还应辅以多种形式的教育。因此，加强学校与家庭、社区的互动，形成传统教育与学校教育的有机结合。"把少数民族非物质文化遗产纳入教育体系是保护、开发、传承少数民族非物质文化遗产的重要手段与途径。"设想政府部门可以对福建省内畲族聚居地开展畲族文化生态保护区的规划建设，从小学、中学、职业中专、高等院校等 4 个层面开展非物质文化遗产的教育传承体系，"鼓励支持福建艺术职业学院、闽江学院、福建农林大学安溪茶文化学院、厦门演艺职业学院、德化陶瓷职业技术学院，以及泉州艺术学校、漳州艺术学校、漳州市天福茶学院等各市的艺术职业学校、技术职业学校招收非物质文化遗产相关专业学生"。这些应用型高校和职业学院如果能开设相关专业，对非物质文化遗产的保护和教育传承具有推进性意义。例如，福建省二轻技术学校、福州市第一技校等拥有服装设计与制作专业的高职高专院校，如果能结合服装设计专业优势，开办畲族服饰非物质文化遗产专业，让畲族服饰文化通过职业院校得到传承发展。

（3）挖掘畲族服饰"非遗"的市场价值

畲族服饰和畲族苎布织染缝纫工艺分别是国家级、省级非物质文化遗产，又属于民族传统服装制作技艺，将传统苎麻面料和畲族蓝染、畲族刺绣用于现代时装设计，可以激活传统服饰文化，提升现代服装品牌的附加价值。政府应该鼓励服装企业从畲族"非遗"中寻找商机，避免抄款、抄面料、打价格战等落后的竞争方式。

（二）乡村层面

1. 建立申报畲族文化名村制度

对于自然生态环境保存较好具有畲族文化典型特征的畲族村寨，申报畲族文化村和争取申报各级历史文化村。

2. 开展畲族文化遗产的整理出版

重视当地畲族传承人开展传艺、讲学和学术研讨活动，不定期召开畲族文化研讨会、畲族歌言创作大赛等，研究、展示畲族文化。

3. 全面收集畲族遗存文物

收集畲家生产工具，如织布机、古剃头盆、木臼等；征集族谱、祖图、祖杖、山歌本等文物；收集服饰、彩带、畲族妇女笄头、银饰件、绣花鞋等；挖掘原生态的畲族婚嫁场面。

4. 调动与发挥畲族文化的爱好者、传承人的作用

培养和关心畲族民间歌手、民间艺术家、作家，对被命名为传承人的人们在生活上给予资助，对技艺传承和发展中需要的花费给予帮助，对做出重大贡献文物保护者和对30年以上从事畲族民间文艺家颁发荣誉牌（证）。聘请畲族文化爱好者、"非遗"传承人等参加挖掘、收集、整理，全方位反映畲族的迁徙、信仰、歌舞、体育、服饰等民族历史和文化形态。将畲族妇女纳入畲族文化的传承体系，组织畲族妇女手工互助坊，开展传统刺绣、传统手工艺的制作，主动传承畲族服饰中的服饰手工艺技艺。

在国家"大众创业、万众创新"的背景下，对畲族"非遗"元素的创新能够为畲族服饰文化的保护和传承探索一条新的途径。而年轻人正是对畲族"非遗"创新的新生力量，设想可以引导年轻人跟随畲族"非遗"传承人学习"非遗"技术，再结合他们自身的理论水平制作或展演全新的设计作品。同时提高了年轻人的社会责任感，使其加入畲族"非遗"的保护中来。对于畲族"非遗"技艺仅仅是展示还远远不够，非物质文化遗产内容有其变迁性，只有符合当代畲族同胞的审美、喜好文化才可以不断发展下去。畲族"非遗"不是过时的文化，

而是民族的瑰宝，掌握畲族"非遗"的技艺不仅能提升自己的文化底蕴和知名度，还能带来可观的物质利益。

5. 加强对畲族文化的宣传和体验，调动民间力量参与畲族服饰保护，构建畲民的文化自信

"非遗"本身就是社区居民世代传承发展的文化事象，"非遗"的保护和利用需要依靠社区居民的自觉参与，提高保护民族文化遗产意识的同时更要动员有识之士积极投身参与，保护工作就会更加有力。建立村级畲族文化民俗馆，畲俗民歌展唱点，畲族人传习畲族话，传唱畲族歌，传承优秀的畲族风俗，扩大畲族文化的对外宣传影响。霞浦溪南镇白露坑村的医生雷其松，早在 2006 年就开始对畲族文物产生兴趣，并自费投入保护，建立了远近闻名的畲族展览馆，收集大量畲族服饰、头饰、农具等畲族"非遗"物质展品。经过不懈努力，众多的畲族物质遗产保留了下来，使越来越多的村民意识到民族文化的重要性和"非遗"保护的紧迫感，于是，纷纷投身畲族文化遗产的收集、整理和保护中来。挖掘、保护和传承畲族民间艺术已成为人们的共识，政府的重视、学者的研究和畲族人民自身的努力，越来越多的畲族民间艺术传承人正在各自的艺术领域默默耕耘，为传承畲族民间艺术做奉献。

6. 扩展畲族服饰类"非遗"的传承面，将传承人从单个人的传承扩展到乡村层面、学术研究机构层面上来

随着掌握畲族服饰制作技艺传承人的去世，单个传承人的力量毕竟有限，只有更多的人加入"非遗"的保护和传承当中，非物质文化遗产才会得到发展。现在随着网络的普及，腾讯网《守艺》栏目对畲族服饰的报道使其知名度得到了快速提升，不仅使传承人更加重视对传统技艺的保护，相关的乡、镇领导干部也对畲族文化有了重新挖掘保护的愿望。罗源霍口乡福湖村、连江小沧乡天竺村等村部将畲族刺绣开发成旅游商品，让留守的畲族群众利用农闲时间学习畲族刺绣，既能提升畲族群众对"非遗"保护的热情，也能给他们带来经济收入，让畲族非物质文化遗产后继有人。

（三）学界层面

1. 发挥学界智库的作用

组织专家学者撰写畲族文化相关专著，开展畲族传统文化的讲座，或开设互动学习工作坊，普及畲族传统文化知识，让更多的畲民了解本民族的文化，构建畲族群众文化自信。

2. 发挥文艺创作的作用

组织文艺家创作一批上档次、有影响的畲族题材文艺作品，弘扬畲族文化。

3. 发挥高校研究机构的作用

由地方与高校合作,共建畲族文化遗产保护与发展的田野研究基地,开展畲族服饰和刺绣制作工艺等非物质文化遗产的保护与发展的系统研究。结合美丽乡村建设、精准扶贫等对接高校开展设计扶贫,通过视觉传达设计——乡村一村一品农产品包装设计,环艺设计——乡村村容村貌设计,服装设计——畲族传统服饰设计等,对畲村的各种文化资源进行挖掘、创新和创意开发,从根本上让传统畲族文化融入畲民的现代生活中。

4. 发挥学校学生的作用

组织学生到畲族乡采风,对畲族风俗、对歌、图腾、头饰、彩带等进行调查和研究,开设采风作品展,让畲族文化在展示中得到保护和传承。

(四)深耕和传承层面

1. 推动畲族文化走进课堂

在民族中(小)学的教育中加强对畲族文化的教育,把畲族文化的主要内容编入教材,开设畲话传习课、畲俗教育课。建立畲族学生艺术团,排练、表演畲族歌舞。组织编写畲语、畲歌等畲族文化校本教材,用于民族中小学特色教育,并配备具有畲语、畲歌特长的专职、兼职教师。

2. 加强家庭与学校的教育

在畲族家庭中,上辈人积极履行传承畲族文化的责任,教育后代了解、学习、掌握畲族文化。在学校教育中,畲族学生不受普通话的限制,畲族同学之间可以在课外一切场合讲畲语。在社会交往中,尊重畲族习俗,畲族人更要用畲语和畲族礼仪交流。

3. 把畲族风俗渗透日常生活

把畲族传统文化与现代文化相结合,把畲族文化与区域文化相结合,创造条件把畲族礼仪礼节渗透到畲民日常生活中去,促使畲文化不断发展,源远流长。

4. 举办畲族文化活动

在畲族的"三月三"等传统节日举办畲族文化节,举办盘歌、文艺表演、体育竞赛、学术研讨和民俗活动,展示畲族服饰文化、畲族拳术等,欣赏畲族歌舞和民族礼仪。组织畲族山歌赛,对优秀选手进行包装,打造畲族原生态对歌这一非物质文化遗产品牌。加快以彩带、畲族刺绣、畲族蓝染、畲族苎麻编织等畲族民间手工艺品为基础的旅游产品的开发。

5. 建立畲族风情和生态休闲相结合的畲族风情园区

以畲族区域的绿水青山和丰富的少数民族文化资源为依托,打造畲族民俗生态文化旅游,开发独特的畲族旅游产品,打好民族特色牌。整合资源,把畲族文化精品、畲族民俗风情都移植到畲族风情园区内，在固定时段邀请游客观赏畲民祭祖表演、对歌表演、拳术表演、醮仪舞蹈表演等，共同参与畲族婚礼体验、畲族打糍粑体验、畲族制茶体验、畲族医药制作体验等，将畲族生产生活的方方面面充满自豪地展示在游客面前，构建畲族群众的文化自信，营造畲族文化存续的环境空间。

6. 运用数字化技术对畲族服饰文化进行保护

依托高校等学术研究机构运用数字化技术建立畲族"非遗"档案和数据库，从数字化、资源管理、情景构建等方面启动畲族"非遗"数字化工程。从传统博物馆典藏扩展到数字化博物馆演绎，并向社会公开。通过高校、艺术研究院、文化馆等科研机构提炼畲族非物质文化遗产中的艺术价值，将其数字化、图像化并整理成专著、数据库、网站向社会发行，应用于现代设计、生产、文化创意产业。运用数字化建模、数字化展示、数字化仿真、虚拟现实、数字动画与纹样矢量化等技术，即由图像、声音、文字、模型、交互式体验等构建畲族服饰艺术数据库，让民众更直观、深入地了解畲族服饰文化，满足社会大众多层次多方位需求。设想福建省高校可以与福建省博物馆、福州市博物馆、泉州市博物馆等单位合作，开发民族服饰虚拟穿衣软件，让参观者可以根据自己的喜好选择畲族服饰上的刺绣图案、配饰、头式，身临其境地体验穿着民族服饰的感受。在此基础上，实现畲族服饰文化资源的共享与传播。

三、结语

"艺术作为一种独特的精神现象，人文精神的载体，是人类不可分割的有机组成部分。"畲族的非物质文化遗产代表着畲族的民族智慧和民族精神，应该对其进行深入的挖掘和整理。畲族服饰在我国少数民族中具有一定的代表性，从政府层面上需要构建畲族"非遗"教育传承体系，对畲族"非遗"进行传承和认知教育，鼓励畲族"非遗"的创新，推动"非遗"传统文化的价值转化，创建畲族文化展示平台；从民间机构的层面吸引企业、基金会、畲族同胞参与畲族"非遗"的保护；从研究机构的层面需要推动畲族文化的活态保护，变单个人的传承为多人传承，促进畲族服饰文化和非物质文化遗产的传承及发展。

参考文献

[1] 汪立珍. 少数民族非物质文化遗产的保护与教育 [J]. 民族教育研究,

2005（6）：61 – 66；

［2］张笑雪. 福建出台职业教育新政培育新型工人和职业农民 ［EB/OL］. http：//mag. fznews. com. cn/.

［3］牛犁，崔荣荣等. 惠安女服饰文化的保护与传承研究 ［J］. 广西民族大学学报（哲学社会科学版），2013（1）：88 – 93.

长尾理论视角下的微电影产业链分析

刘建萍

摘要：长尾理论是网络时代兴起的一种新的营销理论，长尾效应贯穿于微电影制作、传播、销售以及衍生品开发的全过程。制作主体多元化，制作成本低廉化，微电影颠覆"二八"定律；传播内容丰富性，用户体验多样性，微电影受众趋于小众化；传播渠道多级化，传播效果裂变化，微电影需求曲线向尾部移动；销售渠道多样化，营收模式多元化，微电影利润趋于最大化；内容创意版权化，电商营销影视化，打造微电影全产业链。

关键词：长尾理论；微电影；产业链；创新模式

长尾理论是网络时代兴起的一种新理论，由美国克里斯·安德森（Chris Anderson）于 2004 年 10 月在由其任总编的《连线》杂志上发表的一篇同名文章中首次提出。克里斯·安德森认为："尽管没有一个利基产品能实现大的销量，但由于利基产品数不胜数，它们聚合起来，将共同形成一个可与大热门市场相抗衡的大市场。"涓涓细流，汇聚成河。许许多多小市场的总和等于甚至大于一些大市场，这就是长尾理论的奥妙所在。微电影是新媒体时代的产物，中国"微电影"的雏形——胡戈的《一个馒头引发的血案》诞生至今不过 10 年左右的时间，中国的微电影产业呈现迅猛发展的势头。据统计，截至 2016 年，中国微电影产业总产值已达 700 亿元，微电影作品年产量达 2 万部。长尾效应贯穿于微电影制作、传播、销售以及衍生产品开发的全过程。本文将微电影产业链置于长尾理论的视角下加以研究，探讨微电影全产业链的创新模式。

一、制作主体多元化，制作成本低廉化，微电影颠覆"二八"定律

　　微电影的制作主体与传统大电影制作主体不同，由于传统大电影的大制作、大投入，动辄几千万元，大则数亿元的制作成本，所以电影的出品方、制作方主要集中在少数具有实力的电影集团、文化传媒公司。微电影是微周期制作（几天或数周）、微时长放映（60 分钟以内）、微成本投资（几千元至数十万元/部）、微平台播放的一种独立的影像文化形态，微电影制作主体多元化，既包括专业的影视制作公司、官方媒体、视频网站、广告商，也包括政府机构、公益组织以及业余的影视爱好者。在人人都是自媒体、人人都有麦克风的网络时代，普通的影视爱好者以小成本的投入便可以完成一部微电影的制作，因此依据长尾理论的观点，在微电影制作的数量上，众多的草根阶层凭借个人的力量就足以在微电影的市场上占据半壁江山，甚至更多的市场份额。这就意味着有实力的影视公司、视频网站在整个微电影制作队伍中仅占其中的一小部分，而草根阶层只要对微电影感兴趣，并且有强烈的自我表达的愿望，就可以自制微电影上传网站，因此草根阶层成为一支不可小觑的微电影制作主体。目前，我国一年生产七八百部电影，"能播放的有 200 部，能盈利的最多 60 部。中国电影大概 10% 能赚钱，25% 左右盈亏平衡，剩下的是亏本的，而且在两三年之内，传统线下电影领域将会达到饱和，市场将会饱和"。电影的院线空间是有限的，微电影的网络空间是无限的。与传统电影相比，互联网视频时代为微电影发展提供了无限发展的空间，将引爆巨大的市场价值。微电影颠覆了传统电影制作方只能集中在少数几家"VIP"影视集团的局面，数量庞大的以草根阶层为代表的制作主体正在崛起。微电影市场关注的也不仅是 20% 的制作方创造的 80% 收益的观众群，那些 80% 的制作主体创造 20% 收益的观众群体日益受到重视。在长长的"尾巴"上，曾被"巨片"制作方挤压和忽视的"个性化"制作者将受到青睐。

二、传播内容丰富性，用户体验多样性，微电影受众趋于小众化

　　目前，国内微电影作品多涉及商业、娱乐、公益等领域。大致上分为四类：

商业定制的广告片、追求美学的文艺片、传播正能量的公益片、私人制作的娱乐片。微电影内容的丰富性、用户体验的多样性，为受众提供了广泛的选择空间，微电影受众趋于小众化。

截至 2020 年 6 月，我国网民规模已超 9.4 亿，七成以上为年轻网民。国家广播电视总局广播影视发展研究中心发布的《中国视听新媒体发展报告（2020）》显示，截至 2020 年 3 月，我国网络视频（含短视频）用户规模达 8.5 亿，占网民整体的 94.1%，年轻用户为付费视频的主力军。由于微电影是互联网产品，它的主要受众集中在中青年人群，因此中青年群体所关注的微电影即长尾理论所说的在于传统需求曲线上那个代表"畅销商品"的头部，因此微电影在题材选择、叙事风格、审美情趣上应适合年轻人的口味。安德森认为，网络时代是关注"长尾"、发挥"长尾"效益的时代，微电影的"冷门产品"就是那条被人遗忘的长尾。"微电影作为一种典型的个人化影像书写正是个体情感的宣泄以及个性的抒发。上传微电影的一般大众并不具备明确的利益动机，这种创作属于新媒体时代个人的自我影像创作。以'我来拍电影'的方式凝聚一部影像作品既是表达、宣泄，又是个人风格和影像言说的塑造。"例如，近年来出现的"私人定制"微电影，就是针对不同人群，满足不同需求，适合小范围的群体性传播的一种类型，这个群体的价值虽小，但如果将这些数量众多的小群体汇集起来，为他们提供个性化的定制服务，即将这条"长尾"商业化，就可以形成非常可观的经济效益，其所占据的市场份额就可以和那些数量不多的"畅销产品"所占据的市场份额相匹敌甚至更大。另外，商业定制的广告片更应注重分众营销，大数据技术精准分析用户偏好，根据产品细分消费人群确定品牌定位，人群细分使微电影受众趋于小众化。利基产品、个人或群体的特定需求以及老人、儿童的微电影，属于狭小的市场需求的"冷门"产品，具有差异化特征，可以进行持续的开发。微视频、视频直播等功能降低了用户原创内容（UGC）的制作门槛，UGC 内容在收入分成刺激下向精品化方向发展。互联网的出现使 99% 的微电影都有机会进行销售，市场曲线中那条长长的尾部代表的是"冷门"微电影，可以成为新的利润增长点。

三、传播渠道多级化，传播效果裂变化，微电影需求曲线向尾部移动

微电影作为一种以移动终端为主的互联网产品，其传播渠道广泛而多级，播

放平台开放且自由。微电影的传播空间非常大，从线上传播到线下传播，以及与其他界域文本相互转化的跨界传播，是传统电影院线所无法比拟的。网络媒体、移动媒体、视频网站、社交网站、微信、微博、贴吧、论坛、APP以及各种订阅号、公众号等基于互联网的新兴媒体都是微电影的传播渠道。线下传播渠道还包括实体院线、公交和地铁的移动电视以及电视台的微电影频道等。受众可以随时随地观看、分享与转发，达到多次传播的裂变式效果。

拉扎斯菲尔德的"选择性接触"机制表明：受众在微电影面前具有能动性，拥有掌握观看微电影的主动权。受众可以自由选择观看微电影的时间、地点、内容和频次，同时又可以通过自媒体对微电影发表评论，甚至参与微电影的创作、修改。受众在大众传播过程中享有的传播权，使微电影的点击播放量不再仅仅集中于传统需求曲线上那个代表"热门"微电影的头部，而是那条代表"冷门"微电影经常为人遗忘的长尾。互联网的低门槛，使消费和营销成本显著下降；互联网的无边界传播，搜索引擎将低成本的产品和微电影受众少量可能的无限需求迅速连接起来，使需求曲线向尾部移动。在互联网上，微电影制作主体可以不花分文上传微电影，受众还可以免费在网络上转载、评论、分享自己喜爱的微电影。即使长尾上"冷门"的微电影也将在裂变式传播效果的作用下，不断延伸需求的曲线，低成本的制作和传播将会使从事长尾小众化微电影生产和传播者获得更丰厚的利益回报。

四、销售渠道多样化，营收模式多元化，微电影利润趋于最大化

传统电影销售渠道单一，主要以院线的票房和植入广告为主。微电影的销售渠道则与它的传播渠道和商业模式密切相关，它的投资者主要为网络运营商、影视公司、广告商，还包括爱好微电影的个人。盈利模式主要是在微电影中插播广告、植入广告以及商业定制广告片等，其中，植入广告包括自有品牌的产品，还可以是其他企业、商家的产品。CPM分账就是一种广告收入。所谓的CPM，即千人成本，是指广告投放过程中，接触到广告的个人平均分担的广告成本。CPM分成就是依据贴片广告在微电影上被曝光的次数，由此在视频播放平台上获得的广告收入分成。例如，《老男孩》在优酷的点击量达1亿多次，根据每一千人观看算一个CPM，假如一个CPM分2元钱，那么该片分成收入双方至少可达万元以上。

互联网的特点是可以进一步降低单品销售成本，不需要库存、场租等费用，而网站流量和维护费用远比传统院线的相关费用低得多，所以能够极大地扩大微电影的销售。要使微电影利润最大化，应该尽量增大微电影收入的尾巴。由于微电影是互联网的产物，在营收模式上，有植入广告收入、艺人经纪收入、自有 IP 收入、版权出售、衍生产品收入、视频播放平台收入、移动运营平台收入、系列微电影改编为大电影收入等。其中，微电影的长尾收入不可小觑。这部分长尾收入主要包括付费点播、移动运营收入和衍生产品收入、版权出售等。2016 年我国网络视频有效付费用户规模已突破 7500 万，"从视频付费用户的年龄结构来看，39 岁以下的用户占 90.7%，其中 20—29 岁之间的用户占 44.2%，是付费用户的主要群体"。随着用户付费习惯的固化，网络视频免费终将趋于式微。付费点播是通过给视频网站的付费点播窗口提供微电影，从而获得由网友观看所产生的分成收入。来自移动运营商的收入包括移动运营商与视频网站合作，开通定向流量，流量转变为用户，根据点击播放量双方分成。例如，联通公司曾与优酷合作，在手机套餐中每月送 4G 流量，定向只能观看优酷的视频，根据点击播放量来分成。微电影长尾收入中有可能达到或超过微电影主要收入的是衍生产品的收入和版权收入，这一点将在本文第五部分进一步探讨。

五、内容创意版权化，电商营销影视化，
打造微电影全产业链

打造微电影的全产业链，是微电影持续发展的正确选择，这正与长尾理论的观点相契合。陈少峰认为："无论是超大规模还是独家产品经营，植入微电影进行传播，是推动销售的第一趋势。这种趋势决定了微电影具有巨大的市场价值。微电影具备无限的发展前景，能发挥出其使用价值从而适合互联网生存的电影，是电影业发展的新方向。""全产业链的路径有两类：一类是互联网公司从线上延伸到线下，从互联网、线下的电影院一直到主题公园，多元化，凡是能赚钱的都做；另一类是做全产业链，尽可能让一个 IP 很值钱，只做一个系列的东西，然后不断延伸，如《玩具总动员》衍生品，可以卖几十年。"

首先，微电影的内容要有创意，并保护好创意内容的版权和改编权。如果广告式微电影不能与故事情节巧妙地融为一体，保持观众长久的心理预期，产生审美疲劳将难以避免，这样微电影拍一两集就无法继续下去了。微电影要想培育自己的 IP，就应拍系列化的微电影，并将之改编成大电影或网络电影，同时引导受

众到主题公园体验，线上线下双向互动，就像一条能使利润不断滚动的长尾，不断延伸它的商业价值。其次，开发微电影的衍生产品，是微电影全产业链获得长期的利润，并使利润最大化的有效途径。会员付费、视频电商、版权分销等多元化的盈利模式相继孵化成熟，基于优质 IP 的全产业链开发运营从上游到中下游的各个环节呈现良好的发展态势。

六、结论

综上所述，长尾理论改变了网络经济时代生产与营销的思维，传统需求曲线上代表"畅销商品"的部分将不再是商业与文化的未来，小众文化迎来了自己的春天。对微电影广告营收的依赖正在被打破，视频平台在全产业链各环节的拓展步伐加快，电商、社交等周边产业前景广阔，整体微电影市场盈利趋势明显。正如图 1 所示，微电影一半的收益来自广告 CPM 和定制委托收入，而 IP 收入、主题公园收入、流量分成收入、衍生品、粉丝经济挖掘等收入将占据了总收益的一半以上。

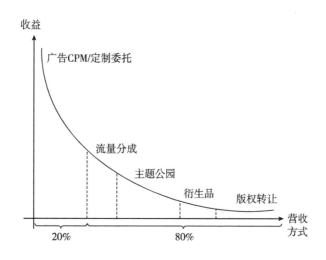

图 1　微电影长尾收益示意

参考文献

[1] 克里斯·安德森. 长尾理论 [M]. 北京：中信出版社，2012：48.

[2] 中国微电影行业现状调研分析及市场前景预测报告（2016 年版）. [中国产业调研网 CIR. cn]. http：//www. cir. cn/R_QiTaHangYe/21/WeiDianYing-HangYeQianJingFenXi. html.

[3] 陈少峰，黄向军. 微电影的商业模式创新 [J]. 艺术百家，2016（3）：82 – 83.

[4] 张波. 论微电影在当下中国的生产及消费态势 [J]. 现代传播，2012（3）：107.

[5] 赖芳杰，杨晨. 2016 年中国网络视听发展研究报告出炉 4. 88 亿人用手机看视频，http：//www. sc. xinhuanet. com/content/2016 – 12/08/c_1120078887. htm.

后 记

　　《文化产业现代化的探索思考》是闽江学院文化发展研究中心同仁近三年的研究成果集萃，内容涉及现代传媒、数字内容、文化旅游、创意设计、非遗保护等。

　　在中共福州市委宣传部、闽江学院的鼎力支持下，文化发展研究中心先后完成了福州文化改革发展系列课题以及《福州市文化产业"十四五"发展专项规划（2021—2025）》的编制。在福州市文化与旅游局的指导下，完成了《福州方言（福州话）保护传承条例》立法调研报告，协助编制了《福州市非物质文化遗产保护规定》。本书部分内容即是上述课题的研究成果。

　　文化兴国运兴，文化强民族强。新时代背景下，新政策、新需求、新技术、新业态、新产品、新投资，整体更新迭代，文化产业迎来加快发展的"黄金期"。为助力福州"十四五"文化产业实现高质量发展超越，打造全国一流的文化产业强市，闽江学院文化发展研究中心将继续努力，推出更多更好的研究成果。

编者

2021 年 7 月